全国交通运输职业教育高职汽车运用与维修技术专业规划教材

Fadongji Yuanli yu Qiche Lilun
发动机原理与汽车理论

全国交通运输职业教育教学指导委员会　**组织编写**
姚文俊　**主　　编**
陈　松　**副 主 编**
刘　锐　**主　　审**

人民交通出版社股份有限公司
China Communications Press Co., Ltd.

内容提要

本书为全国交通运输职业教育高职汽车运用与维修技术专业规划教材。本书分为十二个模块，主要内容包括：工程热力学基础知识、发动机循环与性能指标、发动机的换气过程、汽油机混合气的形成与燃烧、柴油机混合气的形成与燃烧、发动机排放污染与噪声控制、发动机的特性、汽车的动力性、汽车的制动性、汽车的操纵稳定性、汽车的通过性和舒适性、汽车的燃油经济性。

本书可作为高等职业院校汽车运用与维修技术专业、汽车检测与维修技术专业的教学用书，也可作为汽车检测与维修技术人员的培训教材。

图书在版编目（CIP）数据

发动机原理与汽车理论/全国交通运输职业教育教学指导委员会组织编写；姚文俊主编. —北京：人民交通出版社股份有限公司，2019.8
 ISBN 978-7-114-15601-4

Ⅰ.①发… Ⅱ.①全…②姚… Ⅲ.①汽车—发动机—理论—高等职业教育—教材②汽车工程—高等职业教育—教材 Ⅳ.①U46

中国版本图书馆 CIP 数据核字（2019）第 111811 号

书　　　名：	发动机原理与汽车理论
著　作　者：	姚文俊
责任编辑：	张一梅
责任校对：	赵媛媛
责任印制：	张　凯
出版发行：	人民交通出版社股份有限公司
地　　　址：	（100011）北京市朝阳区安定门外外馆斜街3号
网　　　址：	http://www.ccpress.com.cn
销售电话：	（010）59757973
总　经　销：	人民交通出版社股份有限公司发行部
经　　　销：	各地新华书店
印　　　刷：	北京市密东印刷有限公司
开　　　本：	787×1092　1/16
印　　　张：	12.5
字　　　数：	288 千
版　　　次：	2019年8月　第1版
印　　　次：	2019年8月　第1次印刷
书　　　号：	ISBN 978-7-114-15601-4
定　　　价：	32.00元

（有印刷、装订质量问题的图书由本公司负责调换）

前　　言

为贯彻落实《国务院关于印发〈国家教育事业发展"十三五"规划〉的通知》(国发〔2017〕4号)精神,深化教育教学改革,提高汽车技术人才培养质量,满足创新型、应用型人才培养目标的需要,全国交通运输职业教育教学指导委员会组织来自全国交通职业院校的专业教师,按照教育部发布的《高等职业学校汽车运用与维修技术专业教学标准》的要求,紧密结合高职高专人才培养需求,编写了全国交通运输职业教育高职汽车运用与维修技术专业规划教材。

在本系列教材编写启动之初,全国交通运输职业教育教学指导委员会组织召开了全国交通运输职业教育高职汽车运用与维修技术专业规划教材编写大纲审定会,邀请行业内知名专家对该专业的课程体系和教材编写大纲进行了审定。教材初稿完成后,每种教材由一名资深专业教师进行主审,编写团队根据主审意见修改后定稿,实现了对书稿编写全过程的严格把关。

本系列教材在编写过程中,认真总结了全国交通职业院校的专业建设经验,注意吸收发达国家先进的职业教育理念和方法,形成了以下特色:

1. 与专业教学标准紧密衔接,立足先进的职业教育理念,注重理论与实践相结合,突出实践应用能力的培养,体现"工学结合"的人才培养理念,注重学生技能的提升。

2. 打破了传统教材的章节体例,采用模块式或单元+任务式编写体例,内容全面、条理清晰、通俗易懂,充分体现理实一体化教学理念。为了突出实用性和针对性,培养学生的实践技能,每个模块后附有技能实训;为了学习方便,每个模块后附有模块小结、思考与练习(每个单元后附有思考与练习)。

3. 在确定教材编写大纲时,充分考虑了课时对教学内容的限制,对教学内容进行优化整合,避免教学冗余。

4. 所有教材配有电子课件,大部分教材的知识点,以二维码链接动画或视频资源,做到教学内容专业化,教材形式立体化,教学形式信息化。

《发动机原理与汽车理论》是本系列教材之一。全书由江苏航运职业技术学院姚文俊担任主编,江苏航运职业技术学院陈松担任副主编,吉林交通职业技术学院刘锐担任主审。本教材的编写分工为:模块一至模块十由姚文俊编写;模块十一至模块十二由陈松编写。

由于编者水平和经验有限,书中难免存在不足或疏漏之处,恳请广大读者提出宝贵意见,以便进一步修改和完善。

全国交通运输职业教育教学指导委员会
2019 年 2 月

目　　录

模块一　工程热力学基础知识 ……………………………………………………… 1
　一、热力系统及气体的热力状态 …………………………………………………… 1
　二、功和热量 ………………………………………………………………………… 5
　三、热力学第一定律 ………………………………………………………………… 7
　四、理想气体的热力过程 …………………………………………………………… 8
　五、热力学第二定律 ………………………………………………………………… 12
　模块小结 ……………………………………………………………………………… 15
　思考与练习 …………………………………………………………………………… 16

模块二　发动机循环与性能指标 ……………………………………………………… 17
　一、发动机的实际循环 ……………………………………………………………… 17
　二、发动机的理想循环 ……………………………………………………………… 20
　三、发动机的性能指标 ……………………………………………………………… 26
　四、发动机的机械效率及热平衡 …………………………………………………… 29
　模块小结 ……………………………………………………………………………… 33
　思考与练习 …………………………………………………………………………… 34

模块三　发动机的换气过程 …………………………………………………………… 35
　一、四行程发动机的换气过程 ……………………………………………………… 35
　二、发动机的充量与充量系数 ……………………………………………………… 37
　三、影响充量系数的因素 …………………………………………………………… 40
　四、提高冲量系数的措施 …………………………………………………………… 42
　五、发动机的进气控制与增压 ……………………………………………………… 45
　模块小结 ……………………………………………………………………………… 49
　思考与练习 …………………………………………………………………………… 51

模块四　汽油机混合气的形成与燃烧 ………………………………………………… 52
　一、汽油的使用性能 ………………………………………………………………… 52
　二、汽油机混合气的形成 …………………………………………………………… 53
　三、汽油机的燃烧过程及影响因素 ………………………………………………… 57
　四、汽油机的燃烧室 ………………………………………………………………… 65
　模块小结 ……………………………………………………………………………… 67

思考与练习 · · · · · · 68

模块五　柴油机混合气的形成与燃烧 · · · · · · 69
　　一、柴油的使用性能 · · · · · · 69
　　二、柴油机混合气的形成 · · · · · · 70
　　三、柴油机的燃烧过程 · · · · · · 77
　　四、影响柴油机燃烧过程的因素 · · · · · · 78
　　五、柴油机的燃烧室 · · · · · · 82
　　模块小结 · · · · · · 86
　　思考与练习 · · · · · · 87

模块六　发动机排放污染与噪声控制 · · · · · · 88
　　一、汽油机的排放污染与控制 · · · · · · 88
　　二、柴油机的排放污染与控制 · · · · · · 93
　　三、发动机噪声及控制 · · · · · · 103
　　模块小结 · · · · · · 107
　　思考与练习 · · · · · · 108

模块七　发动机的特性 · · · · · · 109
　　一、发动机的负荷特性 · · · · · · 109
　　二、发动机的速度特性 · · · · · · 112
　　三、发动机的调速特性 · · · · · · 114
　　四、发动机的万有特性 · · · · · · 117
　　模块小结 · · · · · · 120
　　思考与练习 · · · · · · 121

模块八　汽车的动力性 · · · · · · 122
　　一、汽车动力性指标 · · · · · · 122
　　二、汽车的驱动力 · · · · · · 123
　　三、汽车的行驶阻力 · · · · · · 125
　　四、汽车的行驶方程式与行驶条件 · · · · · · 130
　　五、汽车动力性的确定方法 · · · · · · 132
　　六、汽车动力性的提高措施 · · · · · · 137
　　模块小结 · · · · · · 140
　　思考与练习 · · · · · · 141

模块九　汽车的制动性 · · · · · · 142
　　一、制动力的产生 · · · · · · 142
　　二、制动效能及其恒定性 · · · · · · 144
　　三、制动时汽车的方向稳定性 · · · · · · 147
　　四、制动时制动力的分配 · · · · · · 149
　　五、汽车制动性的提高措施 · · · · · · 153
　　模块小结 · · · · · · 157

思考与练习 ··· 158
模块十　汽车的操纵稳定性 ··· 159
　　一、汽车的极限稳定性 ··· 159
　　二、汽车转向时的操纵稳定性 ·· 163
　　三、汽车直线行驶时的操纵稳定性 ······································· 167
　　四、汽车的操纵轻便性 ··· 170
　　模块小结 ··· 172
　　思考与练习 ·· 172
模块十一　汽车的通过性和舒适性 ······································· 174
　　一、汽车的通过性 ·· 174
　　二、汽车的行驶平顺性 ··· 178
　　三、汽车的内部环境 ·· 181
　　模块小结 ··· 182
　　思考与练习 ·· 182
模块十二　汽车的燃油经济性 ··· 183
　　一、汽车燃油经济性的评价指标 ··· 183
　　二、汽车燃油经济性的计算 ··· 184
　　三、汽车燃油经济性的影响因素 ··· 185
　　模块小结 ··· 189
　　思考与练习 ·· 189
参考文献 ··· 190

模块一　　工程热力学基础知识

学习目标

1. 了解热力系统及气体的热力状态；
2. 掌握功和热量的区别与联系；
3. 掌握热力学第一定律；
4. 掌握理想气体的热力过程；
5. 掌握热力学第二定律。

建议课时

4课时。

热力学是研究热能性质及其转换规律的科学。工程热力学是热力学的一个分支。它着重讲授与热力工程有关的热能和机械能相互转换的规律。在阐明两条基本定律的基础上，分析热力工程有关热力过程及热力循环，从理论上研究提高热工转换的有效途径。

本模块仅就工程热力学基础知识作简要阐述，为学习汽车发动机原理提供必要的理论基础和分析计算方法。

一、热力系统及气体的热力状态

(一) 热力系统

热力学中研究热功转换时，总是研究固定的一些物体或固定空间中的一些物质，在热功转换过程中的行为和它们的变化。热力学中把主要研究对象的物体总称为热力系统；把热力系统外面和热功转换过程有关的其他物体称为外界；热力系统和外界的分界面称为边界。通常把实现热功转换的工作物质称为工质。把供给工质热量的高温物质称为高温热源；而把吸收工质放出热量的冷却介质或环境称为低温热源。热力系统通常主要由所研究的热力设备中的工质所组成，而高温热源、低温热源和其他物体等则组成外界。

若一个热力系统和外界只有能量(热能、机械功等)交换而无物质变换，称为闭口系统。若一个热力系统和外界既有能量交换，同时又有物质交换，称为开口系统。

(二)气体的热力状态及其状态参数

热力学中把工质所处的宏观状态称为工质的热力状态。工质的状态常用物理量来描述,这些物理量称为状态参数。常用的状态参数有6个,即压力p、温度T、比体积v、热力学能U、焓H、熵S。其中p、T、v 3个可以测量的物理量称为基本状态参数。

1. 压力 p

气体对单位面积容器壁所施加的垂直作用力称为压力p。按照分子运动论,气体的压力是大量分子向容器壁面撞击的统计量。压力的单位为Pa,工程上常用kPa与MPa。

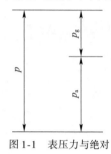

图1-1 表压力与绝对压力的关系

容器内气体压力的大小有两种不同的表示方法:一种是指明气体施于容器壁上压力的实际数值称为绝对压力,用符号p表示;另一种是测量时压力计的读数称为表压力,用符号p_g表示。由图1-1可知,表压力是绝对压力高出于当时当地的大气压力p_a的数值。其关系式为:

$$p_g = p - p_a \tag{1-1}$$

如果容器内气体的绝对压力低于外界大气压力,表压力为负值;仅取其数值,称为真空度,记作p_v,即:

$$p_v = p - p_a \tag{1-2}$$

真空度的数值越大,说明越接近绝对真空。

表压力、真空度都只是相对于当时当地的大气压力而言的、显然,只有绝对压力才是真正说明气体状态的状态参数。

2. 温度 T

温度表示气体冷热的程度。按照分子运动论,气体的温度是气体内部分子不规则运动激烈程度的量度,是与气体分子平均速度有关的一个统计量。气体的温度越高,表明气体分子的平均动能越大。

热力学温度T的单位为K,是国际单位制SI中的基本单位。选取水的三相点温度为基本定点温度,规定其温度为273.16K,1K等于水的三相点热力学温度的1/273.16。国际单位制SI容许使用摄氏温度t,并定义:

$$t = T - T_0$$
$$T_0 = 273.15\text{K} \tag{1-3}$$

在一般工程计算中,把T_0取作273K已足够精确。摄氏温度每一度间隔与热力学温度每一度间隔相等,但摄氏温度的零点比热力学温度的零点高273.15K。热力学温度不可能有负值。必须指出,只有热力学温度才是状态参数。

3. 比体积 v

比体积是单位质量的物质所占有的容积,即:

$$v = \frac{V}{m}; \quad V = mv \tag{1-4}$$

式中:v——比体积;

V——容积;

m——质量。

比体积的倒数称为密度(ρ)。密度是指单位容积的物质所具有的质量：

$$\rho = \frac{m}{V} \tag{1-5}$$

比体积的单位为 m^3/kg；密度的单位为 kg/m^3。

(三)平衡状态

描述热力系统的状态时，如果整个系统的状态均匀一致，在系统内到处有相同的温度和相同的压力，且不随时间而变化，这样的状态称为热力学平衡状态，简称平衡状态。处于平衡状态时，气体的所有状态参数都有确定的数值。如果外界条件不变，系统的状态始终保持不变。如果受到外界作用，引起系统内温度和压力的变化，破坏了系统平衡状态，则当外界作用停止后，系统将自发地发生机械和热作用，最后系统达到新的平衡状态。

热力系统从一个状态向另一个状态变化时，所经历的全部状态的总和，称为热力过程。

热力系统从一个平衡(均匀)状态，连续经历一系列(无数个)平衡的中间状态，过渡到另一个平衡状态，这样的过程称为内平衡过程。否则便是内不平衡过程。

在热力学中，常用两个彼此独立的状态参数构成坐标图。例如以 p 为纵坐标、V 为横坐标组成的坐标图，简称压容图，用来进行热力学分析。图1-2中，1、2两点分别代表 p_1、V_1 和 p_2、V_2 两个独立的状态参数所确定的两个平衡状态；1—2 曲线代表一个内平衡过程。如果工质由1′变化到状态2′所经历的不是一个内平衡过程，则该过程无法在 p—V 图上表示，仅可标出 1′、2′ 两个平衡态，其过程用虚线表示。

在图1-2中，假设系统经历平衡过程1—2，由状态1变化到状态2，并对外作膨胀功 W，如果外界给以同样大小的压缩功 W，使系统从状态2反向循着原来的过程曲线，经历完全相同的中间状态，恢复到原来的状态1，外界也恢复到原来的状态，既没有得到功，也没有消耗功，这样的平衡过程称为可逆过程。

只有无摩擦、无温差的平衡过程才有可逆性。

可逆过程是没有任何损失的理想过程，实际的热力过程既不可能是绝对的平衡过程，又不可避免地会有摩擦。因此，可逆过程是实际过程的理想极限。

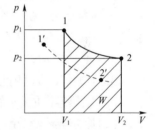

图1-2 内平衡过程在 p—V 图上的表示

(四)理想气体状态方程式

所谓理想气体，就是假设在气体内部，其分子不占体积，分子间又没有吸引力的气体。在热力计算和分析中，常常把空气、燃气、烟气等气体都近似地看作理想气体。因为气体分子之间的平均距离通常要比液体和固体的大得多。所以，气体分子本身的体积比气体所占的容积小很多，气体之间的吸引力也很小。通常把实际气体近似地看作理想气体来进行各种热力计算，其结果极其相似。所以，对理想气体性质的研究，在理论上和实际上都是很重要的。

根据分子运动论和对理想气体的假定，结合实验所得的一些气体定律，并综合表示成理想气体状态方程式(或称克拉伯隆方程式)。对于1kg理想气体，其状态方程为：

$$pv = RT \tag{1-6a}$$

对于 m kg 理想气体，总容积 $V = mv$，其状态方程为：

$$pV = mRT \tag{1-6b}$$

式中：R——某种气体常数[J/(kg·K)]，它的数值决定于气体的种类。

对于摩尔质量的理想气体，其状态方程为：

$$R_m = \frac{pV_m}{T} \tag{1-7}$$

式中：R_m——摩尔气体常数[J/(mol·K)]；

V_m——摩尔体积(m³/mol)。

对于任何理想气体，R_m 的数值都相同，并称为普通比例常数。

理想气体状态方程式反映了理想气体3个基本状态参数间的内在联系，即 $F(p,v,T) = 0$，只要知道其中两个参数，就可以通过该方程求出第3个参数。

(五) 工质的比热容(质量热容)

在热力过程中，热量的计算常利用比热容。工质的比热容就是热容除以质量。比热容的物理量符号为 c 表示，计量单位符号为 J/(kg·K)。按定义有：

$$c = \frac{dq}{dT} \tag{1-8}$$

式中：dq——某工质在某一状态下温度变化 dT 时所吸收或放出的热量(J)。

比热容是物质的一个重要的热力学性质。气体比热容数值与气体的性质、热力过程的性质、加热的状态等有关。

1. 单位工质的热容与物理量单位的关系

因为单位工质可用 kg、mol、m³ 表示，因此单位工质的热容有如下3种：

(1) 比热容(质量热容) c，单位 J/(kg·K)。

(2) 摩尔热容 c_m，单位 J/(mol·K)。

(3) 标准状态下的体积热容 c_v，单位 J/(m³·K)。

2. 比定压热容和比定容热容

气体在压力不变或容积不变的条件下被加热时的比热容，分别叫作比定压热容和比定容热容，通常用脚标 p 和 V 来区别，定义比热比 $\gamma = c_p/c_V$。

气体在定压下受热时，由于在温度升高的同时，还要克服外界抵抗力而膨胀做功，所以同样升高1℃，比在定容下受热时需要更多的热量。实验表明，理想气体的比定压热容和比定容热容的差是一个常数 R，即：

$$c_p - c_V = R \quad \text{（梅耶公式）} \tag{1-9a}$$

对于理想气体，等熵指数 κ 为：

$$\kappa = \gamma = \frac{c_p}{c_V}$$

等熵指数在工程热力学中有很重要的作用。如果以 κ 和 R 来表示 c_p、c_V，由梅耶公式可得：

$$c_V = \frac{1}{\kappa - 1}R$$

(1-9b)

$$c_p = \frac{\kappa}{\kappa - 1}R$$

3. 常量比热容

在实际应用中,当温度变化不大或不要求很精确的计算时,常忽略温度的影响,把理想气体的比热容当作常量,只按理想气体的原子数确定比热容,称为定比热容,如表1-1所示。

理想气体的定比热容　　　　　　表1-1

理想气体原子数	摩尔定容热容 $C_{m,V}[\mathrm{J/(mol \cdot K)}]$	摩尔定压热容 $C_{m,p}[\mathrm{J/(mol \cdot K)}]$
单原子气体	3 × 4.1868	5 × 4.1868
双原子气体	5 × 4.1868	7 × 4.1868
多原子气体	7 × 4.1868	9 × 4.1868

二、功和热量

(一) 功

力学中把物体所受到的力 F 和物体在力的作用方向上的位移 x 两者的乘积,定义为力所做的功,并用符号 W 表示,即:

$$W = Fx$$

热力学中,功就是当系统和外界之间存在压差时,系统通过边界和外界之间相互传递的能量。

图1-3 表示1kg工质封闭在汽缸内,进行一个可逆过程的膨胀做功情况。设活塞截面积为 $A(\mathrm{m}^2)$,工质作用在活塞上的压力为 p,活塞被推进一微小距离 $\mathrm{d}x$,在这期间,工质的膨胀极小,工质的压力近乎不变,因而工质对活塞做的功为:

$$\mathrm{d}W = pA\mathrm{d}x = p\mathrm{d}V = mp\mathrm{d}v \quad (1\text{-}10)$$

对可逆过程1—2,单位工质由状态1膨胀到状态2所作的膨胀功为:

$$w = \int_{v_1}^{v_2} p\mathrm{d}v \quad (1\text{-}11)$$

如果已知工质的初、终态参数,以及过程1—2 的函数关系 $p = f(v)$,则可求得单位工质的膨胀功 w,其数值等于 $p—v$ 图上过程曲线1—2下面所包围的面积。因此,$p—v$ 图也叫示功图。由此可见,膨胀功不仅与状态的改变有关,而且与状态变化所经历的过程有关。

若汽缸中的工质为 $m\mathrm{kg}$,其总容积为 $V = mv$,膨胀功为:

$$W = mw = m\int_{v_1}^{v_2} p\mathrm{d}v = \int_{V_1}^{V_2} p\mathrm{d}V \quad (1\text{-}12)$$

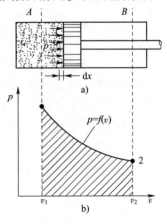

图1-3 可逆过程的膨胀功

当工质不是膨胀,而是受到外界压缩时,则是外界对工质做功。这时 $\mathrm{d}V$ 为负值,由式(1-12)算出的 W 也是负值,负的膨胀功实际上表明工质接受了外界的压缩功。

(二)热量

热量是由于温度的不同,系统和外界间穿越边界而传递的能量。热量和功一样不是热力状态的参数,而是工质状态改变时对外的效应,但热量不可能把它的全部能量表现为使物体改变宏观运动的状态。

热量和功的根本区别在于:功是两物体间通过宏观运动发生相互作用面传递的能量;热量则是两物体间通过微观的分子运动发生相互作用而传递的能量。

按习惯,规定外界加给系统的热量为正,而系统传给外界的热量为负。国际单位制规定功 W 和热量 Q 的单位都用焦耳(J)。

(三)熵

功和热量都是工质与外界间传递的能量,故两者具有许多共同的特征。功是工质与外界发生机械作用时传递的能量。工质的压力 p 是工质对外界做功的推动力。比容(比体积) v 的变化则是衡量工质对外界做功与否的标志。用类比的方法,既然温度是工质与外界发生热交换时起推动"力"的作用,于是作为衡量工质对外界做功与否的标志,必然也应是工质的某种状态参数的变化。这种状态多数就是熵,用符号 S 表示,单位为 J/K,1kg 工质的熵称为比熵,符号为 s,单位为 $\mathrm{J/(kg \times K)}$。类比于功的关系式,可以得到:

$$\mathrm{d}q = T\mathrm{d}s \tag{1-13}$$

比熵的定义式为:

$$\mathrm{d}s = \frac{\mathrm{d}q}{T} \tag{1-14}$$

式中:$\mathrm{d}q$——可逆过程中系统与外界交换的微元热量;

T——可逆过程的温度(可逆过程系统与外界的温度随时保持相等)。

熵的增量等于系统在可逆过程中交换的热量除以传热时的绝对温度所得的商。熵是工质的一个状态参数。对于工质的每个给定的状态,熵有确定的数值。

同功量的图示相似,也可用每个独立的状态参数 T、s 构成的状态图来表示热量。在 T—s 图上的一点表示一个平衡状态,一条曲线表示一个可逆过程,如图1-4所示。

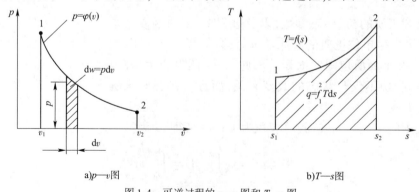

图1-4 可逆过程的 p—v 图和 T—s 图

$$q = \int_{s_1}^{s_2} T \mathrm{d}s \tag{1-15}$$

从表 1-2 的对比中,可以清楚地看到熵与比容是相互对应的一个状态参数。熵有如下性质:

(1) 熵是一个状态参数,如已知系统两个独立的状态参数,即可求出熵的值。
(2) 只有在平衡状下,熵才有确定的值。
(3) 通常只得求熵的变化量 ΔS,而不必求熵的绝对值。
(4) 熵是可加性的量,m kg 工质的熵是 1kg 工质熵的 m 倍,$S = ms$。
(5) 在可逆过程中,从熵的变化中可以判断热量的传递方向:$\mathrm{d}s > 0$,系统吸热;$\mathrm{d}s = 0$,系统绝热;$\mathrm{d}s < 0$,系统放热。

热力学的功与热 表 1-2

名称 方式	功量	热量
表达式	$\mathrm{d}w = p\mathrm{d}v, w = \int_{v_1}^{v_2} p\mathrm{d}v$	$\mathrm{d}q = T\mathrm{d}s, q = \int_{s_1}^{s_2} T\mathrm{d}s$
动力	p	T
能力传递方式	$\mathrm{d}v > 0, \mathrm{d}w > 0$ 对外做功 $\mathrm{d}v = 0, \mathrm{d}w = 0$ 不做功 $\mathrm{d}v < 0, \mathrm{d}w < 0$ 对内做功	$\mathrm{d}s > 0, \mathrm{d}q > 0$ 工质吸热 $\mathrm{d}s = 0, \mathrm{d}q = 0$ 绝热 $\mathrm{d}s < 0, \mathrm{d}q < 0$ 工质放热
图示	p—v 图	T—s 图

三、热力学第一定律

热力学第一定律是能量转换与守恒定律在热力学中的一种表述。根据热力学第一定律,建立了闭口系统和开口系统的能量方程式,它们是进行热力分析和热力计算的主要基础。

(一) 热力学第一定律的内容

热力学第一定律:热和功可以相互转换,为了要获得一定量的功,必须消耗一定量的热;反之,消耗一定量的功,必会产生一定量的热。

工质经历受热做功的热力过程时,工质从外界接受的热量、工质因受热膨胀而对外所做出的功、同时间内工质所储存或付出的能量三者之间,必须符合能量守恒的原则。

(二) 工质的热力学能

工质内部所具有的各种能量,总称为工质的热力学能(内能)。由于工程热力学主要讨论热能和机械能之间的相互转换,不考虑化学能变化和原子核反应的热力过程,故可以认为这两部分能量保持不变,认为工质热力学能是分子热运动的动能和克服分子间作用力的分子位能的总和。分子动能由分子直线运动动能、旋转运动动能、分子内原子振动能、原子内的电子振动能等组成。由于工质内的动能与位能都与热能有关,故也称作工质内部的热能。

分子热运动动能是温度 T 的函数,分子间的位能是比体积 v 的函数。因此,工质的热力学能取决于工质的温度和比体积,即与工质的热力状态有关。一旦工质的状态发生变化,热力学能也就跟着改变。单位质量工质的热力学能(比热力学能) u 也是一个状态参数,其单位是 J/kg 或 kJ/kg。$m$kg 工质的总热力学能 $U=mu$,单位是 J 或 kJ。

工质热力学能变化值 $\Delta U = U_2 - U_1$,只与工质的初、终状态有关,而与工质由状态 1 到状态 2 所经历的过程无关。在热工计算中,通常只需计算热力学能变化值,对热力学能在某一状态下的值不感兴趣。

对于理想气体,因假设其分子间没有引力,故理想气体分子间的位能为零,其比热力学能 u 仅是温度的单值函数。

四、理想气体的热力过程

工程热力学中,把热机的工作循环概括为工质的热力循环,把整个热力循环分成几个典型的热力过程,并对热力过程进行分析,确定过程中气体状态参数的变化规律,揭示出热力过程能量转换的特性。在这个基础上,总结出整个热力循环的热功转换规律。

分析过程的方法是首先研究理想气体的可逆过程、导出过程方程式,利用过程方程和理想气体状态方程,求出过程的初、终态参数的变化关系,按热力学第一定律研究热力过程中气体吸收或放出的热量、热力学能的变化,以及对外所做的功,然后将这种可逆过程的分析结果,换算成实际气体的不可逆过程,并引进各种有关的经验修正系数。

这里先讨论理想气体的基本热力过程,然后讨论理想气体的一般过程,即多变过程。为了分析计算方便,假定工质是 1kg 理想气体,其比热容视为定值,即不随温度而变化。

(一)定容过程

图 1-5 所示为定容加热过程,其中活塞不动。

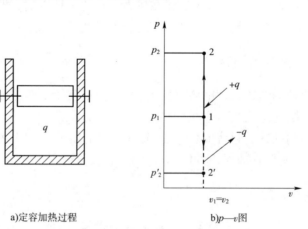

a)定容加热过程 b)$p-v$ 图

图 1-5 定容加热过程 $p-v$ 图

1. 定容过程方程式

定容过程中,工质的容积不变,即比体积 q 保持不变,其过程方程式为:
$$v = 常数$$

气体由状态1变化到状态2的过程曲线1—2(或1—2′),在 p—v 图上是一条垂直于 v 轴的直线,在 T—s 图上是一条对数曲线。

2. 气体状态参数的变化

根据状态方程 $pv=RT$,气体状态由按照状态1变化到状态2时,初、终状态参数之间的关系为:

$$v_1 = v_2 \quad \frac{p_2}{p_1} = \frac{T_2}{T_1} \tag{1-16}$$

即在定容过程中,气体的绝对压力与温度成正比。

3. 能量变化

定容过程的膨胀功 $w = \int_{v_1}^{v_2} p\mathrm{d}v$,因为 $\mathrm{d}v = 0$,所以 $w = 0$。

根据比热容的定义 $c_v = \dfrac{\mathrm{d}q}{\mathrm{d}T}$,可得 $q = \int_{T_1}^{T_2} c_v \mathrm{d}T$,若假定 c_v 为定值,故定容过程中工质吸入(或放出)的热量为:

$$q = \int_{T_1}^{T_2} c_v \mathrm{d}T = c_v(T_2 - T_1) \tag{1-17}$$

根据式(1-17),可求得定容过程中比热力学能的变量为:

$$q = \Delta u = u_2 - u_1 = c_v(T_2 - T_1) \tag{1-18}$$

即定容过程中工质吸入(或放出)热量,全部转变为工质比热力学能的增加(或减少)。

(二)定压过程

图1-6a)所示为定压加热过程。活塞上的载质量 m 保持不变。

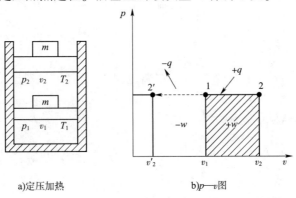

a)定压加热　　b)p—v 图

图1-6　定压加热过程 p—v 图

1. 定压过程方程式

在定压过程中,压力 p 保持不变,其过程方程为:

$$p = 常数$$

过程方程曲线为一条平行于 v 轴的水平线,如图1-6b)所示。

2. 气体状态参数的变化

根据 $pv=RT$,定压过程初、终态参数关系为:

$$p_1 = p_2 \quad \frac{v_2}{v_1} = \frac{T_2}{T_1} \tag{1-19}$$

即在定压过程中,气体的比体积与温度成正比。

3. 能量变化

定压过程中气体做的膨胀功为:

$$w = \int_{v_1}^{v_2} p dv = p(v_2 - v_1) \tag{1-20}$$

在 p—v 图上,1—2 直线下的面积即为气体所做的膨胀功。同理,直线 1—2′ 下面积为压缩功。

根据比热容的定义 $c_p = \frac{dq}{dT}$ 及 c_p = 常数,可求得定压过程中的热量为:

$$q = \int_{T_1}^{T_2} c_p dT = c_p(T_2 - T_1) \tag{1-21}$$

(三)定温过程

在定温过程中,温度保持不变,即 T = 常数。在 p—v 图上,定温过程为一等边双曲线,如图 1-7 中曲线 1—2 或 1—2′ 所示。

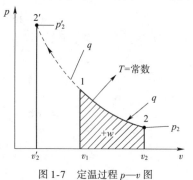

图 1-7 定温过程 p—v 图

1. 定温过程方程式

按照状态方程,可得定温过程方程为:

$$pv = 常数$$

2. 气体状态参数的变化

在定温过程中,气体初、终状态参数的关系为:

$$T_1 = T_2 \quad \frac{p_1}{p_2} = \frac{v_2}{v_1} \tag{1-22}$$

即在定温过程中,气体的绝对压力与比体积成反比。

3. 能量变化

定温过程中气体所做的膨胀功为:

$$w = \int_{v_1}^{v_2} p dv = \int_{v_1}^{v_2} \frac{RT}{v} dv = RT \ln \frac{v_2}{v_1} = RT \ln \frac{p_1}{p_2} \tag{1-23}$$

定温过程中,因为 $\Delta u = c_v(T_2 - T_1) = 0$;$\Delta h = \Delta u + (p_2 v_2 - p_1 v_1) = 0$,所以比热力学能和比焓 h 不变。定温过程中的热量,根据能量平衡方程可得:

$$q = \Delta u + w = w = \int_{s_1}^{s_2} p dv = \int_{s_1}^{s_2} \frac{RT}{v} dv = RT \ln \frac{v_2}{v_1} = RT \ln \frac{p_1}{p_2} \tag{1-24}$$

可见,在定温过程中,外界加给工质的热量全部转变为工质对外所做的膨胀功;反之,外界对工质所做的压缩功,全部转换为热量施放给外界。

(四)绝热过程

在绝热过程中的每一时刻,工质与外界均不发生热交换,即 $dq = 0$。

1. 绝热过程方程式

根据热力学第一定律解析式和理想气体的性质,可以导出绝热过程方程为:

$$dq = du + dw = c_v dT + pdv = 0$$

对理想气体状态方程取全微分,则:

$$pdv + vdp = RdT$$

把这个结果代入上式,整理后得:

$$(c_v + R)pdv + c_v vdp = 0$$

因为 $c_v + R = c_p$,故 $vdp + \dfrac{c_p}{c_v}pdv = 0$。理想气体 $\kappa = \gamma = \dfrac{c_p}{c_v}$,对于上式积分,得:

$$pv^\kappa = 常数 \quad 或 \quad p_1 v_1^\kappa = p_2 v_2^\kappa$$
$$\ln(pv^\kappa) = 常数 \tag{1-25}$$

式(1-25)即为绝热过程方程式。κ 为等熵指数,其数值随气体的种类和温度而变。当 c_p、c_v 取为常数时,κ 也是定值。对于空气和燃气,$\kappa = 1.4$。

绝热过程曲线在 p—v 图上是一条较定温线斜率大的不等边双曲线(高次双曲线),如图1-8所示。

2. 气体状态参数的变化

由绝热过程方程式和理想气体状态方程,可以得到绝热过程中,气体初、终状态参数的关系式如下:

$$\dfrac{p_1}{p_2} = \left(\dfrac{V_2}{V_1}\right)^\kappa \tag{1-26a}$$

$$\dfrac{T_1}{T_2} = \left(\dfrac{V_2}{V_1}\right)^{\kappa-1} \tag{1-26b}$$

$$\dfrac{T_1}{T_2} = \left(\dfrac{p_1}{p_2}\right)^{\frac{\kappa-1}{\kappa}} \tag{1-26c}$$

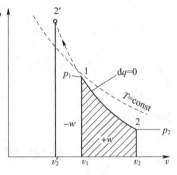

图1-8 绝热过程 p—v 图

3. 能量变化

绝热过程中,气体对外能量交换,对于闭口系统,根据式(1-26a),则 $p = \dfrac{p_1 v_1^\kappa}{v^\kappa}$,代入式(1-11),得:

$$w = \int_{v_1}^{v_2} pdv = p_1 v_1^\kappa \int_{v_1}^{v_2} v^{-\kappa} dv = p_1 v_1^\kappa \left(\dfrac{v^{1-\kappa}}{1-\kappa}\right)_{v_1}^{v_2}$$

$$= p_1 v_1^\kappa \left(\dfrac{v_2^{1-\kappa} - v_1^{1-\kappa}}{1-\kappa}\right) = \dfrac{1}{1-\kappa}(p_1 v_1^\kappa v_2^{1-\kappa} - p_1 v_1^\kappa v_1^{1-\kappa})$$

$$= \dfrac{1}{1-\kappa}(p_2 v_2 - p_1 v_1) \tag{1-27a}$$

由于 $pv = RT$,功量公式(1-32)还可写成

$$w = \dfrac{R}{\kappa - 1}(T_1 - T_2) \tag{1-27b}$$

$$w = \frac{1}{\kappa - 1}(p_1 v_1 - p_2 v_2) \tag{1-27c}$$

在 $p—v$ 图上,绝热过程的膨胀功可用曲线 1—2 下面的面积表示。

绝热过程中气体比热力学能的变化为 $\Delta u = c_v \Delta T$。

绝热过程中工质与外界没有热交换($\mathrm{d}q = 0$)。

(五) 多变过程

四种典型热力过程:定容过程、定压过程、定温过程、绝热过程,在过程进行时有一个状态参数保持不变。但是,实际能量转换装置所进行的热力过程中,工质的状态参数或多或少都要产生变化,而且也难以完全绝热,即为多变过程。过程方程式通过实验可测定过程中一些状态点的 p、v 值而近似整理成 $pv^n =$ 定值的形式,指数 n 叫作多变指数。

多变过程中的多变指数 n 具有不同数值时,过程就表现出不同的特性。前面所述的定压、定温、绝热和定容四种典型热力过程,可视为多变过程的特例之一,即:

当 $n = 0$ 时,$pv = p$ 为定值,即定压过程;

当 $n = 1$ 时,$pv = pv$ 为定值,即定温过程;

当 $n = \pm \infty$ 时,v 为定值,即定容过程;

当 $n = k$ 时,q 为定值,即定熵过程。

五、热力学第二定律

热力学第一定律确定了热功转换之间的数量关系。热力学第二定律则指明了实现热功转换的条件、限度,以及自发过程进行的方向性。

(一) 热力循环与热效率

1. 热力循环

通过工质的热力状态变化过程,可以把热能转化为机械能而做功。但仅仅依靠任何一个过程,都不可能连续不断地做功。为了连续不断地将热能转换为功,必须在工质膨胀做功以后,经过某种压缩过程,使它回复到初始状态,以便重新膨胀做功。这种使工质经过一系列变化,又回到初始状态的全部过程,称为热力循环(简称循环)。

热力循环可分为正向循环和逆向循环。把热能转变为机械功的循环叫正向循环(或热机循环);依靠消耗机械功而将热量从低温热源传向高温热源的循环,叫逆向循环(或热泵循环)。

如图 1-9 所示,设 1kg 工质进行一个可逆的正向循环。在 $p—v$ 图上可看出,膨胀过程线 1—a—2 曲线,高于压缩过程 2—b—1 曲线,即过程 1—a—2 所做的膨胀功,大于过程 2—b—1 所消耗的压缩功,整个循环中工质作出的净功 $\int \mathrm{d}w$ 为正。用 w_0 表示净功的绝对值,在 $p—v$ 图上封闭曲线 1—a—2—b—1 所包围的面积,即表示 w_0 的数值。在 $T—s$ 图上可看出,工质的吸热过程曲线 1—a—2,高于工质的放热过程曲线 2—b—1,即 s_1—1—a—2—s_2 所围成的面积大于过程 s_1—1—b—2—s_2—s_1 所围成的面积,整个循环中工质从高温热源中接

受的净热量 $\int dq$ 为正。用 q_1 表示循环中工质从高温热源中接受热量的绝对值,用 q_2 表示工质向低温热源放出热量的绝对值,则循环中工质接受的净热量为 $q_1 - q_2$,它可用 T—s 图上曲线 1—a—2—b—1 所包围的面积表示。按热力学第一定律,循环中工质所接受的净功为:

$$\int dq = \int du + \int dw$$

因为 $du = 0$,所以循环净功等于循环净热,即:

$$q_1 - q_2 = w_0$$

说明热力循环中,工质从高温热源所接受的热量 q_1,只有一部分变成循环净功 w_0,而另一部分热量 q_2 放出给低温热源。

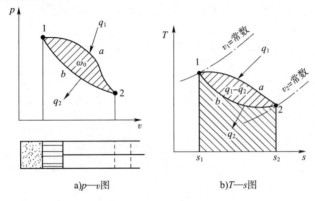

a) p—v 图   b) T—s 图

图 1-9　正向循环

2. 热效率

为了评价热力循环在能源利用方面的经济性、通常采用热力循外的净功 w_0 与工质从高温热源接受的热量 q_1 的比值作为指标,称为循环热效率,用 η_t 表示,即:

$$\eta_t = \frac{w_0}{q_1} = \frac{q_1 - q_2}{q_1} = 1 - \frac{q_2}{q_1} \tag{1-28}$$

热效率是衡量热机性能的重要指标之一,它说明工质从高温热源吸收的热量,有多少转换为功。从式(1-28)可以看出,q_2 愈小,则 η_t 愈大,但因为 $q_2 \neq 0$,所以 η_t 总小于 1。

(二) 热力学第二定律的内容

热力学第二定律有许多种表达方式,具实质都完全一致,即都是说明实现某些具体热功转换过程的必要条件。以下两种表述具有普遍意义。

开尔文·普朗克表述:不可能建造一种循环工作的机器,其作用只是从单一热源取热并全部转变为功。根据长期制造热机的经验总结出:不可能只利用一个高温热源,连续地从它取得热量而全部转变为机械功。为了连续地获得机械功,至少必须有两个热源,高温热源和低温热源。从高温热源取得热量,把其中一部分转变为机械功,把另一部分热量传给低温热源。

从单一热源(如以海洋、大气或大地作为单一热源)不断吸取热量而将它全部转变为机械功的热机,称为第二类永动机。因此,又可以表述为第二类永动机是不可能制成的。

克劳修斯表述:不可能使热量从低温物体传向高温物体而不引起其他变化。根据长期制造制冷机的经验得出:不管利用什么机器,都不可能不付代价地实现把热量从低温物体转移到高温物体。即低温热源向高温热源传热,不可能自发地进行。

(三)卡诺循环与卡诺定理

根据热力学第二定律的论述,热机循环的热效率不可能达到100%。为了确定给定条件下热机循环效率可能达到的限度,卡诺在1924年提出了理想热机工作方案,即著名的卡诺循环。

1. 卡诺循环

如图1-10所示,卡诺循环是由两个定温过程和两个绝热过程交错组成的可逆循环。其中ab为在温度较高的恒温热源温度T_1下定温膨胀,吸热q_1;bc为绝热膨胀;cd为在温度较低的恒温冷源温度T_2下定温压缩,放热q_2;da为绝热压缩。卡诺循环的热效率为:

$$\eta_{tk} = 1 - \frac{q_2}{q_1} = 1 - \frac{T_2(S_b - S_a)}{T_1(S_b - S_a)} = 1 - \frac{T_2}{T_1} \tag{1-29}$$

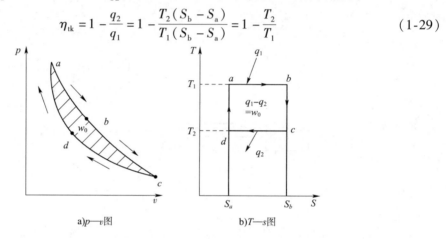

图1-10 正向卡诺循环

由上式可知:

(1)卡诺循环的热效率仅决定于高温热源和低温热源的温度。提高T_1及降低T_2,可以提高卡诺循环的热效率。

(2)由于T_1不可能为无限大,T_2不可能为零,所以卡诺循环的热效率不可能达到1。

(3)当$T_1 = T_2$时,卡诺循环的热效率为零,即不可能由单一热源循环做功。

(4)无论采用什么工质和什么循环,也无论将不可逆损失减小到何种程度,在一定的温度范围T_1到T_2之间,不能期望制造出热效率超过$\left(1 - \frac{T_2}{T_1}\right)$的热机,最高热效率也只能接近$\left(1 - \frac{T_2}{T_1}\right)$。

2. 卡诺定理

卡诺定理的内容:工作在两个恒温热源(T_1和T_2)之间的循环,不管采用什么工质,如果是可逆的,其热效率为$\left(1 - \frac{T_2}{T_1}\right)$;如果是不可逆的,其热效率恒小于$\left(1 - \frac{T_2}{T_1}\right)$,即以卡诺循环的热效率为最高。

卡诺定理告诉我们,两个给定热源之间的所有循环中,卡诺循环的热效率最高。一切实际的循环都是不可逆循环,因此,实际循环的热效率必小于相同热源条件下的卡诺循环的热效率。所以,提高热效率的途径是尽量减少过程的不可逆性,使实际循环尽量接近卡诺循环。卡诺定理还指出了两个给定热源之间,所有的卡诺循环的热效率均相等,与工质的性质无关,因此影响热效率的基本因素仅仅是热源的温度。提高热效率的基本途径是提高高温热源的温度T_1和降低低温热源的温度T_2。

(四)孤立系统的熵增原理

热力学第二定律是有关熵的规律,熵是判断热力过程进行方向的参数。对于一个与外界既无质量交换,又无物质交换的孤立系统来说,系统的热力过程总是朝着系统的熵有所增加的方向进行,不可能出现使系统熵的总量减少的情况,在理想的可逆过程中可以使系统熵的总量保持不变,即:

$$d_{s系统} \geqslant 0 \tag{1-30}$$

这就是孤立系统的熵增原理:孤立系统的熵可以增大,或者保持不变,但不可能减少。熵增原理可用来判断要想实现某个过程的实际可行性。例如热量自高温物体传到低温物体,机械能变为热能等,可以证明这些过程其孤立系统的熵都是增加的,因此可以自发地进行。

熵增原理也是热力学第二定律的一种表述。$d_{s系统} \geqslant 0$ 则可作为热力学第二定律的数学表达式。

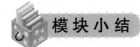

模块小结

热力学是研究热能性质及其转换规律的科学。工程热力学着重讲究与热力工程有关的热能和机械能相互转换的规律。

热力学中把主要研究对象的物体总称为热力系统。

把热力系统外面和热功转换过程有关的其他物体称为外界。

热力系统和外界的分界面称为边界。通常把实现热功转换的工作物质称为工质。

把供给工质热量的高温物质称为高温热源;而把吸收工质放出热量的冷却介质或环境称为低温热源。

热力系统通常就是由热力设备中的工质所组成,而高温热源、低温热源和其他物体等则组成外界。

若一个热力系统和外界只可能有能量(热能、机械功等)交换而无物质变换,称为闭口系统;若一个热力系统和外界既可能有能量交换,同时又有物质交换,称为开口系统。

工质的常用的状态参数有6个,即压力p、温度T、比体积v、热力学能U、焓H、熵S。其中p、T、v 3个可以测量的物理量称为基本状态参数。

如果整个系统的状态均匀一致,在系统内到处有相同的温度和相同的压力,且不随时间而变化,这样的状态称为热力学平衡状态,简称平衡状态。处于平衡状态时,气体的所有状态参数都有确定的数值。

对于1kg理想气体,其状态方程为$pv = RT$。

对于 m kg 理想气体，总容积 $V = mv$，其状态方程为 $pV = mRT$。

热量和功的根本区别在于：功是两物体间通过宏观运动发生相互作用而传递的能量；热量则是两物体间通过微观的分子运动发生相互作用而传递的能量。

热力学第一定律：热和功可以相互转换，为了要获得一定量的功，必须消耗一定量的热；反之，消耗一定量的功，必会产生一定量的热。

工质内部所具有的各种能量，总称为工质的热力学能(内能)。

卡诺定理：两个给定热源之间的所有循环中，卡诺循环的热效率为最高。一切实际的循环都是不可逆循环，因此，实际循环的热效率必小于相同热源条件下的卡诺循环的热效率。

思考与练习

1. 何谓工质？何谓工质的热力状态及状态参数？
2. 何谓工质的比体积、热力学能、功、热量和比热容？
3. 什么是理想气体？理想气体状态方程式有几种表达形式？
4. 什么是热力系统、边界、外界？什么是热力过程和平衡态，在 p—v 图上如何表达？
5. 功、热量、热力学能有什么相同之处？有什么不同之处？
6. 热力学第一定律的基本内容是什么？
7. 指出 p—v 图的物理意义。
8. 熟悉定容、定压、定温、绝热 4 种特殊热力过程参数间的关系及计算。熟悉 4 种特殊热力过程在多变过程的 p—v 图上的位置及其物理意义。
9. 何谓热力循环、热效率？
10. 何谓卡诺循环和卡诺定理？

模块二　发动机循环与性能指标

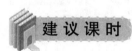

1. 能准确叙述发动机的实际循环各过程状态参数的变化；
2. 能准确叙述发动机的理想循环各过程状态参数的变化；
3. 熟知发动机性能指标；
4. 熟知发动机性能指标及热平衡。

建议课时

4 课时。

发动机工作性能包括动力性、经济性、排放性、可靠性、耐久性、使用维修性、结构工艺性及运转性等。其主要性能是动力性、经济性和排放性。

发动机性能的好坏，主要与其工作过程有关。发动机的工作性能，常用性能指标来衡量。

这里将以动力性、经济性为研究重点，深入到发动机实际循环的各个工作过程，分析影响这些性能的各种因素，从中找出提高性能的一般规律。

发动机的实际循环是基于理想循环的基础上，但与理想循环比较，其全部假设的理想条件已被诸多实际因素所替代。在实际循环中，存在着不可避免的损失，不可能达到理想循环的效率和平均压力值。

研究实际循环与理想循环的差异和引起各种损失的原因，目的是不断改善实际循环，缩小与理想循环的差距，促进发动机的改进与发展。

一、发动机的实际循环

在发动机的实际工作中，燃料燃烧的热能，通过工质的膨胀转化为机械功，这种连续不断地把热能转变为机械功的循环，称为发动机的实际循环。

四冲程发动机的实际循环是由进气、压缩、燃烧、膨胀、排气 5 个过程组成。通常用汽缸内的气体压力 p 随比体积 v 或曲轴转角 θ 而变化的图形，来表示工质在汽缸中的实际工作情况，如图 2-1 所示。

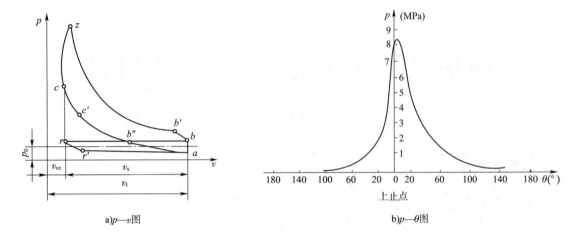

图 2-1 四冲程发动机的 $p—v$ 图和 $p—\theta$ 图

(一) 进气过程

进气过程是指混合气充量进入汽缸的过程,即图 2-1a)中 $rr'a$ 线。在进气过程中,进气门开启、排气门关闭,活塞由上止点向下止点移动。

由于上一循环的残余废气,排气终了时汽缸内压力 p_r 高于大气压力 p_0,随着活塞下行,首先是残余废气膨胀,压力由 p_r 下降到低于大气压力的 p_r'。在压力差的作用下,新鲜气体被吸入汽缸,直到活塞达下止点后,进气门关闭为止。由于进气系统有阻力,进气终了的压力 p_{ca} 仍低于大气压力 p_0。进气终了气体因受到高温零件和残余废气的加热,其温度 T_{ca} 总是高于大气温度 T_0。

(二) 压缩过程

活塞在汽缸内压缩工质的过程,即为压缩过程,图 2-1a)的 $ac'c$ 线。压缩过程中,进、排气门均关闭,活塞从下止点向上止点移动,缸内工质受压后温度和压力不断上升。压缩过程的目的是增大工作过程的温差,使工质获得最大限度的膨胀比,提高循环热效率,为着火燃烧创造有利条件。

工质被压缩的程度用压缩比 ε_c 表示。

$$\varepsilon_c = \frac{V_t}{V_{ce}} = 1 + \frac{V_s}{V_{ce}} \tag{2-1}$$

式中:V_t——汽缸最大容积;

V_{ce}——燃烧室总容积(汽缸余隙容积);

V_s——汽缸工作容积(活塞排量)。

发动机的实际压缩过程,是一个复杂的多变过程。压缩开始,新鲜工质温度较低,受缸壁加热,多变指数大于 κ;随着工质温度升高,到某一瞬时与缸壁温度相等,多变指数等于 κ (热交换为零);此后,随着工质温度升高而高于汽缸壁,向缸壁散热,多变指数小于 κ。

(三)燃烧过程

在上止点前通过外源点火或自燃,混合气着火燃烧(图2-2中 $c'z$ 线)。燃烧过程放出的热量越多,放热时活塞越靠近上止点,则热效率越高。

在汽油机中,当活塞压缩到上止点前,即图2-2b)中 c' 点,由电火花点燃混合气,火焰迅速传遍整个燃烧室,使工质的压力及温度急剧上升,其压力在极短的时间内达到最高值,从而接近定容加热。

在柴油机中,同样应在上止点前开始喷油和燃烧。燃烧开始时,燃烧速度很快,而汽缸容积变化很小,工质温度、压力剧增,接近定容加热(图2-2a中 cz' 段)。随后是边喷油边燃烧,燃烧速度慢,且随着活塞下移,汽缸容积增大,汽缸压力升高不大,而温度继续升高,接近等压加热(图2-2a中 $z'z$ 段)。

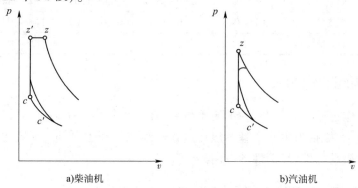

a)柴油机　　　　b)汽油机

图2-2　发动机实际循环的燃烧过程

在实际燃烧过程中,不仅有散热损失、燃烧不完全损失,而且由于燃烧不是瞬时完成的,需要一定时间,因此还存在非瞬时燃烧损失。

(四)膨胀过程

膨胀过程是燃烧后的高温、高压气体在汽缸内膨胀,推动活塞由上止点向下止点移动而做功的过程。图2-1中 zb 线为膨胀曲线、随着汽缸容积增大,气体的压力、温度迅速下降。

在膨胀过程中,与压缩过程中情况相似,并非绝热过程,不仅有散热损失、漏气损失,还有补燃和高温热分解。因此,实际膨胀过程也是多变指数变化的多变过程。在膨胀开始时,由于存在继续燃烧现象,工质被加热,多变指数小于 κ ;到某一瞬时,工质的加热量与工质向缸壁的放热量相等,多变指数等于 κ ;随后工质向缸壁散热,则多变指数大于 κ 。

为简便起见,通常在计算中,用一个不变的平均多变指数来代替变化的多变指数。压缩过程的平均多变指数为 n_1 ,膨胀过程的平均多变指数为 n_2 。

(五)排气过程

在膨胀过程末期,活塞接近下止点,即图2-1a)的 b' 时排气门开启,废气高速排出。当活塞由下止点向上止点移动时,缸内废气继续排出,直到排气门关闭,排气过程结束。图2-1a)中 $b'br$ 线表示排气过程。

排气终了的温度常作为检查发动机工作状态的技术指标。如发动机工作过程不良,热功转换效率低,则排气终了温度偏高。

各过程的状态参数变化见表2-1。

四冲程发动机实际循环各阶段参数变化　　　表2-1

机型	状态参数	进气终了	压缩终了	燃烧终了	做功终了	排气终了
柴油机	压力(kPa)	85~95	3000~5500	4500~9000	200~500	105~120
	温度(K)	300~340	970~1170	1800~2200	1000~1200	700~900
	多变指数		1.38~1.40		1.15~1.28	
汽油机	压力(kPa)	80~90	1500~2500	3000~6500	300~600	105~120
	温度(K)	340~380	670~870	2200~2800	1200~1500	900~1100
	多变指数		1.32~1.38		1.23~1.28	

二、发动机的理想循环

发动机的工作过程十分复杂,为了便于研究,在工程热力学中通常将发动机实际工作循环加以抽象和简化,概括为由几个基本热力过程所组成的理想循环。研究这些理想循环,可以指明提高发动机动力性、经济性的方向。

(一)发动机实际工作循环的简化与评价

1. 发动机实际循环的简化

通常按以下条件简化:

(1)不考虑进、排气过程,并忽略气流阻力的影响,即假设工质所在的系统为闭口系统。

(2)忽略汽缸壁传热、摩擦及漏气等热损失,即假设压缩与膨胀过程是绝热过程。

(3)假设以等容过程、等压过程等向工质加热代替燃烧过程;工质的排气放热过程则视为等容过程。

(4)气体的比热视为定值,即假设工质为理想气体。

(5)忽略实际过程中各种损失,并假设循环的每一过程为可逆过程。

2. 理想循环评定指标

(1)循环的热效率η_t的表达式为:

$$\eta_t = \frac{W}{Q_1} = 1 - \frac{Q_2}{Q_1} \qquad (2\text{-}2)$$

式中:W——工质的循环净功(J);

Q_1——工质在循环中吸收的热量(J);

Q_2——工质在循环中放出的热量(J)。

热效率η_t可用来评定循环的经济性。

(2)循环平均压力p_t的表达式为：

$$p_t = \frac{W}{V_s} \tag{2-3}$$

式中：V_s——汽缸工作容积（m^3）。

循环平均压力p_t表示单位汽缸工作容积所作的循环功，用来评定循环的动力性。

(二)发动机的理想循环

1. 混合加热循环(萨巴德循环)

混合加热循环由5个可逆过程组成。高速柴油机接近于此。如图2-3所示；1—2曲线为绝热压缩过程；2—3曲线为定容加热过程，吸热量为Q_{1v}；3—4曲线为定压加热过程，吸热量为Q_{1p}；4—5曲线为绝热膨胀过程；5—1曲线为定容放热过程，放热量为Q_2，循环净功为W。

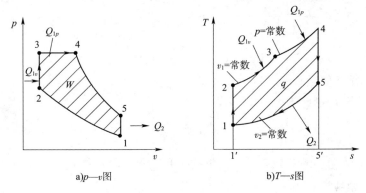

a) p—v图   b) T—s图

图2-3 混合加热循环

1)混合加热循环热效率

循环特性参数如下：

(1)压缩比$\varepsilon_c = \dfrac{V_1}{V_2}$。

(2)压力升高比$\lambda_p = \dfrac{p_3}{p_2}$。

(3)预胀比$\rho = \dfrac{V_4}{V_3}$，表示绝热膨胀过程前气体膨胀程度。

根据式(2-2)得：

$$\eta_t = 1 - \frac{1}{\varepsilon_c^{\kappa-1}} \frac{\lambda_p \rho^\kappa - 1}{(\lambda_p - 1) + \kappa \lambda_p (\rho - 1)} \tag{2-4}$$

由式(2-4)可见，混合加热循环热效率η_t与压缩比ε_c、压力升高比λ_p、预胀比ρ以及工质的等熵指数κ有关。

2)循环的平均压力p_t

根据式(2-3)得：

$$p_t = \frac{W}{V_s} = \frac{Q_1 \eta_t}{V_s} = \frac{\varepsilon_c^\kappa}{\varepsilon_c - 1} \frac{p_1}{\kappa - 1} [\lambda_p - 1 + \kappa \lambda_p (\rho - 1)] \eta_t \tag{2-5}$$

由式(2-5)可见，混合加热循环平均压力p_t随压缩始点压力p_1、压缩比ε_c、压力升高比λ_p、

预胀比 ρ 和等熵指数 κ 的增大而增大。

2. 定容加热循环

定容加热循环是将燃烧过程假想为在容积不变的情况下对工质加热的循环。如图2-4所示,图中1—2为绝热压缩过程;2—3为定容加热过程;3—4为绝热膨胀过程;4—1为定容放热过程。

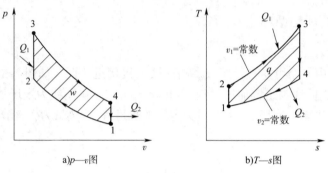

图2-4 定容加热循环

1)定容加热循环热效率 η_t

由式(2-4),当 $\rho=1$ 时,得:

$$\eta_t = 1 - \frac{1}{\varepsilon_c^{\kappa-1}} \tag{2-6}$$

可见,定容加热循环的热效率 η_t 与压缩比 ε_c 和工质的绝热指数有关。

2)定容加热循环平均压力 p_t

由式(2-5),当 $\rho=1$ 时,得:

$$p_t = \frac{\varepsilon_c^{\kappa}}{\varepsilon_c - 1} \frac{p_1}{\kappa - 1} (\lambda_p - 1) \eta_t \tag{2-7}$$

可见,定容加热循环的平均压力 p_t 与压缩比 ε_c、压力升高比 λ_p、进气终点(压缩始点)压力 p_1 及等熵指数 κ 有关。

3. 定压加热循环(狄赛尔循环)

定压加热循环是将燃烧过程假想为在压力一定的条件下对工质加热的循环。如图2-5所示,图中,1—2为绝热压缩过程;2—3为定压加热过程;3—4为绝热膨胀过程;4—1为定容放热过程。

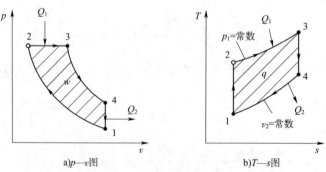

图2-5 定压加热循环

1) 定压加热循环的热效率 η_t

根据式(2-4),当 $\lambda_p = 1$ 时,得:

$$\eta_t = 1 - \frac{1}{\varepsilon_c^{\kappa-1}} \frac{\rho^\kappa - 1}{\kappa \lambda_p (\rho - 1)} \tag{2-8}$$

可见,定压加热循环热效率 η_t 与压缩比 ε_c、预胀比 ρ 和等熵指数 κ 有关。

2) 定压加热循环平均压力 p_t

由式(2-5),当 $\lambda_p = 1$ 时,得:

$$p_t = \frac{\varepsilon_c^\kappa}{\varepsilon_c - 1} \frac{p_1}{\kappa - 1} \kappa (\rho - 1) \eta_t \tag{2-9}$$

可见,定压加热循环平均压力 p_t 与压缩比 ε_c、预胀比 ρ、等熵指数 κ、进气终点压力 p_1 有关。

(三) 理想循环的分析和比较

1. 理想循环影响因素的分析

从3种循环的 η_t 和 p_t 公式可以发现,影响 η_t 和 p_t 的主要因素有 ε_c、λ_p、ρ 和 κ,借助 p—v 图和 T—s 图,可以形象地分析其影响关系。

1) 压缩比 ε_c

由3个循环的 η_t 公式可见,随 ε_c 的增大,η_t 都提高。提高 ε_c 可提高循环的平均吸热温度,降低循环平均放热温度,扩大循环温差,增大膨胀比。如图2-6所示,假设两循环最高温度相同,则 ε_c 高的循环 $1 2' 3' 4' 1$ 比 ε_c 低的循环 $1 2 3 4 1$,具有较大的平均吸热温度和较低的平均放热温度,所以前者 η_t 较高。

图2-7表示定容加热循环热效率 η_t 随压缩比 ε_c 变化的情况。由图2-7可见,ε_c 较低时,随 ε_c 的提高,η_t 增长很快,但在 ε_c 较大时,再提高 ε_c 则效果就很小了。

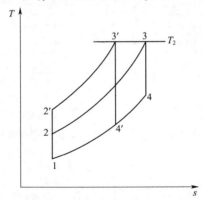

图2-6 最高温度相同时,ε_c 的影响

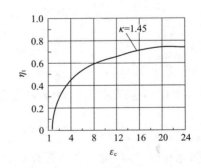

图2-7 定容加热循环热效率 η_t 与压缩比 ε_c 的关系

2) λ_p 值的影响

对定容加热循环来说,λ_p 值与加热量 Q_1 成正比关系。当 Q_1 增加时,λ_p 增大。由式(2-6)和式(2-7)可见,当 ε_c 不变,则 η_t 不变,而 p_t 增大。这是因为 Q_1 是在定容条件下加入的,视比热容为定值,则所加入的每一部分热量都使工质温度同样升高,并且得到每一部分热量的工质

都具有同样的膨胀比。所以 η_t 不变而 p_t 则增大。

对于混合加热循环来说,当 λ_p 增大时,如果 Q_1 和 ε_c 不变,则 η_t 和 p_t 都将随之增大。如图 2-8 所示,当 λ_p 值增大时,意味着循环 123451 中的定容线 2—3 延长。如果热量 Q_1 不变,即循环包围的净热面积不变,则点 4′、点 5′ 相对点 4、点 5 左移,相应地 Q_2 将减小,所以热效率 η_t 增大。由于循环热效率的提高,则循环平均压力 p_t 也将增大。

但是,λ_p、ε_c 的增长将造成最高温度 $T_3(T_{max})$、最高压力 $p_3(p_{max})$ 的急剧上升,这将受到材料耐热性和强度的限制,以及燃烧方面的限制。

3) ρ 值的影响

在混合加热循环中,当 ε_c、κ、Q_1 保持不变时,ρ 值增大,意味着定压加热部分 Q_{1p} 值增大,则定容加热部分 Q_{1v} 将相应减少。从混合加热循环公式(2-1)可知,η_t 将降低。这是因为 ρ 值的增大,意味着定压加热 Q_{1p} 值增大,而 Q_{1p} 是在工质膨胀比不断下降的过程中加入的,其做功的机会相应减少,因而热效率 η_t 降低。随着 η_t 的降低,在 Q_1 不变的情况下,循环功 W 将减少,因而循环的平均压力 p_t 也将下降。

在定压加热循环中,当 ε_c、κ 保持不变时,ρ 值与 Q_1 值有顺变关系。当 Q_1 增加时,ρ 值增大。由定压加热循环 η_t 式和 p_t 式可知,η_t 将降低,p_t 有所增加。

4) κ 值的影响

等熵指数 κ 对热效率 η_t 的影响如图 2-9 所示,随着 κ 值增大,η_t 将提高。κ 值取决于工质的性质,不同工质有不同的 κ 值。一般取空气 $\kappa=1.4$。当燃料与空气的混合气加浓时,即混合气中燃料蒸气较多,κ 值将降低,因而 η_t 也将降低。反之当混合气变稀时,κ 值将增大,η_t 将提高。

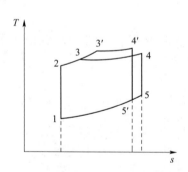

图 2-8 λ_p、ρ 对 η_t 和 p_t 的影响

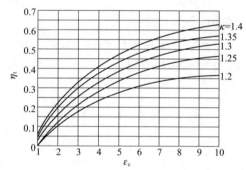

图 2-9 η_t 与 κ、ε_c 的关系

理想循环中比热容视为定值,则 κ 也为定值,不随温度变化。实际循环中则受变比热容的影响。

2.3 种理想循环热效率的比较

(1) 当初态相同,加热量 Q_1 及压缩比 ε_c 分别相等时,图 2-10 中 12341 为定容加热循环,123′4′1 为定压加热循环,122″3″4″1 为混合加热循环。由于 ε_c 相同,故 p—v 图中 3 种循环的绝热压缩线 1—2 重合;由于 Q_1 相等,故在 T—s 图上的面积 52365、面积 523′85 和面积 522″3″75 相等,3 种循环的放热量 Q_2 不相等,即:

$$Q_{2p} > Q_{2m} > Q_{2V} \tag{2-10}$$

式中:Q_{2p}——定压放热;

Q_{2m}——混合放热；
Q_{2V}——定容放热。
则
$$\eta_{tV} > \eta_{tm} > \eta_{tp}$$

由此可见，Q_1、ε_c 相同情况下，3 种循环中，定压加热循环热效率 η_{tV}、平均压力 p_{tV}、循环最高压力 $p_3(p_{max})$ 均最高；而定压加热循环中 η_{tp}、p_{tp} 和 p_3 均最低。欲提高混合加热循环的热效率 η_{tm}，应增加混合加热循环的定容部分（即增大 λ_p）。

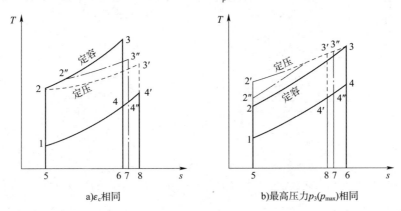

图 2-10　Q_1、ε_c 相同时，3 种循环的比较

（2）当吸热量 Q_1 及循环最高压力 $p_3(p_{max})$ 分别相同时，由图 2-10 可以看出，各种循环的放热量为：

$$Q_{2V} > Q_{2m} > Q_{2p} \quad (2-11)$$

则

$$\eta_{tp} > \eta_{tm} > \eta_{tV} \quad (2-12)$$

当吸热量 Q_1 及循环最高压力 p_3 相同时，定压加热循环的 η_{tp} 及 p_{tp} 最高，但计算表明，在 p_3 很高时，对于定压加热循环的 η_{tp} 及 p_{tp} 都没有特别的作用。

对于高增压柴油机，因受机件强度限制，必须限制其循环最高压力。根据以上比较所得的结论，为了得到较高的热效率，宜按定压加热循环工作。

3. 对理想循环的修正

由于诸多因素的影响，发动机不可能以理想循环工作。因此，实际循环也就不可能达到理想循环那么好的性能指标，但可根据影响因素的具体情况，对理想循环进行修正。

1）实际工质影响引起的损失 w_k

实际循环中，工质的成分及数量都是变化的，比热容也非定值，随温度上升而增大。燃料燃烧，工质发生物理化学变化，而且存在漏气损失。因此，实际循环指示热效率 η_{it} 和指示功率 p_i 要比理想循环小，其损失功为 w_k，如图 2-11 所示。

2）换气损失 $(w_r + w)$

为了循环的重复进行，实际循环必须更换工质，由此而消耗的功称为换气损失功，如图 2-11 中 w_r 所示。其中因工质流动需要克服进、排气系统阻力所消耗的功，称为泵气损失功，如图 $rab'r$ 曲线所包围的面积。因排气门在下止点前提前开启而产生的损失，即图 2-11 中面积 w。

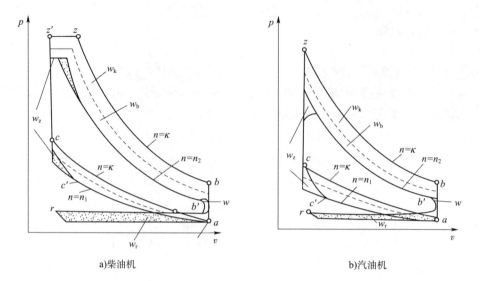

a) 柴油机　　　　　　　　b) 汽油机

图 2-11　发动机实际循环与理想循环的差别

w_k-实际工质影响引起的损失功；w_z-非瞬时燃烧和补燃损失功；w_r-换气损失功；w_b-传热、流动损失功；w-提前排气损失功

3）传热、流动损失 w_b

实际循环由于工质与汽缸壁、燃烧室等存在着热交换，因此压缩过程与膨胀过程都不是绝热的，所产生的损失称为传热损失，如图 2-11 中面积 w_b 所示。

4）燃烧损失

燃料燃烧需要一定时间，有时燃烧还延续到膨胀行程，由此产生了非瞬时燃烧损失和补燃损失，如图 2-11 中面积 w_z 所示。同时，由于燃烧不完全和高温分解，还可以引起损失，都会使实际循环的最高压力和最高温度下降，膨胀功减少。

根据上述的发动机实际循环过程的各种损失，对理想循环的 p—v 图进行修正，修正后的 p—v 图即可表示相应发动机实际循环过程。

三、发动机的性能指标

发动机性能指标有两种：一种是以工质在汽缸内对活塞做功为基础的性能指标，称为指示指标，只能评定发动机实际工作循环进行的质量好坏；另一种是以发动机曲轴输出功率为基础的性能指标，称为有效指标，能够评定发动机整机性能的好坏。

（一）平均压力 p_m

发动机一个循环所作的功，与工作容积（排量）有关；因此，以平均压力 p_m 来衡量，更能反映工作过程的好坏。

1. 平均指示压力 p_{mi}

p_{mi} 是指汽缸单位工作容积的每一工作循环中所作的指示功，即：

$$p_{mi}=\frac{W_i}{V_s} \qquad (2-13)$$

式中：W_i——指示功。

用活塞单位面积上所受的假想不变的压力表示。显然,平均指示压力p_{mi}越大,表示发动机工作循环进行得越好,汽缸工作容积利用程度越高。

2. 平均有效压力p_{me}

p_{me}是指单位汽缸工作容积所输出的有效功,即:

$$p_{me} = \frac{W_e}{V_s} \tag{2-14}$$

式中:W_e——输出轴输出的有效功。

由于不同机型的发动机所带的附件不同,因此,必须根据发动机测试的国家标准,按规定安装所要求的附件(表2-2),通过发动机输出轴测得有效功。

各国标准规定的大气状况及试验所带附件　　　表2-2

项目	标准代号	标准大气状况			试验时所带附件						
		大气压力 p_0(kPa)	大气温度 t_0(℃)	相对湿度 φ(%)	空气滤清器	消声器	发电机	风扇	散热器	水泵	空压机
中国	GB	101.3	20①	60	无	无	有	无	无	有	无
美国	SAE	99.52	29.4	—	无	无	无	无	无	无	无
德国	DIN	101.3	20	—	有	有	有	有	有	有	有
英国	BS	99.86	29.4	—	A	A	有	B	无	有	无
日本	JIS	101.3	15	—	有	无	有	无	无	有	无
国际标准化组织	ISO	101.3	27	60	有	无	有	无	无	有	无

注:A——进气压力降和排气背压,均与装有空气滤清器和消声器时相同。
　　B——仅风冷发动机装风扇。
　　①船用$t_0 = 30℃$。

3. 平均机械损失压力p_{mr}

发动机的指示功与有效功之差,即为机械损失功。

$$W_r = W_i - W_e \tag{2-15}$$

$$p_{mr} = \frac{W_r}{V_s} \tag{2-16}$$

$$p_{mr} = p_{mi} - p_{me} \tag{2-17}$$

(二)功率 P

功率也分为指示功率和有效功率,常用的是发动机有效功率。

1. 指示功率P_i

发动机在单位时间内所作的全部指示功,称为发动机的指示功率,用P_i表示。

$$P_i = \frac{i W_i n}{2 \times 60} = \frac{i p_{mi} V_s n}{120} \tag{2-18}$$

式中:i——发动机汽缸数;
　　　n——发动机转速。

如果用 τ 表示发动机的冲程数(二冲程 $\tau=2$、四冲程 $\tau=4$),汽缸工作容积 V_s 以升为单位,式(2-18)可表示为:

$$P_i = \frac{i p_{mi} V_s n}{30\tau} \times 10^{-3} \qquad (2\text{-}19)$$

2. 有效功率 P_e

P_e 是指发动机曲轴输出的功率。可由发动机台架试验测得的数据计算出来。

$$P_e = \frac{i p_{me} V_s n}{30\tau} \times 10^{-3} \qquad (2\text{-}20)$$

3. 机械损失功率 P_m

发动机的指示功率在内部传递过程中,不可避免存在损失。从活塞到曲轴输出端的传递过程中所损失的功率,称为机械损失功率。发动机的有效功率 P_e 即为指示功率 P_i 与机械损失功率 P_m 之差,即:

$$P_m = P_i - P_e \qquad (2\text{-}21)$$

(三) 有效转矩 T_{tq}

有效转矩是指发动机曲轴输出的平均转矩,用 T_{tq} 表示。它与有效功率 P_e、转速 n 之间有下列关系:

$$P_e = T_{tq} \frac{2\pi n}{60} \times 10^{-3} = \frac{T_{tq} n}{9550}$$

$$T_{tq} = 9550 \frac{P_e}{n} \qquad (2\text{-}22)$$

(四) 升功率 P_L 和质量功率比 G_e

升功率是折合到每升汽缸工作总容积的有效功率。

$$P_L = \frac{P_e}{i V_s} \qquad (2\text{-}23)$$

比质量是指发动机净质量与标定功率的比值。

$$G_e = \frac{m}{P_{eb}}$$

式中: m ——发动机净质量(kg);

P_{eb} ——发动机标定功率(kW)。

升功率和质量功率比都是重要的性能指标,是从发动机有效功率的角度,衡量汽缸工作容积和发动机质量利用的有效程度,以及结构紧凑性。由于汽车发动机要求质量小、功率大,所以希望发动机的升功率大,质量功率比小。

(五) 油耗

油耗是发动机经济性评价指标。分为燃油消耗率(比油耗)和燃油消耗量。

1. 指示燃油消耗率 b_i

单位指示功所消耗的燃油量,称为指示燃油消耗率,用 b_i 表示,单位为 $g/(kW \cdot h)$。

$$b_i = \frac{B}{P_i} \tag{2-24}$$

式中: B——每小时消耗的燃油量 (kg/h)。

2. 有效燃油消耗率 b_e

每小时单位有效功率消耗的燃油量,简称油耗率,也可用 b 表示,单位为 $g/(kW \cdot h)$。

$$b = \frac{1000B}{P_e} \tag{2-25}$$

有效燃油消耗率是评定发动机经济性的重要指标。b 越小,表示发动机经济性越好。

(六)热效率

热效率分为指示热效率和有效热效率。

1. 指示热效率 η_i

它是发动机实际循环的指示功与所消耗燃料的热量之比,即:

$$\eta_i = \frac{W_i}{Q_1} \tag{2-26}$$

式中: Q_1——得到指示功 W_i 所消耗燃料的热量 (kJ)。

η_i 值的一般范围:柴油机为 $0.43 \sim 0.50$;汽油机为 $0.25 \sim 0.40$。

2. 有效热效率 η_{et}

η_{et} 是指燃料中所含的热能转变为有效功的份额。

$$\eta_{et} = \frac{W_e}{Q_1} = \frac{W_i \eta_m}{Q_1} = \eta_i \eta_m \tag{2-27}$$

式中: η_m——机械效率。

有效热效率 η_{et} 是表示燃油发出的热量转变为有效功的程度,也是评定发动机经济性的指标。

有效燃油消耗率 b 也可用下式表示:

$$b = \frac{k_3}{\eta_i \eta_m} \tag{2-28}$$

式中: k_3——比例常数。

b 及 η_{et} 的大致范围:柴油机 $\eta_{et} = 0.3 \sim 0.4$, $b = 215 \sim 285 g/(kW \cdot h)$;汽油机 $\eta_{et} = 0.21 \sim 0.32$, $b = 270 \sim 325 g/(kW \cdot h)$。

四、发动机的机械效率及热平衡

(一)机械效率

机械效率是曲轴输出的有效功率与指示功率的比值,用 η_m 表示,可得:

$$\eta_{m} = \frac{P_e}{P_i} = 1 - \frac{P_m}{P_i} = 1 - \frac{p_m}{p_i} \quad (2\text{-}29)$$

η_m值可用来比较不同发动机的机械损失大小。η_m值高,说明机械损失小,发动机的性能好。所以,为了提高发动机性能,应尽量减少机械损失,提高机械效率。

(二)机械损失及其测定

发动机的机械损失主要有活塞环与汽缸壁、轴承与轴、传动机构等运动零件之间的摩擦损失;驱动配气机构、点火装置、喷油泵、机油泵、风扇和冷却水泵等驱动附件损失,以及泵气损失等。各部分损失占机械损失的比例见表2-3。

各种损失占机械损失的比例　　　　表2-3

分 类	占总机械损失(%)	占指示功率(%)
摩擦损失	60~75	8~20
驱动附件损失	10~20	1~5
泵气损失	10~20	1~5

机械损失功率是通过对实际发动机台架试验测定。

1. 单缸熄火法

此法仅适用于多缸发动机。试验时,先将发动机调定在标定工况下稳定运转,然后轮流停止一缸工作,并随即降低负荷,使转速迅速恢复到标定转速,测量其有效功率。由于有一个汽缸不工作,单缸熄火后测出的有效功率,要比标定工况下的有效功率小,两者之差即为单缸熄火法的指示功率。于是可求得各缸的指示功率为:

$$P_{ij} = P_e - P_{ej} \quad (2\text{-}30)$$

式中:P_{ij}——第j缸熄火后的指示功率($j=1,2,\cdots$);

P_{ej}——第j缸熄火后测得对应的有效功率。

$$P_i = P_{i1} + P_{i2} + \cdots = iP_e - (P_{e1} + P_{e2} + \cdots) \quad (2\text{-}31)$$

则整机的机械损失功率为:

$$P_m = (i-1)P_e - (P_{e1} + P_{e2} + \cdots) \quad (2\text{-}32)$$

机械效率也可按式(2-27)计算。

2. 电力测功机拖动法

发动机与电力测功机相连,发动机在标定工况下,或在其他规定工况下稳定运转,待达到热状态稳定后,停止向各缸供给燃料(汽油机待剩余燃料烧尽后,还需切断点火电源),随即用电力测功机以标定转速,或所要求工况的转速拖动发动机,测定电力测功机的拖动功率,此即为发动机的机械损失功率。

机械效率也可按式(2-29)计算。

3. 油耗线延长线法

在标定转速或规定转速下作负荷特性试验,绘制燃油消耗量与有效功率的关系曲线$G_f = f(P_e)$,近似直线部分延长与横坐标相交,则该点的横坐标即为标定转速或规定转速下的机械损失功率。

机械效率可按式(2-21)和式(2-27)计算。

用单缸熄火法测量机械损失,对于柴油机误差可达5%,但对于汽油机,因停缸使进气情况改变,往往得不到正确的结果。同样对废气涡轮增压机和单缸机也不能适用。电力测功机拖动法,由于发动机不燃烧做功,因此与实际情况有较大的差异,误差也比较大,但是通过此法可以测量各部分损失。油耗线法也称负荷法,只适用于柴油机。

目前,精确地测定各部分机械损失还比较困难,通常只是近似测量。可根据发动机的用途和结构特点,选用某种测定方法。

(三)影响机械效率的主要因素

1. 发动机转速

发动机转速提高后,各摩擦表面间的相对运动速度加大,摩擦损失增加。同时因转速上升,引起运动件惯性力加大,致使活塞侧压力和轴承负荷增加,也增加了机械摩擦损失。此外,转速提高,还会使泵气损失及驱动附件的机械损失增加。所以转速提高后,机械损失功率增加,使机械效率下降。机械损失功率与转速平方近似成正比。因此随转速升高,机械效率下降较快。η_m 与 n 的关系如图 2-12 所示。

2. 发动机负荷

发动机的机械损失主要来自摩擦损失。摩擦损失又取决于机件的相对运动速度与比压。所以当发动机转速一定,负荷减小时,必须根据发动机阻力矩的变化,相应减小汽油机的节气门开度和改变柴油机喷油泵齿条位置,因此,汽缸内指示功率将减小,但机械损失功率变化不大,故使机械效率下降。

根据公式 $\eta_m = 1 - \dfrac{P_m}{P_i}$ 可知,怠速时,负荷为零,有效功率 $P_e = 0$,指示功率全部用来克服机械损失功率,即 $P_i = P_m$,故 $\eta_m = 0$。负荷由小变大时、指示功率迅速上升,而机械损失功率上升缓慢,所以机械效率提高,但在大负荷时机械效率上升缓慢,如图 2-13 所示。

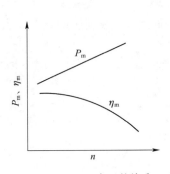
图 2-12　P_m、η_m 与 n 的关系

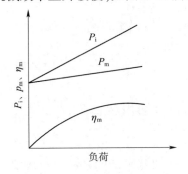
图 2-13　P_i、P_m、η_m 与负荷的关系

3. 润滑油品质和冷却介质温度

润滑油的品质影响到运动副的摩擦损失。润滑油的黏度对摩擦损失大小有重要影响。黏度大,承载能力强,易于保持润滑状态,但润滑油的流动性差,摩擦损失增加。因此,选用润滑油的原则,是在可靠的润滑前提下,尽量选用黏度小的润滑油,以减少摩擦损失,改善起动性能。

冷却介质的温度影响润滑油的温度,继而影响黏度和机械损失。

冷却介质温度低时,润滑油黏度大,摩擦损失增加,机械效率下降。如果冷却介质温度过高,会使润滑油的黏度变小,油膜不能支持表面上的压力而破裂,失去润滑作用,引起摩擦损失增加,机械效率降低。通常应保持冷却介质温度为 80~90℃。

4. 发动机技术状况

发动机技术状况好坏,对机械效率影响较大。例如:活塞环与汽缸壁磨损后,间隙变大,漏气增多,指示功率下降;漏气还会稀释润滑油,使润滑条件变差,摩擦损失增加,机械效率下降。

(四)发动机的热平衡

供给发动机的燃料完全燃烧后,其热能只有 20%~45% 转变为有效功,而其余的热量将随着废气、冷却介质等从发动机中排出,发动机的热平衡,就是表示燃料燃烧发出的总热量在有效功和各种损失之间的分配情况。

1. 发动机燃料燃烧发出的热量 Q_1

若发动机每小时耗油量为 $B(\text{kg/h})$,则燃料完全燃烧,每小时所放出的热量 $Q_1(\text{kJ/h})$ 为:

$$Q_1 = BH_u \tag{2-33}$$

式中:H_u——燃料低热值(kJ/kg)。

2. 转化为有效功的热量 Q_e

因为 $1\text{kW} \cdot \text{h} = 3.6 \times 10^3 \text{kJ}$

所以
$$Q_e(\text{kJ/h}) = 3.6 \times 10^3 P_e \tag{2-34}$$

式中:P_e——发动机的有效功率(kW)。

显然,Q_e 值越大,转变为有效功的热量越多,发动机的热效率越高。

3. 传给冷却介质的热量 Q_s

传给冷却介质的热量,主要有工质向汽缸壁及燃烧室散出的热量;废气在排气管道内散失的热量;摩擦发热所散失的热量;从润滑油散失的热量等。

4. 废气带走的热量 Q_r

废气排出时,温度仍然很高,会带走相当大一部分未曾被利用的热量。

5. 其他热量损失 Q_L

从 Q_1 中除去上述三项热量损失外,都属其他热量损失。如燃料的不完全燃烧和未计入的热量损失等。

发动机的热平衡可用热平衡方程式表示。

$$Q_1 = Q_e + Q_s + Q_r + Q_L \tag{2-35}$$

为使不同发动机热平衡的各相应组成部分之间可以相应比较,并估计各部分的相对值,热平衡方程常以燃料的总热量的百分比表示。

$$q_e + q_s + q_r + q_L = 100\% \tag{2-36}$$

例如
$$q_e = \frac{Q_e}{Q_1} \times 100\%$$

发动机的热平衡可用热平衡图表示,如图 2-14 所示,热平衡中各部分热量所占百分数见表 2-4。

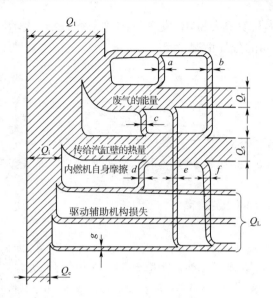

图 2-14 发动机热平衡图

a-从残余废气和排气中回收的热量;b-汽缸壁传给进气的热量;c-排除的废气传给冷却液的热量;d-摩擦热传给冷却液的部分;e-排气系统辐射的热量;f-从冷却系统和水套壁辐射的热量;g-从曲轴箱和其他不冷却部分辐射的热量

发动机的热平衡 表2-4

热平衡方程式各项组成比例	汽 油 机	柴 油 机
转变为有效功的热量q_e(%)	25~30	30~40
废气带走的热量q_r(%)	35~45	30~40
冷却介质带走的热量q_s(%)	25~30	20~25
其他热量损失q_L(%)	2~10	2~10

模块小结

发动机的实际循环:在发动机的实际工作中,燃料燃烧的热能,通过工质的膨胀转化为机械功,这种连续不断地把热能转变为机械功的循环。

四行程发动机的实际循环是由进气、压缩、燃烧、膨胀、排气5个过程组成。

循环的热效率η_t可用来评定循环的经济性。

循环平均压力p_t用来评定循环的动力性。

混合加热循环由5个可逆过程组成。

定容加热循环是将燃烧过程假想为在容积不变的情况下对工质加热的循环。

定压加热循环是将燃烧过程假想为在压力一定的条件下对工质加热的循环。

发动机性能指标有两种:一种是以工质在汽缸内对活塞做功为基础的性能指标,称为指示指标,只能评定发动机实际工作循环进行的质量好坏;另一种是以发动机曲轴输出功率为基础的性能指标,称为有效指标,能够评定发动机整机性能的好坏。

机械效率是曲轴输出的有效功率与指示功率的比值,用η_m表示。

供给发动机的燃料完全燃烧后,其热能只有20%~45%转变为有效功,而其余的热量将随着废气、冷却介质等从发动机中排出,发动机的热平衡,就是表示燃料燃烧发出的总热量在有效功和各种损失之间的分配情况。

思考与练习

1. 什么是发动机的实际循环?什么是发动机的理想循环?理想循环简化条件是什么?
2. 画出四冲程发动机实际循环示功图。
3. 什么叫混合加热循环、定容加热循环、定压加热循环?评定循环质和量的指标有哪些?
4. 何谓指示指标?何谓有效指标?
5. 什么是机械效率?它受哪些因素影响?
6. 发动机的机械损失主要包括哪些?为何随着转速的升高,机械效率会下降?
7. 已知一四冲程6缸柴油机,单缸排量为2L,燃料热值为44100kJ/kg,计算当转速为1500r/min,机械效率为0.8,有效功率为88.5kW,油耗量为20.3kg/h时的指示功率、转矩、平均指示压力和有效压力、油耗率和有效热效率。

模块三 发动机的换气过程

> **学习目标**
>
> 1. 能准确叙述四行程发动机的换气过程的特点；
> 2. 能准确叙述发动机的充量与充量系数的定义；
> 3. 熟知充量系数的影响因素及提高冲量系数的措施；
> 4. 熟知发动机的进气控制与增压的目的与措施。

> **建议课时**
>
> 5 课时。

发动机的排气过程和进气过程的总和，统称为换气过程。换气过程的任务是将缸内的废气排净，吸入尽可能多的新鲜工质。

一、四行程发动机的换气过程

（一）换气过程

发动机运行时转速高，在如此短的换气时间内，要使排气干净，进气充足是比较困难的。为了增加气门开启时间，充分利用气流的流动惯性以及减少换气损失，改善换气过程，提高发动机性能，进、排气门一般都提前开启，迟后关闭，不受活塞行程的限制。整个换气过程超过两个行程，占曲轴转角 410°~490°。

根据气体流动特点和进排气门运动规律，换气过程分为自由排气、强制排气和进气过程 3 个主要阶段，如图 3-1 所示。

1. 自由排气阶段

从排气门在下止点前开始开启，到汽缸内压力接近于排气管压力这个时期，称为自由排气阶段。

如图 3-1a) 中 b 点所示，排气门开启时，汽缸内压力较高（大于排气管压力 2 倍以上），可利用废气自身的压力自行排出。此时，排气流处于超临界状态，流过排气门处的气体流速，等于在该处气体状态下的音速。其流量只决定于排气门开启面积，并和气体状态有关，与排气门前后的压差无关。

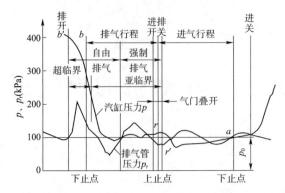

a) 汽缸压力、排气管压力随曲轴转角变化曲线

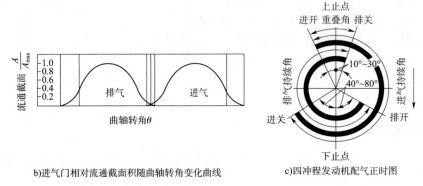

b) 进气门相对流通截面积随曲轴转角变化曲线

c) 四冲程发动机配气正时图

图 3-1 换气过程中汽缸压力、排气管压力、进排气门开启断面图

随着活塞的下移,缸内容积增大故压力不断下降,当缸内压力与排气管压力之比为1.9以下时,排气流进入亚临界状态,排气量由汽缸压力和排气管内的压力差来决定,压力差越大,排出的废气量越大。当到某一时刻,汽缸内压力与排气管内压力相等时,自由排气阶段结束,一般在下止点后10°~30°曲轴转角。此阶段虽然历程较短,但废气流速很高,排出的废气量可达60%以上。

2. 强制排气阶段

这个阶段是由上行的活塞强制将废气推出。此时流速取决于汽缸内外的压力差。压差越大,气流速度越大,但耗功也越多。

排气门一般在上止点后10°~35°曲轴转角时才关闭,这主要是因为在上止点附近,废气尚有一定流动能量,可利用排气流惯性进一步排气,减少缸内残余废气量,同时还可以减少排气阻力。

3. 进气过程

为了使新鲜空气充量更顺利地进入汽缸,尽可能保证在活塞下行时有足够大的进气截面积,减小进气阻力,进气门一般在上止点前10°~30°曲轴转角打开。为了利用高速气流的惯性,进气门通常在下止点后40°~80°曲轴转角时才关闭,以增加进气量。

4. 气门叠开

排气门的迟后关闭和进气门的提前开启,使得在上止点附近一定的曲轴转角范围内,存在着进、排气门同时开启的现象,称为气门叠开。气门叠开角一般为20°~60°曲轴转角。适当的气门叠开角,不但可以增加新鲜空气充量,而且可以利用新气流帮助清除废气,减少汽缸中废气量。叠开角过大可能发生废气倒流入进气管中。

(二)换气损失

换气过程的损失包括排气损失和进气损失,如图 3-2 所示。

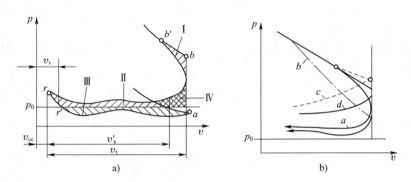

图 3-2 四冲程发动机换气损失
Ⅰ-自由排气损失;Ⅱ-强制排气损失;Ⅲ-进气损失;Ⅱ+Ⅲ-Ⅳ-泵气损失

1. 排气损失

排气损失是从排气门提前打开,直到进气行程开始,汽缸内压力到达大气压力之前,循环功的损失。它可分为:

(1)自由排气损失(图 3-2 中面积Ⅰ)。是由于排气门提前打开而引起的膨胀功的减少。
(2)强制排气损失(图中面积Ⅱ)。是活塞上行强制推出废气所消耗的功。

随着排气提前角增大,自由排气损失面积Ⅰ增加,强制排气损失面积Ⅱ减小,如排气提前角减少,则强制排气损失面积增加。所以最有利的排气提前角应使面积(Ⅰ+Ⅱ)之和为最小。

减少排气损失的主要措施:减小排气系统阻力和排气门处的流动损失。

2. 进气损失

进气损失主要是指进气过程中,因进气系统的阻力而引起的功的损失。如图 3-2 中面积Ⅲ所示。它与排气损失相比相对较小。排气损失与进气损失之和,称为换气损失,即图中面积(Ⅰ+Ⅱ+Ⅲ)。在实际循环示功图中,把面积(Ⅱ+Ⅲ-Ⅳ)相当的负功。称为泵气损失。这部分损失放在机械损失中加以考虑。

二、发动机的充量与充量系数

充量和充量系数是发动机换气过程的主要评定指标。

(一)充量

充量即充气量,是指在进气过程中,充入汽缸的新鲜空气或可燃混合气,常用每循环充量和单位时间充量来表示。

1. 每循环充量

每循环充量是指发动机在每一个循环的进气过程中,实际进入汽缸的新鲜气体(空气或可燃混合气)的质量,即循环实际充量,用 Δm 表示。

前已分析,由于排气系统存在阻力,当排气门关闭时,汽缸内尚有一部分残余废气存在,所占汽缸容积为 v_r,压力为 p_r,温度为 T_r,则其质量为:

$$\Delta m_r = \rho_r v_r = \frac{p_r v_r}{R T_r} \tag{3-1}$$

式中: ρ_r——残余废气密度。

进气终了时,汽缸内既有新鲜气体,又有残余废气,所占比体积为 v_a,压力为 p_{ca},温度为 T_{ca},则汽缸内气体的总质量为:

$$\Delta m_a = \Delta m + \Delta m_r = \frac{p_{ca} v_a}{R T_{ca}} \tag{3-2}$$

则充入汽缸的新鲜充量为:

$$\Delta m = \Delta m_a - \Delta m_r = \frac{p_{ca} v_a}{R T_{ca}} - \frac{p_r v_r}{R T_r} \tag{3-3}$$

为了衡量残余废气量的多少,引入残余废气系数的概念。残余废气系数是指每循环残留在汽缸内的废气质量 Δm_r 与新鲜充量 Δm 之比,用 φ_r 表示,即:

$$\varphi_r = \frac{\Delta m_r}{\Delta m} \tag{3-4}$$

于是汽缸内气体总质量又可表示为:

$$\Delta m_a = \Delta m + \Delta m \varphi_r = \Delta m(1 + \varphi_r) \tag{3-5}$$

则汽缸内新鲜充量可表示为:

$$\Delta m = \frac{\Delta m_a}{1 + \varphi_r} = \frac{1}{1 + \varphi_r} \frac{p_{ca} v_a}{R T_{ca}} \tag{3-6}$$

2. 单位时间充量

单位时间充量是指每小时进入汽缸的新鲜气体的质量,用 Δm_h 表示,单位为 kg/h,即:

$$\Delta m_h = \Delta m \frac{n}{2} i \times 60 \tag{3-7}$$

式中: n——发动机转速(r/min);

i——汽缸数。

如果每循环充量 Δm 保持不变。则转速增加,单位时间充量 Δm_h 会直线增加,发动机功率也会不断增加。但是,当转速增加时,每循环充量不可避免地要降低,以至于单位时间充量的增加逐渐缓慢。当转速增到某一数值后,Δm_h 达到最大值(此时进气流速达到音速),充量基本保持不变。

(二)充量系数

发动机每一工作循环进入汽缸的实际充量,与进气状态下能充满汽缸工作容积的理论充量的比值,称为充量系数,用 φ_c 表示,即:

$$\varphi_c = \frac{\Delta m}{\Delta m_o} \tag{3-8}$$

式中: Δm_o——进气状态充满汽缸工作容积的理论充量。

所谓进气状态,是指空气滤清器后进气管内的气体状态。为测量方便,在非增压发动机上,一般都采用当时的大气状态;在增压发动机上,采用增压器出口的状态。

若大气压力及温度分别为p_o和T_o,汽缸工作容积的理论充量为Δm_o,则

$$\Delta m_o = \frac{p_o v_s}{RT_o} \tag{3-9}$$

将式(3-3)和式(3-9)代入式(3-8),得

$$\varphi_c = \frac{1}{\varepsilon_c - 1} \frac{T_o}{p_o} \left(\frac{\varepsilon_c p_{ca}}{p_o} - \frac{p_r}{T_r} \right) \tag{3-10}$$

或将式(3-6)和式(3-9)代入式(3-8),得

$$\varphi_c = \frac{\varepsilon_c}{\varepsilon_c - 1} \frac{p_{ca} T_o}{T_{ca} p_o} \frac{1}{1 + \varphi_r} \tag{3-11}$$

式中:T_o、p_o——大气温度和压力;

T_{ca}、p_{ca}——进气终了时的气体温度和压力;

T_r、p_r——残余废气的温度和压力;

ε_c——压缩比;

φ_r——残余废气系数。

由上式可知,充量系数φ_c与发动机的汽缸容积无关。因此,可用来评定不同排量发动机换气过程好坏。φ_c越大,每循环实际充量越多,每循环可燃烧的燃料随之增加,动力性越好。

1kg 燃油实际供给的空气量为$\varphi_{at} L_o$,实际充量为Δm时应供给的循环供油量为:

$$\Delta q = \frac{p_o v_s}{RT_o} \varphi_c \frac{1}{\varphi_{at} L_o} \tag{3-12}$$

式中:φ_{at}——过量空气系数;

L_o——1kg 燃料完全燃烧所需的理论空气量。则每循环燃油燃烧放出的热量为:

$$Q_1 = \frac{p_o v_s}{RT_o} \varphi_c \frac{H_u}{\varphi_{at} L_o} \tag{3-13}$$

式中:H_u——燃料的低热值(kJ/kg)。

每循环的指示功为:

$$W_i = Q_1 \eta_{it} \tag{3-14}$$

平均指示压力为:

$$p_{mi} = \frac{W_i}{V_s} = \frac{H_u \rho_o \eta_{it} \varphi_c}{\varphi_{at} L_o} \tag{3-15}$$

式中:ρ_o——气体密度,$\rho_o = \frac{1}{V_o} = \frac{p_o}{RT_o}$

平均有效压力为:

$$p_{me} = p_{mi} \eta_m = \frac{p_o H_u}{RT_o} \frac{1}{\varphi_{at} L_o} \eta_{it} \eta_m \varphi_c = \frac{H_u \rho_o \eta_{it} \eta_m \varphi_c}{\varphi_{at} L_o} \tag{3-16}$$

发动机的有效功率为:

$$P_e = \frac{ip_{me}V_s n}{30\tau} \times 10^{-3} = \frac{i\,V_s n p_o H_u}{30\tau\,RT_o}\frac{1}{\varphi_{at}L_o}\eta_{it}\eta_m\varphi_c \times 10^{-3} = \frac{K_1 n\,\eta_{it}\eta_m\varphi_c}{\varphi_{at}} \quad (3\text{-}17)$$

$$K_1 = \frac{i\,V_s p_o H_u \times 10^{-3}}{30\tau\,RT_o L_o}$$

对于每种发动机,K_1 为一常数。

实际发动机充量系数可用实验的方法测得。一般实验中,用流量计调出发动机每小时实际充气量 q_v(m^3/h),而理论充气量由下式算出:

$$q_v = \frac{V_s}{10^3}i \times \frac{n}{2} \times 60 = 0.03\,V_s i\,n \quad (3\text{-}18)$$

式中:V_s——汽缸工作容积(m^3);
　　　i——汽缸数;
　　　n——发动机转速(r/min)。

一般发动机 φ_c 值:汽油机为 0.7~0.85;柴油机为 0.75~0.9。

采用可变配气相位和可变进气系统的发动机,可使 $\varphi_c > 1$。

三、影响充量系数的因素

充量系数对发动机的功率、转矩影响很大,因此,分析影响充量系数的因素具有重要意义。影响 φ_c 的因素有进气终了压力及温度、大气的压力及温度、残余废气及压缩比等。影响最大的是进气终了压力 p_{ca}。

(一) 进气终了压力 p_{ca}

由式(3-7)可知,进气终了压力 p_{ca} 提高,充量系数 φ_c 增大。而进气终了压力又受进气系统阻力的影响。进气系统的阻力是各段通道所产生的流动阻力的总和。包括空气滤清器、节气门、进气管、进气道及进气门等部分产生的阻力。

1. 空气滤清器的阻力

空气滤清器是用来减少进气过程中进入汽缸的灰尘,以减少汽缸的磨损。由于空气滤清器的结构不同及使用中油污堵塞,会使其阻力增大,造成发动机充气性能大大下降,因此要求空气滤清器的滤清效果要好,而又不增加进气阻力,使用中应经常维护、清除油污、更换滤芯,以达到减少阻力和进气通畅。

2. 节气门的阻力

节气门的阻力是进气阻力较大的地方。其阻力的大小随节气门开度的减小而增大。发动机大部分时间都是中等负荷以及少许的小负荷,所以空气流通阻力比较大。

3. 进气管道的阻力

进气管道包括进气歧管和通向缸体和缸盖上的气体通道。其阻力的大小主要取决于进气管道的结构和尺寸。进气歧管的断面大则阻力小,可提高进气压力。但断面大,气体流速低,且易使燃料液态颗粒沉积在管壁上,使燃料的蒸发与雾化变差,各缸分配不均匀。因此进气管的断面大小受到一定限制,使进气形成一定阻力。此外,进气管的长度、表面粗糙度、拐弯多、急转弯及流通截面突变等,都会增加进气阻力。因此要求进气管要有合适的长度与断面尺寸,拐弯处应有较大的圆角,管内表面光滑,安装时进排气接口及其衬垫口应对准,以减少通气阻力,提高充气效率。

4.进气门处的阻力

在整个进气系统中,进气门处气流通过断面最小,而且截面变化更大,是整个进气系统中产生阻力最大的地方,因此对进气压力的影响也最大。新鲜气体通过进气门,使进气终了压力降低。进气门通道断面的变化又取决于气门直径、锥角、升程和配气相位等多方面因素,下一节将详细讨论。

(二)进气终了温度

新鲜气体进入汽缸后,同高温机件接触,与残余废气混合,进气终了温度升高,气体密度减小,充量系数降低。以前曾经有过将汽油机的进、排气管铸成一体,利用排气管加热进气管,使燃油预热蒸发,但是同时也使进气温度升高,减少了循环充量。为了降低进气温度,在柴油机上常将进排气管分置在发动机两侧。

(三)转速与配气相位的影响

进气流动阻力除了与进气系统的结构有关以外,还取决于新鲜气体的流速。气体流动引起的阻力与流速的平方成正比,而气体流速又与发动机转速有关,发动机转速提高,气体流速也成正比例地提高,所以气体流动阻力也与发动机转速的平方成正比,如图3-3所示。随着转速的升高,气体阻力增大,使进气终了压力下降。

配气相位包括进、排气门早开、迟闭。在进、排气门早开、迟闭中,进气迟闭角对进气终了压力影响最大。由于发动机转速变化,气流惯性也发生变化,但进气迟闭角是不变的,因此当转速高时,气流惯性未被利用;转速低时,又会造成气体倒流,从而影响进气压力与发动机正常工作。通过选择适当的配气定时,可获得较高的循环充量和充量系数。图3-4给出了在最佳配气定时充气过程中各参数与发动机转速的关系。

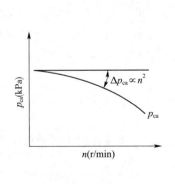

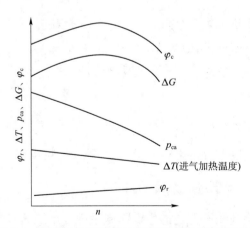

图3-3 发动机转速对进气压力的影响　　图3-4 最佳配气正时的充气过程中各参数与转速的关系

(四) 负荷的影响

发动机的负荷变化对进气终了压力的影响,随汽油机与柴油机负荷调节方法不同而影响也不同。

在柴油机上,进入汽缸的空气量不变,负荷的调节是通过改变油量调节拉杆或齿条的位置,控制喷油量来实现的。由于转速不变,进气系统又无节流装置,因此流动阻力基本不变,所以当负荷变化时,进气终了压力 p_{ca} 也基本不变。

在汽油机上,进入汽缸的是空气和燃油的混合气,负荷的调节是通过改变节气门的开度,控制进入汽缸的混合气量来实现的。当节气门开度减小时,负荷减小,由于节流损失增加,引起进气终了压力 p_{ca} 下降,如图 3-5 所示。从图 3-5a) 中可见,负荷愈小, p_{ca} 随转速增加下降得愈快。

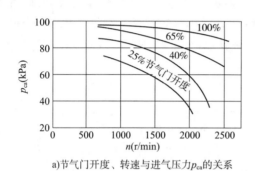
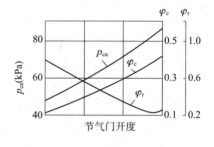

a) 节气门开度、转速与进气压力 p_{ca} 的关系　　b) p_{ca}、φ_c、φ_r 随负荷变化的关系

图 3-5　负荷对进气压力的影响

(五) 压缩比的影响

压缩比增加,余隙容积相对减小,使残余废气量相对下降,所以充量系数提高。

(六) 排门终了压力 p_r

由于排气系统有阻力,排气终了时汽缸内残余废气压力 p_r 总是要高于大气压力 p_0。p_r 高残余废气密度大,残余废气量多,新鲜空气充量相对减小,充量系数下降。与进气过程相同,p_r 主要取决于排气系统的阻力,特别是排气门处的阻力,当转速上升时,流动阻力增大而 p_r 增加,使 φ_r 减小。

四、提高冲量系数的措施

根据以上分析影响充量系数的因素,可以得出以下提高充量系数的主要措施。

(一) 减少进气系统的阻力

影响进气压力 p_{ca} 的主要因素是进气系统的阻力。进气系统阻力的大小为各段通道阻力的总和。通过减小各段阻力,可达到减少进气系统阻力的目的。

1. 减小进气门处的阻力

在整个进气系统中,进气门处的通过断面最小,而且变化大,气体流动阻力最大,是产生进气阻力的重要部位。可通过下列措施减小进气门处的阻力。

(1)增大进气门开启的时面值。气门开启断面与对应开启时间的乘积称为气门开启时面值。气门开启时间长、开启断面大,则气门开启时面值大,气流通过能力越强,阻力越小。图3-6给出气门开启时的通道断面和时面值。由图3-6a)可知,气门开启的最小断面$A_{\min}$是以气门头部最小值径d_2为小底,气门头部最大直径d_1为大底,l为斜高的截锥体侧面积,即:

$$A_{\min} = \pi l \frac{d_1 + d_2}{2} \tag{3-19}$$

因为 $l = h_v \cos\alpha$

故

$$A_{\min} = \pi h_v \frac{d_1 + d_2}{2} \cos\alpha \tag{3-20}$$

式中:h_v——气门升程;
　　　α——气门锥角。

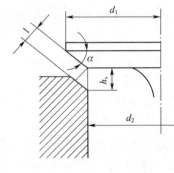
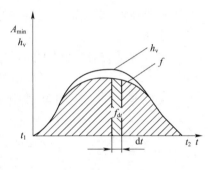

a)气门口通道断面　　　　　b)气门开启时面值

图3-6　气门通道断面与开启时面值

根据气门开启时面值定义,得:

$$dF = A_{\min} dt \tag{3-21}$$

由以上两式可知,气门开启时面值F,主要取决于气门头部直径d_1和d_2、头部锥角α、气门升程h_v、气门开启时间t等。

增大进气门头部直径,减小气门头部锥角,增大气门升程,延长气门开启时间,均可扩大气门开启时面值。从而扩大气流通过能力,减少阻力提高充量系数。但增大气门直径受到燃烧室结构的限制,因此常用减小排气门头部直径的方法,相应增大进气门头部直径。

现代发动机单进气门结构中,进气门直径可达活塞直径的45%~50%,气门与活塞面积比为0.2~0.25。

减小气门锥角也受到强度、刚度的限制,不宜太小。增大气门升程和延长开启时间,又受惯性力和配气相位改变的限制,涉及问题较多,影响也较复杂。

(2)合理控制进气门处气流的平均速度。

(3)增加进气门的数目。一般采用双进气门和双排气门或3个进气门、2个排气门的结构,提高充量系数。

2. 减小进气管道阻力

进气管道结构、尺寸及表面质量对充量系数有较大影响。进气管道应保证足够的气体流通面积和结构上的要求。汽油机还必须考虑燃料的蒸发、汽化和分配;柴油机还应利于进气涡流的形成,以改善混合气的品质和燃烧等。

进气管截面形状通常有 3 种:圆形、矩形和 D 形。在相同截面情况下,圆形断面流动阻力最小,矩形最大,D 形居中。

为了改善发动机低速时动力性和保证高速时进气充分,现代发动机还采用可变长度的进气管。由进气歧管转换电磁阀控制转换辊,在发动机高转速范围,电磁阀工作,使进气通道变短。

3. 电控燃油喷射系统

现代汽车采用电控燃油喷射系统,既减小了进气阻力,同时又满足了混合气浓度、雾化和分配均匀等要求,得到广泛应用。

(二)合理选择配气定时

为了充分利用气流惯性,增加循环充量,提高充量系数,合理选择配气定时是很重要的。

1. 配气定时的选择

在配气定时各参数中,影响进气最大的是进气门迟闭角,如图 3-7 所示。

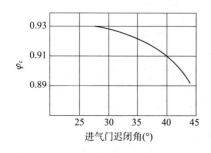

图 3-7 进气门迟闭角与 φ_c 的关系
（$n = 1500 \text{r/min}$）

发动机的转速不同,气流的惯性不同,最佳的进气门迟闭角也不同。所以最有利的进气门迟闭角,应能根据发动机的转速变化而变化。

传统发动机的配气相位,不能随发动机转速变化而变化。一定的配气相位,仅对某一转速是最有利的,充量系数最大。当转速提高后,由于进气门迟闭角不能相应增大,一部分气体便被关在了进气门之外。所以转速提高,进气迟闭应加大。

当改变进气门迟闭角时,充量系数最大值对应的转速也变化。进气门迟闭角增大,φ_c 最大值对应的转速增大,加大进气迟闭角有利于最大功率的提高,但是在中低速时性能不好。进气门迟闭角减小,低速时 φ_c 增加,但最大功率下降。

排气门提前角的选择,应当在保证排气损失最小的前提下,尽量晚开排气门,以加大膨胀功,提高热效率。

适当的气门重叠角,可以增加循环充量,提高充量系数,并可降低高温零件的热负荷。

配气定时的选择,一般根据经验计算得出后,还要在实际发动机上经反复试验比较,最后才能确定。

2. 可变配气定时

就优化发动机工况而言,为使怠速稳定性好,气门重叠角要小。在其他工况,为使 φ_c 提高,气门重叠角要大。低速时进排气门在接近上止点附近打开和关闭,高速时则进排气门重叠角变大。

(三)减少排气系统阻力

排气系统包括排气门、排气管道和消声器等。排气系统阻力降低,排出的废气量增加,排气终了压力p_r下降,不仅可以使残余废气系数减小,充量系数提高,而且还能够减少排气损失。

排气管道也应与进气管道同样注意其结构要求,使用中应注意消除残留积炭等。

(四)减少对进气的加热

新鲜空气充量被吸入汽缸的过程中,受到进气管道、气门、汽缸壁、活塞等一系列受热零件的加热,造成进气温度升高,气体密度下降,使循环充量减少。特别是汽油机,为了使汽油在进气管中蒸发,以便更好地与空气混合,经常把排气管与进气管布置在发动机的同一侧。但使用中预热一定得适当。有些发动机采用调节预热装置,根据季节温度不同可调节预热程度,在柴油机上采用进排气管分置于发动机两侧。

五、发动机的进气控制与增压

(一)发动机的进气控制

为进一步改善汽车发动机的性能,在部分发动机上装用了进气控制系统。汽油机装用的进气控制系统通常以提高充气效率为目的,而柴油机装用的进气控制系统一般以控制进气量或进气涡流为目的。

1.汽油机的进气控制

汽油机的进气控制通常采用动力阀式,动力阀式进气控制系统通过控制发动机进气道的空气流通截面大小,来适应发动机不同转速和负荷时的进气量需求,从而改善发动机的动力性。在进气量较少的低速、小负荷工况下,使进气道空气流通截面减小,可提高进气流速,增大进气流惯性以提高发动机的充气效率;此外,随进气流速提高也可增加汽缸内的涡流强度,有利于低速小负荷工况下的燃烧和热效率的提高,从而改善发动机的低速性能。而在进气量较多的高速、大负荷工况下,适当增大进气道空气流通截面,不仅可以减小进气阻力,对由于进气流速过高而导致的燃烧室内气流扰动也可起到抑制作用,有助于改善发动机的高速性能。

2.柴油机的进气控制

应用在柴油机上的进气控制主要有进气节流控制和进气涡流控制。

1)进气节流控制

发动机的进气系统一般是按高速大负荷时的工作需要设计的,而在传统的柴油机进气系统中,没有进气量控制装置,柴油机负荷较小时,就会因循环供(喷)油量小而导致混合气过稀,影响发动机的性能。此外,装有废气再循环装置的柴油机,在低速工况下,若没有进气节流装置,会因进气管压力较高(真空度较小)而导致废气再循环系统无法正常工作。因此,在现代汽车电控柴油机上,根据发动机的不同工况的需要,利用进气节流控制系统实现对进气量和进气管压力的调节,一方面要保证混合气浓度符合不同负荷时的要求,另一方面也可保证低转速时能够正常进行废气再循环。

柴油机实现进气节流控制的方法就是在进气道中安装一个节气门,并由电控执行元件根据 ECU 的指令控制节气门的开度,以控制进气量和进气管压力。进气节流控制系统一般只在低速小负荷工况时才工作,其类型有直流电动机型和电控气动型两种。

2) 进气涡流控制

由于柴油的性质和柴油机直接喷射的工作特点,决定了柴油机对汽缸内空气涡流有较高要求,以改善其混合气形成和燃烧的条件。柴油机汽缸内的空气涡流主要包括进气道产生的进气涡流、燃烧过程产生的燃烧涡流和压缩过程产生的挤压涡流,进气涡流的强弱对混合气的形成和燃烧具有很大的影响,因而对柴油机的动力性、经济性、排放和噪声等有很大的影响。

与汽油机相比,柴油机需要较强的涡流,但也并不是涡流越强、性能越好。在进气道结构一定的情况下,由进气道产生的进气涡流随柴油机转速升高而增强,当转速升高到一定程度时,由于进气涡流过强,反而会使充气效率降低,燃烧速度过快,导致柴油机的动力性和经济性下降,排放污染增加,噪声增大;柴油机在低速运转时,由于进气涡流较弱,会使混合气形成不良,燃烧速度过慢,导致柴油机热效率降低,排气烟度增加。由此可见,为改善柴油机的性能,根据柴油机转速的变化适当调节进气涡流的强度非常必要。

在一定转速下,进气涡流的强度主要取决于进气道的结构,一定结构的进气道,只能适应某一转速对进气涡流强度的要求。柴油机工作中,转速变化的范围非常大,仅用机械控制方法很难实现随转速变化调节进气涡流强度。为优化柴油机的混合气形成和燃烧过程,现代车用柴油机的进气涡流控制系统,就是利用电控装置来改变进气道结构或干扰进气道中的气流运动,从而实现进气涡流控制的。

进气涡流的控制方法有多种,但无论采用哪一种方法,都应保证在不降低进气流量的前提下,能在较大范围内调节进气涡流强度,并尽量减少对进气系统结构的改变。

(二) 发动机的进气增压

1. 增压的目的

进气增压是对供往汽缸的气体进行压缩,以提高充气密度、增加进气量的一项措施,其目的是提高发动机的动力性。

提高发动机功率的方法很多,如增大发动机排量、提高发动机转速或减小冲程数。用增大汽缸直径、增大活塞行程和增加汽缸数来提高发动机排量,必然增加发动机的质量和尺寸,使发动机更笨重。提高发动机转速,在提高功率的同时,也会使运动件的惯性力增大,摩擦损失增加,机械效率下降。发动机的进气量增压,是在不改变发动机排量、转速和冲程数的前提下,增加进气量,加大循环加热量,提高循环功和功率的有效措施。

增压技术在汽车发动机上应用已相当广泛,采用增压的目的不仅是提高发动机的升功率或进行高原补偿,更重要的是还能降低燃油消耗率、降低排放污染和减小噪声。

1）降低发动机的质量、体积和制造成本

采用增压技术的发动机，在保持功率不变的情况下，可减小发动机排量，使发动机的体积和质量减小，发动机的升功率提高、比质量减小、制造成本降低。

2）提高发动机的热效率，降低燃油消耗率

柴油机采用进气增压后，可提高压缩终了压力，使燃烧过程更接近上止点，压力升高比增大而预胀比减小，从而使热效率提高，油耗率降低；此外，增压后供给的空气更充足，有利于燃料的完全燃烧，可减少不完全燃烧引起的损失，对提高热效率和降低油耗率也非常有利。

3）降低排放污染和噪声

增压后的发动机，在各种工况下均可保证混合气有较大的过量空气系数，可减少不完全燃烧产物的排放；增压柴油机的压缩压力提高，可缩短着火延迟期，使发动机工作更柔和，从而可降低噪声。

4）补偿高原功率损失

发动机在高原地区使用时，因大气压力降低，会导致进气量减少，功率下降，一般海拔每增加1000m，功率约下降10%，采用增压技术可使高原损失得到有效补偿。

5）提高整机使用经济性

发动机的进气增压，大多采用废气涡轮增压技术，可充分利用废气能量，减小能量损失，对提高整机使用经济性有重要意义。

6）改善发动机的特性

采用增压技术可改善发动机的特性，使发动机在较宽广的转速和负荷范围内，均保持良好的动力性和燃料经济性，对提高整车性能有利。

2. 进气增压的评定指标

评定进气增压的指标主要有两个：增压度和增压比。

1）增压度

增压度用以评定进气增压的效果，说明增压后发动机功率增加的程度，它是指增压后发动机功率的提高量与增压前的功率之比，用符号 ϕ 来表示，即：

$$\phi = \frac{P_{ek} - P_{eo}}{P_{eo}} = \frac{P_{ek}}{P_{eo}} - 1 \qquad (3-22)$$

式中：P_{eo}——增压前发动机的有效功率（kW）；

P_{ek}——增压后发动机的有效功率（kW）。

现代四冲程柴油机的增压度可高达3.0以上，但车用柴油机的增压度并不高，一般仅为0.3左右。因为车用柴油机采用增压措施不单纯是为提高功率，还需兼顾在宽广的转速和负荷范围内获得良好动力性、经济性、排放性等多方面的要求。

2）增压比

增压比可用来说明增压强度的大小，它是指增压后的气体压力与增压前的气体压力之比，用符号 π_b 来表示，即：

$$\pi_b = \frac{P_b}{P_o} \qquad (3-23)$$

式中：P_b——增压前的气体压力，一般取大气压力（kPa）；

P_o——增压后的气体压力，即增压器出口压力（kPa）。

3. 进气增压系统的类型

发动机的进气增压系统可按增压比分类，也可按增压装置的结构原理分类。

按增压比不同，发动机进气增压可分为低增压、中增压和高增压。低增压的增压比 $\pi_b<1.6$，平均有效压 $p_e=700\sim1000$ kPa；中增压的增压比 $1.6\leq\pi_b\leq2.5$，平均有效压力 $p_e=1000\sim1500$ kPa；高增压的增压比 $\pi_b>2.5$，平均有效压力 $p_e=1500$ kPa 以上。

按增压装置结构原理不同，发动机进气增压可分为机械增压、废气涡轮增压、气波增压、谐波进气增压和组合式涡轮增压。目前，车用柴油机应用较多的是废气涡轮增压，汽油机应用较多的是谐波进气增压。

4. 进气增压对发动机的影响

由于柴油机压缩比高，其机械负荷和热负荷比汽油机大的多。柴油机采用进气增压后，由于进气压力的提高，循环供油量增加，燃烧最高压力和最高温度也必然提高，机件承受的机械负荷和热负荷更大。此外，柴油机在低速运转时，由于增压效果较差，容易导致混合气浓而冒黑烟现象；发动机加速时，由于惯性作用使压气机供气滞后，也会出现冒烟和加速不良的现象。

为适应增压后功率增长的要求，并尽量降低增压带来的不利影响，增压后的柴油发动机必须采取以下措施：

1）适当调整和改进燃料供给系统

为使增压后功率提高，必须适当增加供油量，但仍采用非增压时的燃料供给系统，必然要延长喷油时间，这将导致燃烧过程所占的曲轴转角增大，热效率下降。经济性下降，因此，增压后的柴油机需对燃料供给系统进行改进，如加大喷油泵柱塞直径、加大喷油器喷孔直径、提高喷油压力等，以满足增加供油量的需要。

增压后的柴油机，供油量的增加应比进气量的增加适当减少，即使过量空气系数适当增大，以降低热负荷，提高燃料经济性。过量空气系数一般增大 $0.1\sim0.3$。

此外，柴油机增压后，应适当推迟供（喷）油正时，使供（喷）油提前角减小，以限制燃烧最高压力和温度，降低机械负荷和热负荷。

2）适当调整配气相位

增压后的柴油机，为降低热负荷，可适当增大气门叠开角，以加强扫气过程的作用，降低燃烧室内高温机件的温度，但气门叠开角不易过大，因为扫气冷却效果是有限的，而且过大的进气门提前开启角或排气门迟后关闭角，会导致增压空气浪费多、废气倒流、气门与活塞碰撞干涉现象。

3）适当减小压缩比

增压柴油机适当降低压缩比，可有效降低机械负荷和热负荷，但压缩比减小过多，会使热效率下降，发动机起动困难。一般压缩比降低 $1\sim2$ 个单位。

4）对增压空气进行冷却

通过增压装置提高空气压力的同时，空气温度也会升高，对增压空气冷却，对减小热负荷和进一步提高进气量均有利。增压空气温度每降低 10 ℃，循环平均温度可降低 $25\sim$

30℃,在增压比为1.5~2.0时可提高进气量10%~18%。

5) 强化冷却系统

增压后的柴油机,机械负荷和热负荷增大,强化冷却系统,改善润滑油和发动机的散热条件非常必要。

汽油机与柴油的工作特点不同,进气增压对其影响也有差别。汽油机采用增压,是对进入汽缸前的混合气进行增压,而随着进气压力和温度的提高,汽缸内的平均工作压力和温度也提高,汽油机的爆震燃烧倾向增大。无论汽油机是否采用增压,爆震燃烧都是提高其动力性和经济性的重大障碍。此外,汽油机增压以后,也存在热负荷和机械负荷增加、加速不良等现象。

由于爆震燃烧等技术问题的限制,目前在汽油机上采用进气增压的非常少,尤其增压强度较大的进气增压系统更是少见。

5. 进气增压控制

废气涡轮增压是目前汽车发动机应用最广泛的进气增压技术,但由于废气涡轮增压器是靠废气排出时的能量来驱动的,而废气排出时的能量主要取决于发动机排出的废气流速,废气流速又随着发动机转速的变化而变化,这必将导致采用废气涡轮增压的发动机,低速大负荷时因增压压力过低而进气不足,高速小负荷时因增压压力过高而进气过多。由于汽车发动机的转速变化范围大,废气涡轮增压器的工作特性难以在各种工况下均与发动机实现良好的匹配。

由此可见,在采用废气涡轮增压的发动机上,为进一步优化发动机的性能,根据发动机转速和负荷的变化,对增压压力或增压空气供给量进行控制非常必要。

模块小结

发动机的排气过程和进气过程的总和,统称为换气过程。

换气过程分为自由排气、强制排气和进气过程3个主要阶段。

从排气门在下止点前开始开启,到汽缸内压力接近于排气管压力这个时期,称为自由排气阶段。

强制排气阶段是由上行的活塞强制将废气推出。此时流速取决于汽缸内外的压力差。压差越大,气流速度越大,但耗功也越多。

换气过程的损失包括排气损失和进气损失,如图3-2所示。

排气损失是从排气门提前打开,直到进气行程开始,汽缸内压力到达大气压力之前,循环功的损失。

进气损失主要是指进气过程中,因进气系统的阻力而引起的功的损失。

充量即充气量,是指在进气过程中,充入汽缸的新鲜空气或可燃混合气的量。

循环充量是指发动机在每一个循环的进气过程中,实际进入汽缸的新鲜气体(空气或可燃混合气)的质量,即循环实际充量,用 Δm 表示。

单位时间充量是指每小时进入汽缸的新鲜气体的质量,用 Δm_h 表示。

充量系数:发动机每一工作循环进入汽缸的实际充量,与进气状态下能充满汽缸工作容积的理论充量的比值,称为充量系数,用φ_c表示。

所谓进气状态,是指空气滤清器后进气管内的气体状态。为测量方便,在非增压发动机上,一般都采用当时的大气状态;在增压发动机上,采用增压器出口的状态。

影响充量系数φ_c的因素有进气终了压力及温度、大气的压力及温度、残余废气及压缩比等。影响最大的是进气终了压力p_{ca}。

进气流动阻力除了与进气系统的结构有关以外,还取决于新鲜气体的流速。气体流动引起的阻力与流速的平方成正比,而气体流速又与发动机转速有关,发动机转速提高,气体流速也成正比例地提高,所以气体流动阻力也与发动机转速的平方成正比。随着转速的升高,气体阻力增大,使进气终了压力下降。

配气相位包括进、排气门早开、迟闭。在进、排气门早开、迟闭中,进气迟闭角对进气终了压力影响最大。由于发动机转速变化,气流惯性也发生变化,但进气迟闭角是不变的,因此当转速高时,气流惯性未被利用;转速低时,又会造成气体倒流、从而影响进气压力与发动机正常工作。通过选择适当的配气定时,可获得较高的循环充量和充量系数。

发动机的负荷变化对进气终了压力的影响,随汽油机与柴油机负荷调节方法不同而影响也不同。

压缩比增加,余隙容积相对减小,使残余废气量相对下降,所以充量系数提高。

提高充量系数的主要措施:减少进气系统的阻力、合理选择配气定时、减少排气系统阻力、减少对进气的加热。

排气提前角的选择,应当在保证排气损失最小的前提下,尽量晚开排气门,以加大膨胀功,提高热效率。

气门开启断面与对应开启时间的乘积称为气门开启时面值。气门开启时间长、开启断面大,则气门开启时面值大,气流通过能力越强,阻力越小。

为进一步改善汽车发动机的性能,在部分发动机上装用了进气控制系统。汽油机装用的进气控制系统通常以提高充气效率为目的,而柴油机装用的进气控制系统一般以控制进气量或进气涡流为目的。

增压技术在汽车发动机上应用已相当广泛,采用增压的目的不仅是提高发动机的升功率或进行高原补偿,更重要的是还能降低燃油消耗率、降低排放污染和减小噪声。

按增压装置结构原理不同,发动机进气增压可分为机械增压、废气涡轮增压、气波增压、谐波进气增压和组合式涡轮增压。目前,车用柴油机应用较多的是废气涡轮增压,汽油机应用较多的是谐波进气增压。

进气增压对发动机的影响:由于柴油机压缩比高,其机械负荷和热负荷比汽油机大的多。柴油机采用进气增压后,由于进气压力的提高,循环供油量增加,燃烧最高压力和最高温度也必然提高,机件承受的机械负荷和热负荷更大。此外,柴油机在低速运转时,由于增压效果较差,容易导致混合气浓而冒黑烟现象;发动机加速时,由于惯性作用使压气机供气滞后,也会出现冒烟和加速不良的现象。

由于汽车发动机的转速变化范围大,废气涡轮增压器的工作特性难以在各种工况下均与发动机实现良好的匹配。为进一步优化发动机的性能,根据发动机转速和负荷的变化,对增压压力或增压空气供给量进行控制非常必要。

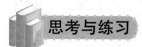
思考与练习

1. 何谓换气过程？包括哪几个阶段？
2. 什么是自由排气和强制排气？这两个阶段的长短对发动机性能有何影响？
3. 什么是换气损失？如何减少换气损失？
4. 何谓充量、循环充量、单位时间充量？
5. 何谓充量系数？影响充量系数的因素有哪些？
6. 分析配气相位、转速、负荷、压缩比对充量系数是怎样影响的。
7. 提高循环充量和充量系数的措施有哪些？
8. 如何确定最佳排气提前角？
9. 什么是气门开启时面值？它有什么作用？
10. 对发动机的进气进行控制的目的是什么？
11. 发动机采用进气增压有何意义？有何影响？
12. 发动机进气增压有哪些类型？
13. 为什么要对进气增压进行控制？

模块四　汽油机混合气的形成与燃烧

学习目标

1. 能准确叙述汽油的使用性能；
2. 能准确叙述汽油机混合气的形成；
3. 熟知汽油机的燃烧过程及影响因素；
4. 熟知汽油机的燃烧室对燃烧的影响及类型。

建议课时

5 课时。

燃烧过程是发动机整个工作循环的主要过程，燃烧过程进行的好坏对发动机的动力性、经济性有很大的影响。

一、汽油的使用性能

汽油是从石油中提炼出的易挥发的液体燃料，它由多种碳氢化合物组成，其中碳元素约占85%，氢元素约占15%。汽油使用性能主要包括蒸发性、抗爆性、燃点和热值，它们主要取决于汽油的组成成分。

(一) 汽油的蒸发性

发动机工作时，汽油先从液态蒸发成蒸气，并按一定比例与空气混合后，再送入汽缸进行燃烧。汽油的蒸发性就是指其从液态蒸发成蒸气的难易程度。对于高速发动机，形成可燃混合气的时间很短，一般只有百分之几秒。因此汽油蒸发性的好坏，对形成混合气的质量有很大影响。

通常用馏程作为汽油蒸发性的评定指标。馏程即蒸馏过程，可通过蒸馏试验来测定。对汽油进行加热时，组成汽油的多种碳氢化合物没有固定的沸点，而是随着温度的升高，按照由轻到重的顺序逐次沸腾。为评价汽油的蒸发性，以测定的蒸发出10%、50%、90%馏分时的温度作为有代表意义的点，分别称为10%馏出温度、50%馏出温度、90%馏出温度。

10%馏出温度主要影响汽油机的冷态起动性能。10%馏出温度越低，表明汽油中所含的轻质馏分容易蒸发，冷起动时容易满足发动机对极浓混合气的要求，所以起动性好。

50%馏出温度主要影响汽油机的暖机时间和加速性能。50%馏出温度越低,表明汽油的平均蒸发性好,在较低的温度下能有较多的汽油蒸发,容易保证必要的混合气浓度,汽油机暖机时间短,加速性能好。

90%馏出温度主要影响燃烧的完全程度、燃烧室积炭和对润滑油的污染。90%馏出温度越高,表明汽油中难以蒸发的重馏分含量越多,容易使燃烧不完全,燃烧后容易产生积炭和造成排气管冒黑烟;此外,不易蒸发的汽油以液态进入汽缸后,沿缸壁流入油底壳,会污染润滑油。

汽油的各馏出温度越低,说明其蒸发性越好,对混合气的形成和完全燃烧等有利。但蒸发性过好的汽油,在使用中,汽油供给系统容易产生气阻,且蒸发损失较大。

(二)汽油的燃点和热值

汽油的自燃温度较高,为 220～471℃,所以汽油机适合采用外源点燃式的着火方式。汽油的热值表示燃烧单位质量的汽油放出的热量。通常情况下,1kg 汽油燃料完全燃烧所产生的热量约为 44400kJ。

(三)汽油的抗爆性

汽油的抗爆性是指汽油在发动机汽缸中燃烧时,避免产生爆燃的能力。抗爆性是汽油的一项重要性能指标,用辛烷值表示,辛烷值越高,抗爆性越好。

汽油的辛烷值常用对比试验的方法来测定。在一台专用的可变压缩比的单缸试验发动机上,先用被测汽油作为燃料,使发动机在一定的条件下运转。试验中逐步提高试验发动机的压缩比,直至实验发动机产生标准强度的爆燃为止。然后,在该压缩比下,换用有一定比例的异辛烷(一种抗爆燃能力很强的碳氢化合物,规定其辛烷值为100)和正庚烷(一种抗爆燃能力极弱的碳氢化合物,规定其辛烷值为0)混合而成的标准燃料,使发动机在相同的条件下运转,改变标准燃料中异辛烷和正庚烷的比例,直到单缸试验机也产生前述的标准强度的爆燃时为止。这样最后一种标准燃料中异辛烷含量的体积百分数即为被测汽油的辛烷值。

辛烷值按其测定方法可分马达法(MON)和研究法(RON)两种,由于测定方法和条件不同,同一种汽油的 MON 辛烷值和 RON 辛烷值也不同,一般 RON 辛烷值比 MON 辛烷值高 6～7 个单位。目前,国产汽油以 RON 辛烷值来编号,如90#汽油的 RON 辛烷值为90。

二、汽油机混合气的形成

(一)混合气的概念

发动机工作时,燃料燃烧之前都要经过雾化和蒸发,并与空气混合,燃料与空气的混合物称为混合气,混合气中含燃料量的多少称为混合气浓度。混合气的浓度通常用过量空气系数或空燃比来表示。

过量空气系数是指在发动机工作中,实际供给的空气质量与理论上燃料完全燃烧时所需的空气质量之比。过量空气系数用 α 或 ϕ_{at} 表示。

空燃比是指混合气中的空气质量与燃料质量之比。1kg 汽油理论上完全燃烧时所需的空气质量为 14.7kg。空燃比等于 14.7:1（过量空气系数 α 或 $\phi_{at}=1$）的混合气称为理论混合气，空燃比大于 14.7:1 的混合气称为稀混合气，空燃比小于 14.7:1 的混合气称为浓混合气。空燃比越大，混合气越稀；空燃比越小，则混合气越浓。

(二)汽油机对混合气的要求

混合气的浓度对发动机的动力性和经济性有很大影响。发动机工作时，采用过量空气系数 $\phi_{at}=1$ 的理论混合气，只是在理论上可保证完全燃烧。实际上，由于时间和空间条件的限制，汽油不可能及时与空气绝对均匀混合，也就不可能实现完全燃烧。采用 $\phi_{at}=1.05\sim1.15$ 的稀混合气时，可以保证混合气中的所有汽油均能获得足够的空气而实现完全燃烧。因而发动机经济性最好，故称之为经济混合气。采用 $\phi_{at}=0.85\sim0.95$ 的浓混合气时，可使发动机发出较大的功率，故称为功率混合气，但采用功率混合气时不能完全燃烧，发动机经济性较差。混合气过稀（$\phi_{at}>1.15$）或混合气过浓（$\phi_{at}<0.85$），因混合气中汽油供给量过少或过多，均会使燃烧速度减慢，导致发动机动力性和经济性下降。当混合气稀到 $\phi_{at}>1.3\sim1.4$ 或浓到 $\phi_{at}<0.4\sim0.5$ 时，将无法点燃，发动机也无法工作。为保证发动机正常工作并具有良好的性能。汽油机燃油供给系统必须根据发动机的工况不同，配制出适当浓度的混合气。

发动机的工况通常用发动机的转速和负荷来表示。发动机的负荷是指发动机某转速时所发出的，同时发动机输出的动力又取决于节气门的开度与该转速下所能发出的最大功率之比。发动机负荷的大小可用节气门的开度来代表。发动机各种工况对混合气浓度的要求如下：

1）怠速工况

发动机不对外输出动力，做功行程产生的动力只用来克服发动机的内部阻力，维持发动机最低稳定转速运转的工况称为怠速工况。汽油机的怠速转速一般为 700~900r/min。在怠速工况下，节气门开度最小，进入汽缸内的混合气量很少，汽缸内残余废气对混合气稀释严重；而且转速低，空气流速小，汽油雾化和蒸发不良，混合气形成不均匀。因此，要求供给少量 $\phi_{at}=0.6\sim0.8$ 的浓混合气。

2）小负荷工况

发动机的负荷在 25% 以下时称为小负荷工况。由于小负荷工况时，节气门略开，混合气的数量和品质比怠速工况时有所提高，废气对混合气的稀释作用也有所减弱，因而混合气浓度可以略为减小，一般 $\phi_{at}=0.7\sim0.9$。

3）中等负荷工况

发动机的负荷在 25%~85% 之间称为中等负荷工况。由于节气门开度较大，进入汽缸的混合气数量增多，燃烧条件较好。此外，汽车发动机大部分的时间处在中等负荷工况下工作，为提高其经济性，应供给较稀的经济混合气，一般 $\phi_{at}=1.05\sim1.15$。

4）大负荷工况和全负荷工况

发动机的负荷在 85%~100% 时称为大负荷工况，负荷为 100% 时称为全负荷工况。此时，为了克服较大的外部阻力，要求发动机发出尽可能大的功率。因此，应供给质量较浓的功率混合气,一般 $\phi_{at}=0.85\sim0.95$。

5)冷起动工况

起动是指发动机由静止到正常运转的过程,当熄火时间较长、发动机温度已下降至环境温度时的起动称为冷起动。起动时发动机转速低,气流速度很慢,不利于汽油的雾化。尤其冷起动时,发动机温度也低,汽油蒸发困难,只有供给极浓的混合气($\phi_{at}=0.2\sim0.6$),才能保证进入汽缸内的混合气中有足够的汽油蒸气,以利于发动机起动。

6)暖机工况

暖机一般是指发动机冷起动后,发动机的温度逐渐升高到正常工作温度的过程。在暖机过程中,混合气的浓度应随温度升高而减小,从起动时的极浓减小到稳定怠速运转所要求的浓度为止。

7)加速工况

加速是指发动机负荷增加的过程。急加速时,节气门迅速开大,要求发动机的动力迅速提高,必须加浓混合气,以满足发动机急加速的要求。

综上所述,车用汽油机在正常运转时,在小负荷和中等负荷工况下,要求燃料供给系统能随着负荷的增加,供给由浓逐渐变稀的混合气。当进入大负荷直到全负荷工况下,又要求混合气由稀变浓,最后加浓到保证发动机发出最大功率。

(三)汽油机混合气的形成

1. 汽油机混合气的形成过程

电控燃油喷射式汽油机,按其燃油的喷射位置不同,又可分为单点喷射、多点喷射和缸内喷射3种类型,如图4-1所示。这3种类型的汽油机对混合气浓度的控制方式基本相同,只是混合气的形成过程不同。

a)单点喷射　　b)多点喷射　　c)缸内喷射

图4-1　汽油机的燃油喷射位置

1)单点喷射汽油机混合气的形成过程

单点喷射汽油机在节气门上方装一个中央喷射装置,由ECU控制1~2只喷油器将汽油喷入进气总管,形成的可燃混合气由进气歧管分配到各汽缸中。

汽油机单点喷射系统的出现较早,单点喷射系统的性能比多点喷射系统差一些,但其结构简单、故障少、维修调整方便,特别是大量生产后,其成本较低。单点喷射系统的喷射位置距离汽缸较远,混合气形成的时间相对较长。

2)多点喷射汽油机混合气的形成过程

多点喷射汽油机在每缸进气道上都装有一只喷油器,由ECU控制喷油器将汽油喷入进气道内,混合气的形成过程从汽油喷入进气道直至随空气进入汽缸被电火花点燃为止。多点喷射系统的燃油分配均匀性好,进气管可按最大进气量来设计,而且无论发动机处于冷机状态或热机状态,其过渡的响应及燃油经济性都是最佳的。但多点电控燃油喷射系统的控制系统比较复杂,成本较高。此外,与单点喷射系统相比,多点喷射的喷油位置距离汽缸近,混合气形成的时间相对较短,所以为保证混合气形成质量,所需的喷油压力也较高。一般单点喷射系统的喷油压力为 0.07~0.10MPa,多点喷射系统的喷油压力为 0.25~0.35MPa。

3)缸内喷射汽油机混合气的形成过程

缸内喷射汽油机将各缸喷油器分别安装在汽缸盖上,由 ECU 控制喷油器将汽油直接喷入汽缸,在汽缸内部与空气混合形成混合气。

汽油机的缸内喷射技术是近年来以节能和环保为目的发展起来的,由于混合气形成时间短(与单点喷射和多点喷射相比),且后期喷油时的缸内压力较高,为保证混合气的形成质量和喷油的可靠性,需较高的喷油压力,一般喷油压力可达 5~11MPa。

2. 汽油机混合气形成过程的控制

汽油机混合气形成过程对发动机性能也有极其重要的影响,在电控燃油喷射式汽油机中,通常通过控制喷油正时(即喷油器开始喷油的时刻)来控制混合气的形成过程。喷油过早,容易导致部分燃油沉积在进气管(或进气道)内壁上,而不能随空气进入汽缸;喷油过迟,则会导致混合气形成时间缩短,影响混合气的形成质量。实验证明,最佳的喷油正时使各缸进气行程的开始时刻与喷油结束时刻同步,可根据各缸活塞到达排气上止点(进气行程开始)的时刻、喷油时间及发动机转速确定。

喷油器的喷油可分为同步喷油和异步喷油两种类型。同步喷油是指根据发动机各缸工作循环,在既定的曲轴位置进行的喷油,同步喷油有规律性。按喷油器的喷射顺序不同,同步喷油又可分为顺序喷射、分组喷射和同时喷射 3 种方式。异步喷油与发动机的工作不同步,无规律性,它是在同步喷油的基础上,为改善发动机的性能额外增加的喷油,主要有起动异步喷油和加速异步喷油。

3. 汽油机混合气浓度的控制

喷油量控制是汽油机电控燃油喷射系统最主要的控制功能之一。控制喷油量的目的就使发动机在各种运行工况下,都能获得最佳的混合气浓度,以提高发动机的经济性和降低排放污染。

当喷油器的结构和喷油压差一定时,喷油量的多少就取决于喷油时间。常见汽油机电控燃油喷射系统的组成如图 4-2 所示,在汽油机电控燃油喷射系统中,喷油量控制是通过对喷油器喷油时间的控制来实现的。发动机工作时,电脑(ECU)根据空气流量信号和发动机转速信号确定基本的喷油时间(喷油量),再根据其他传感器(如水温传感器、节气门位置传感器等)对喷油时间进行修正,并按最后确定的总喷油时间向喷油器发出指令,使喷油器喷油(通电)或断油(断电)。

汽油机电控燃油喷射系统对喷油量的控制可分为同步喷油量控制和异步喷油量控制。同步喷油量控制又分为发动机起动时的喷油量控制和发动机起动后的喷油量控制,二者的控制模式不同。此外,汽油机电控燃油喷射系统还可通过断油控制和燃油泵控制来控制燃油停供。

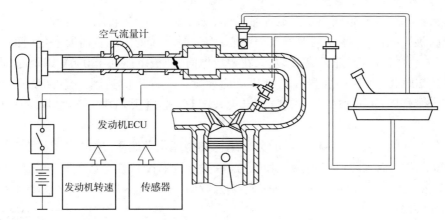

图 4-2 汽油机电控燃油喷射系统的组成

三、汽油机的燃烧过程及影响因素

汽油机的燃烧可以分为正常燃烧和不正常燃烧。

(一)正常燃烧

火花塞跳火点燃可燃混合气,形成火焰中心。火焰按一定速度连续地传播到整个燃烧室的空间。在此期间,火焰传播速度及火焰前锋的形状均没有急剧变化,这种状况称为正常燃烧。

1. 汽油机的燃烧过程

燃烧过程的进行是连续的,为分析方便,按其压力变化的特征,可人为地将汽油机的燃烧过程分为Ⅰ、Ⅱ、Ⅲ三个阶段,如图 4-3 所示。

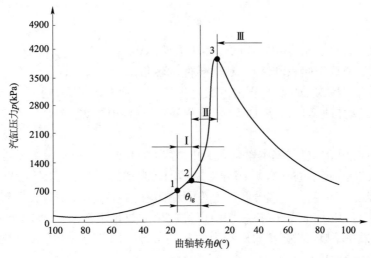

图 4-3 汽油机燃烧示功图
Ⅰ-着火延迟期;Ⅱ-明显燃烧期;Ⅲ-补燃期
1-开始点火;2-形成火焰中心;3-最高压力点

1)着火延迟期

从火花塞跳火开始到形成火焰中心为止这段时间,称为着火延迟期,见图 4-3 中阶段Ⅰ

所示。从火花塞跳火开始到上止点的曲轴转角,称为点火提前角,用θ_{ig}表示。

火花塞跳火后,并不能立刻形成火焰中心,因为混合气氧化反应需要一定时间。当火花能量使局部混合气温度迅速升高,以及火花塞放电时,两极电压在15000V以上时,混合气局部温度可达2000℃,加快了混合气的氧化反应速度。这种反应达到一定的程度(所需要时间约占整个燃烧时间的15%左右时),出现发光区,形成火焰中心。此阶段压力无明显升高。

着火延迟期的长短,与燃料本身的分子结构和物理化学性质、过量空气系数(ϕ_{at} = 0.8 ~ 0.9时最短)、开始点火时汽缸内温度和压力(取决于压缩比)、残余废气量、汽缸内混合气的运动、火花能量大小等因素有关。汽油机燃烧过程中,着火延迟期的影响不如柴油机大。

2) 明显燃烧期

从火焰中心形成到汽缸内出现最高压力为止这段时间,称为明显燃烧期,见图4-3中第Ⅱ阶段。

当火焰中心形成后,火焰前锋以20~30m/s的速度,从火焰中心开始逐层向四周的未燃混合气传播,直到连续不断扫过整个燃烧室。混合气的绝大部分(约80%以上)在此期间内燃烧完毕,压力、温度迅速升高,出现最高压力点。

最高压力点出现的时刻,对发动机功率、燃油消耗有很大影响。过早,混合气点火早,使压缩功增加,热效率下降;过迟,燃烧产物的膨胀比减小,燃烧在较大容积下进行,散热损失增加,热效率也下降。实践证明,最高压力出现在上止点后12°~15°曲轴转角时,示功图面积最大,循环功最多。此时对应的点火提前角为最佳点火提前角。因而,可以通过调整点火提前角,使最高燃烧压力出现在适宜的位置。

常用压力升高率λ_p表示汽油机工作粗暴的程度,压力升高率的表达公式为:

$$\lambda_p = \frac{\Delta p}{\Delta \theta} \tag{4-1}$$

式中:Δp——明显燃烧期始点和终点的气体压力差(kPa);

$\Delta \theta$——明显燃烧期始点和终点,相对于曲轴转角差(°)。

压力升高率表征燃烧过程中,压力的变化程度。明显燃烧期压力上升急剧,λ_p较大。若λ_p过大,会导致发动机振动和噪声加大,工作粗暴,排气污染严重。

3) 补燃期

从最高压力点开始到燃料基本燃烧完为止,称为补燃期。这一阶段主要是明显燃烧期内火焰前锋扫过的区域,部分未燃尽的燃料继续燃烧;吸附于缸壁上的混合气层继续燃烧;部分高温分解产物等,因在膨胀过程中温度下降又重新燃烧、放热。

由于活塞下行,压力降低,使补燃期内燃烧放出的热量不能有效地转变为功。同时,排气温度增加,热效率下降,影响发动机动力性和经济性。因此,应尽量减少补燃。正常燃烧时,汽油机补燃较柴油机轻得多。

2. 汽油机的不规则燃烧

在正常运转情况下,内燃机各循环之间存在燃烧差异,各缸之间也存在燃烧差异。

1) 各循环之间的燃烧差异

各循环间的燃烧差异,主要是燃烧的不稳定性,表现为循环的压力波动。

影响循环波动的因素较多,如混合气浓度、发动机负荷、转速、点火时刻、燃烧室形状、火花塞位置、压缩比、配气定时等。为提高发动机功率,减少油耗,降低排放污染和噪声,应使燃烧差异降到最小限度。

2)各缸间的燃烧差异

各缸间燃烧差异,主要是由于可燃混合气对各缸分配不均造成的。可燃混合气量和成分都存在不均匀。

由于各缸混合气成分不同,不能使各缸处于理想的混合比工作,使发动机功率下降,油耗上升,排放污染加大,甚至个别缸出现过热、火花塞烧损现象。

影响混合气分配不均的主要因素是各缸进气道的路径不相同,很难保证进气管到各缸的通道(管长、直径、对称性等)相等。进气管内表面光滑,弯道少。

采用汽油喷射技术,可以改善雾化质量,使各缸间混合气的分配均匀。如多点喷射的汽油机,燃料喷射系统在各缸的进气门前装一个喷油器,使各缸供油量保持一致,发动机性能得到改善。

(二)汽油机不正常燃烧

汽油机的不正常燃烧有爆燃燃烧和热面点火(表面点火)。

1.爆燃燃烧

1)爆燃的成因

汽油机燃烧过程中,火焰前锋以正常的传播速度向前推进,使得火焰前方未燃的混合气(末端混合气)受到已燃混合气强烈的压缩和热幅射作用,加速其先期反应,并放出部分热量,使其本身的温度不断升高,以致于在正常的火焰到达之前,末端混合气内部最适宜着火的部位,已出现一个或多个火焰中心,这种现象称为爆燃。

爆燃的火焰前锋面推进速度,远远高于正常燃烧的火焰传播速度。轻微爆燃时,火焰传播速度为 $100\sim300m/s$;强烈爆燃时,火焰传播速度可高达 $800\sim2000m/s$。它使未燃混合气体瞬时燃烧完毕,局部温度、压力猛烈增加,形成强烈的压力冲击波。冲击波以超音速传播,撞击燃烧室壁,发出高达 $3000\sim5000Hz$ 尖锐的金属敲击声。试验表明,发动机每循环进气充量中,只要有大于 5% 的部分进行自燃时,就足以引起剧烈爆燃。

如图 4-4 所示,爆燃比正常燃烧时的压力升高,有时可达 $65MPa$。压力波动很大,λ_p 忽大忽小,破坏了正常燃烧示功图,使发动机功率下降,零件受冲击载荷增加,使用寿命下降。

2)爆燃的危害

发生爆燃时,汽油机将出现敲缸声。轻微爆燃时,功率略有增加,但强烈的爆燃,使汽油机功率下降,工作变得不稳定,发动机振动较大。由于爆燃的冲击波破坏了燃烧室壁面的油膜和气膜,使传热增加,发动机过热。

3)减少爆燃的措施

(1)使用抗爆性高的燃料。当辛烷值增加时着火延迟期也增加,抗爆性好。添加抗爆剂可提高汽油的抗爆性。

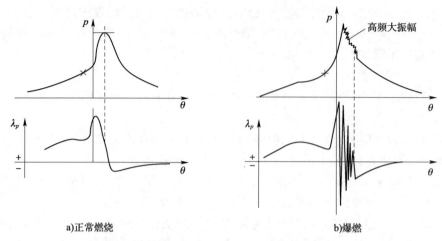

a) 正常燃烧　　　　　　　　　　　b) 爆燃

图 4-4　正常燃烧与爆燃的 $p—\theta$ 图及 $\lambda_p—\theta$ 图比较

(2) 降低末端混合气温度和压力。降低冷却液温度、进气温度，使用浓混合气，推迟点火，降低压缩比，及时清除燃烧室积炭，合理设计燃烧室，缩短火焰传播距离等。

(3) 降低负荷、提高转速减小爆燃倾向。降低负荷，上一循环的残余废气量相应增多，废气对混合气的自燃有阻碍作用。提高转速，混合气的扰流强度提高，火焰传播速度加快，不易产生爆燃。

总之，汽油机在降低压缩比、关小节气门或提高转速时，都不易产生爆燃。推迟点火时刻、提高汽油的辛烷值，也是减少爆燃倾向的有效措施。

2. 热面点火

在汽油机中，凡是不靠电火花点火而由燃烧室炽热表面(如过热的火花塞绝缘体和电极、排气门、炽热的积炭等)点燃混合气而引起的不正常燃烧现象，称为热面点火。根据被炽热表面点火的火焰是否始终以正常速度进行传播，热面点火可分为非爆燃性热面点火和爆燃性热面点火。

1) 非爆燃性热面点火

如果热面点火发生在正常点火时刻之前，称为早火；发生在正常点火时刻之后，称为后火。图 4-5 为非爆燃性热面点火示功图。

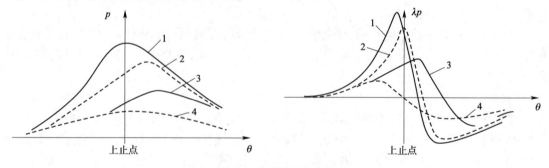

图 4-5　热面点火示功图
1-早火；2-正常点火；3-后火；4-倒拖

(1) 后火。火花塞跳火点燃混合气后，在火焰传播过程中，由于炽热表面使火焰前锋未扫过区域的混合气被点燃，但形成的火焰前锋仍以正常的火焰传播速度向未燃气区推进，称为后火。这种现象可在发动机断火后,发现发动机仍像有电火花点火一样,继续运转,直到炽热点温度下降到不能点燃混合气为止,发动机才停转。

(2) 早火(早燃)。高温炽热表面在火花塞跳火前点燃混合气的现象,称为早火。发生早火时,炽热表面温度较高。由于混合气在进气到压缩行程中,长期受到炽热表面加热,点燃的区域比较大,一经着火,势必使火焰传播速度较高,压力升高过大。常使最高压力点出现在上止点之前,压缩功过大,发动机运转不平稳并发生沉闷的敲击声。同时,早燃的发生使散热损失增加,传给冷却水的热量增多,容易使发动机过热,有效功率下降、甚至在压缩过程末期的高温、高压下,会引起机件损坏。

非爆燃性热面点火,大体是发动机长时间高负荷运行,致使火花塞绝缘体、电极或排气门温度过高而引起。

2) 爆燃性热面点火(激爆)

激爆是一种热面点火现象,它是由燃烧室沉积物引起的爆燃性热面点火,是一种危害最大的热面点火现象。

发动机低速、低负荷(水平路上,汽车行驶速度低于20km/h)运转时,燃烧室表面极易形成导热性很差的沉积物。它使高压缩比汽油机的表面温度更高;此外,沉积物颗粒被高温火焰包围,使其急剧氧化而白炽化,将混合气点燃。在发动机加速时,气流吹起已着火的碳粒,使混合气产生多火点燃的着火现象,致使混合气剧烈燃烧,压力升高率和最高燃烧压力急剧增加。

爆燃和热面点火均属不正常燃烧现象,但两者是完全不同的。爆燃是火花塞跳火后,末端混合气的自然现象;热面点火是火花塞跳火以前或之后,由炽热表面或沉积物点燃混合气所致。爆燃时火焰以冲击波的速度传播,有尖锐的敲击声;热面点火时敲缸声比较沉闷。

严重的爆燃增加向缸壁的传热,促使燃烧室内炽热点的形成,导致热面点火;早燃会使压力升高率和最高压力增加,热辐射增大,又促使爆燃的发生。

3) 防止热面点火的措施

(1) 选用低沸点的汽油和含胶质较少的润滑油。

(2) 降低发动机压缩比。

(3) 避免长时间低负荷运行和频繁加速减速行驶。

(4) 在燃料中加入抑制热面点火的添加剂等。

(三) 影响燃烧过程的因素

1. 燃料的影响

燃料的使用性能对燃烧过程有直接的影响。例如:汽油的蒸发性强,就容易气化,与空气混合,使燃烧速度加快,且易于完全燃烧。但蒸发性过强,也会使汽油在炎热的夏季、高原山区使用时,出现供油系气阻,甚至发生断油现象。汽油的辛烷值高,就不容易发生爆燃。

2. 混合气成分

混合气成分对燃料能否及时燃烧和火焰传播速度都有影响。如图 4-6 所示,过量空气系数$\phi_{at}=1$时,发动机发出最大功率。称这种混合气为最大功率混合气。汽车在满负荷工况下工作时,要求汽油机输出最大功率,此时,燃油供给系应供给最大功率混合气。

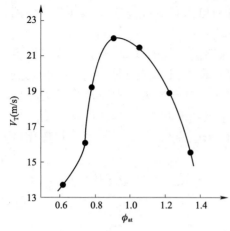

图4-6 混合气成分对火焰传播速度的影响

当过量空气系数 $\phi_{at} < 0.85 \sim 0.95$ 时,称为过浓混合气。此时由于火焰传播速度降低,功率减少;且由于缺氧,燃烧不完全,使热效率降低,耗油率增加。发动机怠速或低负荷运转时,节气门开度小,进入汽缸的新鲜混合气量少,残余废气相对较多,可能引起断火现象。为维持发动机稳定运转,通常供给比最大功率混合气更浓的混合气,一般 $\phi_{at} = 0.6$ 左右。当发动机混合气的 $\phi_{at} = 0.4 \sim 0.5$ 时,由于严重缺氧,火焰不能传播,混合气不能燃烧。因此,$\phi_{at} = 0.4 \sim 0.5$ 的混合气成分称为火焰传播上限。

当过量空气系数 $\phi_{at} = 1.05 \sim 1.15$ 时,火焰传播速度仍较高,且此时空气相对充足,燃油能完全燃烧,所以热效率最高,有效耗油率最低。此浓度混合气体称为最经济混合气。汽车行驶的大多数情况是处于中等负荷工况工作。为减少燃油消耗,燃油供给系应供给最经济混合气成分。

当过量空气系数 $\phi_{at} > 1.05 \sim 1.15$ 时,称为过稀混合气。此时火焰传播速度降低很多,燃烧缓慢,使燃烧过程进行到排气行程终了,补燃增多,使发动机功率下降,油耗增多。由于燃烧过程的时间延长,在排气行程终了,进气门已开启,含氧过剩的高温废气可以点燃进气管内新鲜混合气,造成进气管放炮。当 $\phi_{at} = 1.3 \sim 1.4$ 时,由于燃料热值过低,混合气不能传播,造成缺火或停车现象。此时混合气浓度为火焰传播的下限。

由此可见,为保证发动机稳定可靠工作,有利的混合气成分一般在 $\phi_{at} = 0.85 \sim 1.2$ 范围内。

当使用最大功率混合气时,火焰传播速度最快,从火焰中心形成到火绝传播到末端,混合气的火焰传播时间缩短,使爆燃倾向减小。同时缸内压力、温度较高,压力升高率较大,使从火焰中心形成到末端混合气自燃发火的准备时间也缩短,又使爆燃倾向增大。实践证明,后者是影响的主要方面。因此,在各种混合气成分中,以供给最大功率混合气时最易爆燃。如汽车满载爬坡时容易爆燃。

3. 点火提前角

点火提前角大小对汽油机性能有很大影响。图4-7为节气门全开、额定转速下混合气成分不变时,改变点火提前角,燃烧示功图的变化。

由图4-7a)可见,曲线1的示功图点火提前角为 θ_{ig1}。相比之下,θ_{ig1} 过大(点火过早),使经过着火落后期后,最高燃烧压力出现在压缩行程的上止点以前。最高压力及压力升高率过大,活塞压缩混合气上行消耗的压缩功增加,发动机容易过热,有效功率下降,工作粗暴程度增加。同时由于混合气的压力、温度过高,爆燃倾向增加。在这种情况下,只要适当减小点火提前角,就可以消除爆燃。

曲线2的示功图对应的点火提前角 θ_{ig2} 过小(点火过迟)。经过着火落后期后,燃烧开始时,活塞已向下止点移动相当距离,使混合气燃烧在较大容积下进行,炽热的燃气与缸壁接触面积大,散热损失增多。最高压力降低,且膨胀不充分,使排气温度过高,发动机过热,功率下降,耗油量增多。

曲线 3 的示功图对应的点火提前角 θ_{ig3} 比较适当。因而压力升高率不是过高,最高压力出现在上止点后合适的角度内。从图 4-7b)的比较也可以看出,示功图 1 比示功图 3 多作了一部分压缩功,又减少了一部分膨胀功。示功图 2 的膨胀线虽然比示功图 3 的高些,但最高压力点低,只有示功图 3 的面积最大,完成的循环功最多,发动机的动力性、经济性最好。

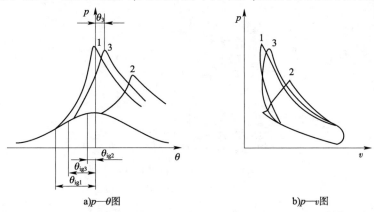

图 4-7 不同点火提前角的示功图

综上所述,过大过小的点火提前角都不好。只有选择合适的点火提前角,才能得到合适的最高压力及压力升高率,使最高压力出现在上止点后 12°~15°曲轴转角内,保证发动机运转平稳、功率大、油耗低。这种点火提前角称为最佳点火提前角。使用中,随发动机工况的变化,最佳点火提前角相应改变。因此,必须随使用情况及时调整点火提前角。

4. 发动机转速

在汽油机一定的节气门开度下,随负荷的变化,转速相应变化。转速增加时,汽缸中紊流增强,火焰传播速度加快。随转速增加,压缩过程所用时间缩短,散热及漏气损失减少,压缩终了工质的温度和压力较高,使以毫秒计的燃烧过程缩短。但缩短程度不如转速增加的比例大,使燃烧过程相当的曲轴转角增大,以曲轴转角计的着火延迟期增长。为此,汽油机装有离心提前调节装置,使得在转速增加时,自动增大点火提前角,以保证燃烧过程在上止点附近完成。

随转速增加,爆燃倾向减小。主要是转速的增加加快了火焰传播。使燃烧过程占用的时间缩短,未燃混合气受已燃部分压缩和热幅射作用减弱,不容易形成自燃点,转速增加,循环充量系数下降,残余废气相对增多,终燃混合气温度较低,对末燃部分的自燃起阻碍作用。因此,使用中若低速时发生爆燃,待转速提高后,爆燃倾向可自行消失。

5. 发动机负荷

转速一定时,随负荷减小,进入汽缸的新鲜混合气量减少,而残余废气量基本不变,使残余废气所占比例相对增加。残余废气对燃烧反应起阻碍作用,使燃烧速度减慢。为保证燃烧过程在上止点附近完成,需增大点火提前角。图 4-8 为发动机不同节气门开度时的示功图。

综上所述,发动机在高转速、低负荷时,应增大点火提前角。微处理机控制的点火系统,点火提前角的设置和随工况变化的自动调整,初级线圈的通断,都是由微处理机控制的。它可根据点火提前角随工况变化的规律(已事先存入机内),确定每一工况下的最佳点火时刻,实现精确控制。

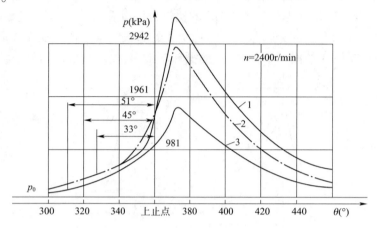

图 4-8 发动机不同节气门开度时的示功图
1—100%开度;2—40%开度;3—20%开度

发动机低转速大负荷时易爆燃。微处理机控制的防爆控制系统可以根据爆燃信号,自动调整点火提前角,使爆燃限制在很轻微的限度之内;同时使热效率提高。

6. 冷却水温度

发动机冷却水温度应控制在 80~90℃。水温过高、过低均影响混合气的燃烧和发动机的正常使用。

冷却水温度过高时,会使燃烧室壁及缸壁过热,爆燃及热面点火倾向增加;同时,进入汽缸的混合气因温度升高、密度下降、充量减少,使发动机动力性、经济性下降。所以,在使用维护中,应注意及时清除水道内的水垢,使水流畅通;注意利用百叶窗调整发动机冷却水温度;经常检查水温表、节温器等装置,使其工作正常。

冷却水温度过低时,传给冷却水热量增多,发动机热效率降低,功率下降,耗油率增加;润滑油黏度增大,流动性差,润滑效果变差,摩擦损失及机件磨损加剧,容易使燃烧中的酸性物质和水蒸气结合成酸类物质、使汽缸腐蚀磨损增加;燃烧不良易形成积炭;不完全燃烧现象严重,使排放污染增多。因此,使用中应注意控制好冷却水温,水温不能太低。

7. 压缩比

提高压缩比,可提高压缩行程终了工质的温度、压力,加快火焰传播速度。选择合适的点火提前角,可使燃烧在更小的容积下进行,使燃烧终了的温度、压力更高。且燃气膨胀充分,热转变为功的量多,热效率提高,发动机功率、转矩增大,有效耗油率降低。

压缩比提高后,会增加未燃混合气自燃的倾向,容易产生爆燃。为此,要求改善燃烧室的设计,并提高汽油的辛烷值。如果压缩比超过 10 以上,热效率提高程度减慢,机件的机械负荷过大,排放污染严重。因此,应选择合适的压缩比。

8. 汽缸直径

汽缸直径增大,火焰传播距离长,从火焰中心形成到火焰传播至末端混合气的时间增长;直径加大,面容比减小,传给冷却水的热量减少,爆燃的倾向增加。通常汽油机直径在 100mm 以下。此外,适当布置火花塞位置,或采用多火花塞,可以缩短火焰传播距离,减少爆燃倾向。

9. 汽缸盖、活塞材料及燃烧室积炭

铝合金比铸铁导热性好。汽缸盖、活塞采用铝合金材料,可使燃烧室表面温度降低,热负荷明显减小,降低爆燃倾向。

在发动机工作过程中,如果燃烧不完全的燃油和窜入燃烧室的机油,在氧气和高温作用下,凝聚在燃烧室壁面及活塞顶部,就会形成积炭。积炭不易传热,温度较高,对混合气有加热作用,并且积炭所占体积减小了燃烧室容积,从而使压缩比有所提高。这些都使爆燃倾向增加。积炭表面温度很高,易引起热面点火。因此,使用中应注意及时清除积炭。

四、汽油机的燃烧室

燃烧室的结构布置,对汽油机的工作过程、动力性和经济性有很大影响。

(一) 燃烧室的布置

1. 燃烧室结构紧凑

紧凑性用面容比和火焰传播距离来衡量。面容比小,结构紧凑,散热损失少,热效率高,火焰传播距离短,爆燃趋势减弱。

2. 产生适宜涡流

燃烧室内混合气的涡流运动,可以提高工质流动和火焰传播速度,缩短燃烧时间,减小爆燃倾向。

3. 适当的火花塞位置

火花塞的位置应使火焰传播的距离尽量短,尽量置于中心且靠近排气门。因为排气门在燃烧室内为一个热点,易形成爆燃中心。火花塞电极应能够受到进气冷却,并及时消除电极附近的燃烧产物。

4. 充气效率高

进气道的布置尽量减小进气阻力,提高充量系数,燃烧室的形状应考虑允许有较大的进排气门直径,进气道尽量转弯少。

(二) 典型燃烧室

1. 楔形燃烧室

图4-9 为楔形燃烧室结构图。它的特点是:结构紧凑,火焰传播距离短、能形成挤气涡流,对末端混合气冷却作用较强,使爆燃倾向减小,可采用较高的压缩比。气门斜置(6°~30°),有利于增大气门直径,气道转弯少,进气阻力小,提高了充气性能。火花塞布置在楔形高处,便于利用新鲜混合气清除火花塞附近的废气,保证低速低负荷性能良好。但由于挤气面积内熄火区较大,HC 排量较多。混合气过于集中于火花塞处,燃烧初期压力升高率较大,工作粗暴,NO_x 排放较高。

楔形燃烧室具有较高的动力性和经济性。

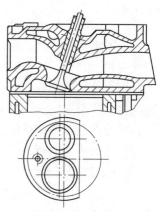

图4-9 楔形燃烧室

2. 浴盆形燃烧室

图 4-10 为浴盆形燃烧室结构图。它的特点是：形状像椭圆形浴盆。挤气面积比楔形小，挤气气流效果较差，且气门尺寸受限制。燃烧室面容比较大，火焰传播距离较长，不利于采用高压缩比，且燃烧时间较长，压力升高率较低，动力性、经济性不高，HC 排放较多，但 NO_x 排放较少。制造工艺好，便于维修。

3. 半球形燃烧室

图 4-11a) 为发动机半球形燃烧室结构图。它的特点是：形状呈半球形，结构紧凑。与前两种相比，面容比最小，加之火花塞布置于燃烧室中央，火焰传播距离最短。进排气门均斜置，允许较大气门直径。进气道转弯少，充气效率高。火花塞附近容积较大，易使压力升高率大，工作粗暴。气门双行排列，使配气机构复杂。这种燃烧室没有挤气面，压缩时涡流较弱、低速、低负荷稳定性差，低速大负荷时易发生爆燃。

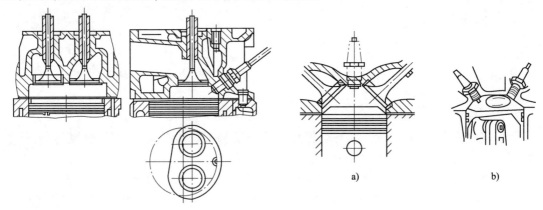

图 4-10　浴盆形燃烧室　　　　　　　图 4-11　半球形燃烧室

在半球形燃烧室中常采用双火花塞如图 4-11b) 所示，距燃烧室中心等距离布置两只火花塞(相距 1/2 直径)，使火焰传播距离减小。这样可以适当推迟点火时间，提高了点火时混合气温度和压力，改善着火性能，燃烧持续时间变短，提高发动机性能。

总之，半球形燃烧室动力性、经济性好，HC 排放量少，高速适应性强。

(三) 其他类形燃烧系统

1. 火球高压缩比燃烧室

如图 4-12 所示，缸盖上凹入的排气门下方为火球燃烧室。它直径小，形状紧凑，有一定挤气面积，能形成挤气紊流。进气门下方容积较小，通过一浅槽与燃烧室连通。压缩过程，部分进入进气门下方的混合气，通过浅槽切向进入燃烧室，产生涡流运动。当活塞下行时，燃气以高速形成反流，使燃烧速度大大加快。与普通燃烧系统相比，允许使用高压缩比而不引起热面点火或爆燃，耗油率低，排放污染少，可燃烧稀薄均匀混合气，空燃比为 19～26。

但火球燃烧室要求使用高辛烷值汽油，对缸内积炭较敏感。

2. CVCC 分层燃烧系统

本田分层燃烧系统 CVCC 如图 4-13 所示。燃烧室分成主燃烧室和副燃烧室两部分。副燃烧室内装有辅助进气门和火花塞，室内有 5 个火焰孔与主燃烧室相通。工作中，供给副燃烧室少量浓混合气($\alpha = 12.5 \sim 13.5$),主燃烧室供给稀混合气($\alpha = 20 \sim 21.5$),通过火焰孔适当混合,在副燃烧室内及火焰孔附近形成较浓的中间混合气层。点火后,副燃烧室混合气着火,并从火焰孔喷出火焰,点燃主燃烧室的可燃混合气。燃烧室内无强烈的紊流,因而燃烧缓慢,最高燃烧温度仅为1200℃左右,使NO_X生成量减少(约为一般汽油机排放量的1/3)。与其他燃烧室相比,CVCC的主要优点是排放性能好。

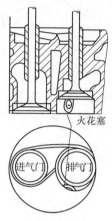

图4-12 火球燃烧室

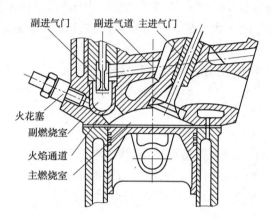

图4-13 CVCC分层燃烧系统

模块小结

燃烧过程是发动机整个工作循环的主要过程,燃烧过程进行的好坏对发动机的动力性、经济性有很大的影响。

汽油使用性能主要包括蒸发性、抗爆性、燃点和热值,它们主要取决于汽油的组成成分。

混合气中含燃料量的多少称为混合气浓度。混合气的浓度通常用过量空气系数或空燃比来表示。

过量空气系数是指在发动机工作中,实际供给的空气质量与理论上燃料完全燃烧时所需的空气质量之比。过量空气系数用α或ϕ_{at}表示。

空燃比是指混合气中的空气质量与燃料质量之比。

发动机各种工况对混合气浓度的要求不同:车用汽油机在正常运转时,在小负荷和中等负荷工况下,要求燃料供给系统能随着负荷的增加,供给由浓逐渐变稀的混合气。当进入大负荷直到全负荷工况下,又要求混合气由稀变浓,最后加浓到保证发动机发出最大功率。

火花塞跳火点燃可燃混合气,形成火焰中心。火焰按一定速度连续地传播到整个燃烧室的空间。在此期间,火焰传播速度及火焰前锋的形状均没有急剧变化,这种状况称为正常燃烧。

汽油机的不规则燃烧:在正常运转情况下,内燃机各循环之间存在燃烧差异,各缸之间也存在燃烧差异。

汽油机的不正常燃烧有爆燃燃烧和热面点火(表面点火)。

汽油机燃烧过程中,火焰前锋以正常的传播速度向前推进,使得火焰前方未燃的混合气(末端混合气)受到已燃混合气强烈的压缩和热辐射作用,加速其先期反应,并放出部分热量,使其本身的温度不断升高,以致于在正常的火焰到达之前,末端混合气内部最适宜着火的部位,已出现一个或多个火焰中心,这种现象称为爆燃。

在汽油机中,凡是不靠电火花点火而由燃烧室炽热表面(如过热的火花塞绝缘体和电极、排气门、炽热的积炭等)点燃混合气而引起的不正常燃烧现象,称为热面点火。

燃烧室的结构布置,对汽油机的工作过程、动力性和经济性有很大影响。

楔形燃烧室的特点是:结构紧凑,火焰传播距离短、能形成挤气涡流,对末端混合气冷却作用较强,使爆燃倾向减小,可采用较高的压缩比。楔形燃烧室具有较高的动力性和经济性。

浴盆形燃烧室的特点是:形状像椭圆形浴盆。挤气面积比楔形小,挤气气流效果较差,且气门尺寸受限制。燃烧室面容比较大,火焰传播距离较长,不利于采用高压缩比,且燃烧时间较长,压力升高率较低,动力性、经济性不高,HC 排放较多,但NO_x排放较少。制造工艺好,便于维修。

半球形燃烧室的特点是:形状呈半球形,结构紧凑。与前两种相比,面容比最小,加之火花塞布置于燃烧室中央,火焰传播距离最短。低速大负荷时易发生爆燃。半球形燃烧室动力性、经济性好,HC 排放量少,高速适应性强。

思考与练习

1. 汽油的主要使用性能有哪些?如何评价?
2. 什么是混合气?汽油机对混合气有哪些要求?
3. 为什么说汽油机在低速、大负荷时易发生爆燃?
4. 汽油机的正常燃烧过程分几个阶段?各阶段有何特点?
5. 什么是不正常燃烧?有何危害?使用中应采取哪些防止措施?
6. 改善汽油机燃烧过程的目的是什么?措施有哪些?
7. 汽油机的排气污染物主要有哪些?如何产生的?
8. 汽油机排气污染的控制措施有哪些?
9. 不同结构燃烧室各有何特点?对燃烧过程有何影响?

模块五　柴油机混合气的形成与燃烧

学习目标

1. 能准确叙述柴油的使用性能；
2. 能准确叙述柴油机混合气的形成；
3. 熟知柴油机的燃烧过程及影响因素；
4. 熟知柴油机的燃烧室对燃烧的影响及类型。

建议课时

5 课时。

一、柴油的使用性能

车用柴油机使用的燃料为轻柴油。柴油的使用性能对柴油机的燃烧有重要影响。柴油的使用性能主要包括发火性、蒸发性、黏度和凝点，它们主要取决于柴油的组成成分。

（一）柴油的发火性

发火性是指柴油的自燃能力，用十六烷值表示。发火性好的柴油，燃烧过程的着火延迟期短，柴油机工作柔和。十六烷值过高的柴油中，含不易蒸发的重质馏分多，蒸发性较差，容易高温裂解，会导致排气冒黑烟，经济性下降。车用柴油机十六烷值一般在 40～60。

（二）柴油的蒸发性

柴油的蒸发性直接影响可燃混合气的形成，对燃烧过程也有一定的影响。

与汽油一样，柴油的蒸发性通常也用馏程表示，主要以 50%馏出温度、90%馏出温度和 95%馏出温度作为评价柴油蒸发性的指标。

50%馏出温度低的柴油蒸发性好，有利于混合气的形成和燃烧的进行，对发动机的冷起动也有利，但柴油中蒸发性好的组成成分其发火性差。90%馏出温度和 95%馏出温度越高，说明柴油中不易蒸发的成分越多，燃烧后容易导致排气冒烟和产生积炭。因此，要求柴油 50%馏出温度应适宜，90%馏出温度和 95%馏出温度应比较低。

(三) 柴油的黏度

柴油的黏度决定其流动性。黏度低,流动性好,柴油从喷油器喷出时容易雾化,但黏度过低会失去必要的润滑能力,会加剧喷油泵和喷油器中精密偶件的磨损,增大精密运动副的漏油量。黏度过大,流动阻力大,滤清困难,喷雾不良。

(四) 柴油的凝点

柴油的凝点是指其失去流动性的温度。柴油在接近凝点时,由于柴油中的石蜡结晶颗粒物的量增加,流动性严重下降,会导致供油困难甚至供油中断,柴油机无法正常工作。为保证柴油机在较低的温度下能正常工作。要求柴油应有较低的凝点。

国产轻质柴油按凝点编号。凝点也是选用柴油的主要依据,一般要求柴油的凝点应比最低的环境温度低 3~5℃,见表 5-1。

表 5-1 轻质柴油的选用

牌 号	适用范围	牌 号	适用范围
10 号	有预热设备的柴油机	-20 号	气温在 -14℃ 以上地区
5 号	气温在 8℃ 以上地区	-35 号	气温在 -29℃ 以上地区
0 号	气温在 4℃ 以上地区	-50 号	气温在 -44℃ 以上地区
-10 号	气温在 -5℃ 以上地区		

二、柴油机混合气的形成

(一) 柴油机混合气的形成

1. 混合气形成特点

柴油黏度大,不易蒸发,无论是传统柴油机还是电控柴油机,都必须借助高压油泵提高其压力,并在各缸接近压缩行程终了时,由喷油器将一定量的柴油喷入汽缸,使之在汽缸内部与高温高压的流动空气混合,形成可燃混合气,自行着火燃烧。

与汽油机相比,柴油机混合气的形成时间短,直接喷入汽缸的柴油很难与空气进行良好混合,所以形成的混合气不均匀。

柴油机工作时,柴油喷入汽缸后,由于缸内温度远远高于柴油的自燃温度,所以在喷油器喷油结束之前就会着火燃烧,形成边喷油、边雾化、边混合、边燃烧的工作状况。

2. 混合气形成方式

1) 空间雾化混合

将燃油喷向燃烧室空间,形成空间雾化油滴,并从高温空气中吸热蒸发、扩散,与空气形成混合气。为了使混合均匀,要求喷雾要细碎,喷注射程和形状与燃烧室相匹配,燃烧室内有一定的空气运动。采用多孔喷油器形成多处喷注,并组织汽缸内的涡流运动,以增加燃油与空气混合的机会,如图 5-1 所示。

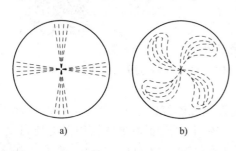

图 5-1 空气运动对混合气形成的影响

喷注油滴着火后,旋转的气流将燃烧产物搅散,并及时向未燃烧完的油滴提供新鲜空气,提高空气利用率,加速混合气的形成和燃烧。

必须指出,汽缸内的涡流运动并非越强越好。涡流过强,会使燃烧产物与相邻的喷注油滴重叠,从而影响燃烧,同时使进气阻力加大,充气系数下降。

2)油膜蒸发混合

将大部分燃油喷涂到燃烧室壁面上,形成一层油膜,油膜受热蒸发气化,在燃烧室中强烈的涡流作用下,燃油蒸气与空气形成较均匀的可燃混合气。

通常车用柴油机在工作中,两种混合方式兼而有之,只是以其中一种方式为主要方式。

(二)柴油机混合气浓度的控制

与汽油机相比,柴油机对混合气浓度的要求并不苛刻,所以在传统柴油机上对混合气浓度根本不进行控制,即使在电控柴油机上,也只是部分采用了进气节流控制(见本书第二章相关内容)。通过控制柴油机小负荷时的进气量来控制混合气浓度。

柴油机工作中,对喷油量的控制就是控制负荷大小。在装有高压油泵(直列柱塞泵或转子分配泵)的非电控柴油机上,喷油量控制是由加速踏板、机械调速器等机械装置控制高玉油泵的供油量来实现的。在装用泵喷嘴的非电控柴油机上,喷油量控制则是由加速踏板、机械调速器等控制输送给喷油器的油压来实现的。

电控柴油机对供(喷)油量控制可分为"位置控制"、"时间控制"、"时间—压力控制"或"压力控制"。采用"位置控制"和"时间控制"的柴油机电控系统中的供(喷)油压力与传统柴油机供给系统相同,称为常规压力电控喷油系统或第一代柴油机电控燃油喷射系统。采用"时间—压力控制"或"压力控制"的柴油机电控系统可对喷油压力进行控制,且喷油压力较高,称为高压电控喷油系统或第二代柴油机电控燃油喷射系统。

"位置控制"是指通过控制燃油供给系统中油量调节机构的位置来控制喷油量,保留了传统柴油机供给系统(直列柱塞泵、分配泵、泵喷嘴系统等)的基本组成和结构,只是取消了机械控制部件调速器等,在原有的喷油泵基础上,增加传感器、电控单元、电子调速器或电/液控制执行元件等组成的控制系统,使控制精度和响应速度得以提高。其优点是柴油机的结构几乎不需改动。生产继承性好,便于对现有柴油机进行升级换代;缺点是"位置控制"系统响应慢、控制频率低、控制自由度小、控制精度还不够高,喷油压力也无法独立控制。

在采用"时间控制"的第一代柴油机电控燃油喷射系统中。也是基本保留了传统燃油供给系统的组成和结构,通过设置传感器、电控单元、高速电磁阀和有关电/液控制执行元件等,组成数字式高频调节系统,利用电磁阀控制高压油泵向喷油器供油和停止供油的时刻来控制供油量,其控制自由度和控制精度都是"位置控制"所无法比拟的,但供(喷)油压力还无法独立控制。

第二代柴油机电控燃油喷射系统基本改变了传统燃油供给系统的组成和结构,主要以电控共轨(各缸喷油器共用一个高压油轨)式喷油系统为特征,对喷油量的控制通过控制喷油器喷油和停止喷油的时刻或控制喷油压力来实现。发动机工作时,保持共轨压力不变,通过控制喷油器喷油和停止喷油的时刻来控制喷油量称为"时间—压力控制";保持喷油器喷油时间不变,通过控制共轨压力来控制喷油量称为"压力控制"。

各种柴油机电控燃油喷射系统的区别在于控制功能、传感器的数量和类型、执行元件的类型、ECU控制软件、主要电控元件的结构原理和安装位置,但基本组成与其他电子控制系统一样,也是由传感器、ECU和执行元件三部分组成,如图5-2所示。各种传感器用来检测柴油机与汽车的运行状态,并将检测结果转换成电信号输送给ECU。柴油机ECU主要是根据各传感器输入信号和内存程序,计算出供(喷)油量和供(喷)油开始时刻,并向执行元件发出指令信号。执行元件主要是执行ECU的指令,调节柴油机的供(喷)油量和供(喷)油正时。

供(喷)油量的控制是柴油机电控燃油喷射系统最主要的控制功能之一,各种柴油机电控燃油喷射系统对供(喷)油量的控制模式基本相同,在各种运行工况下,ECU根据发动机转速信号、负荷信号(加速踏板位置信号)和内存控制模型来确定基本供(喷)油量,再根据冷却水温度信号、进气温度信号、起动开关信号、空调开关信号、反馈信号等对供(喷)油量进行修正。基本供(喷)油量控制模型如图5-3所示。

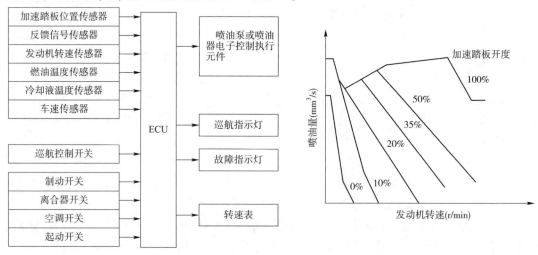

图5-2 柴油机电控燃油喷射系统的组成 图5-3 柴油机供(喷)油量控制模型

(三)柴油机混合气形成过程的控制

与汽油机相比,由于柴油机采用的是压缩自燃的着火方式,混合气的形成过程对柴油机的燃烧过程及其动力性、经济性和排放性影响更大,所以柴油机对混合气形成过程中的喷油正时、喷油压力、喷油过程、涡流强度等有更加严格的要求。混合气形成过程中的涡流强度控制通过进气涡流控制来实现,控制方法见本书模块四的相关内容。

1. 喷油正时的控制

喷油器的喷油正时(或高压油泵的供油正时)通常用喷油提前角(或供油提前角)来表示。是指从喷油器开始向汽缸内喷油(或高压油泵开始向喷油器供油),到活塞运行至压缩行程上止点之间,曲轴转过的角度称为喷油提前角(或供油提前角)。

在传统非电控柴油机中,喷油正时取决于高压油泵的供油正时。基本的供油正时是由组装发动机时对正正时标记来保证的,并在发动机工作中,由机械式的供油提前角自动调节器根据发动机转速变化自动调节供油正时。

电控柴油机对供(喷)油正时的控制可分为"位置控制"和"时间控制"两种类型。"位置控制"通过控制供油正时自动调节器中机械零件的"工作位置"来控制供(喷)油正时。在除采用"位置控制"的第一代柴油机电控燃油喷射系统外。均通过电控执行元件直接控制供(喷)油的开始时刻来来控制喷油正时,称之为供(喷)油正时的"时间控制"。

供(喷)油正时控制也是柴油机电控燃油喷射系统最主要的控制功能之一。在柴油机电控燃油喷射系统中,ECU根据发动机转速信号、负荷信号和内存的控制模型来确定基本的供(喷)油提前角。再根据反馈信号进行修正。柴油机基本供(喷)油提前角控制模型如图5-4所示。

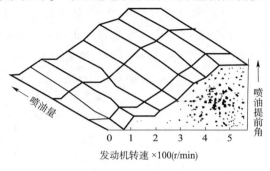

图5-4 柴油机基本供(喷)油提前角控制模型

2. 喷油压力的控制

只有在柴油机共轨式电控燃油喷射系统中,才能对喷油器的喷油压力进行独立控制,如图5-5所示。柴油机工作时,高压输油泵的供油量一般几倍于实际喷油量以保证供油的可靠性,多余的燃油经回油管流回油箱。高压输油泵的出口端装有一个用来调节共轨中油压的调压阀,ECU根据柴油机的转速、负荷等控制调压阀的开度,从而增加或减少高压输油泵输送给共轨的油量,实现对共轨中油压的控制,以保证供油压力稳定在目标值,使喷油压差保持不变。此外,ECU还根据燃油压力传感器信号对共轨中的油压进行闭环控制。

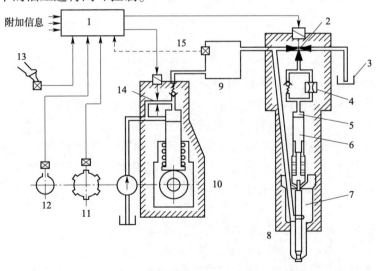

图5-5 柴油机喷油压力的控制

1-ECU;2-三通电磁阀;3-油箱;4-节流孔;5-控制室;6-控制活塞;7-喷油器针阀偶件;8-喷油器;9-共轨;10-高压输油泵;11-曲轴位置传感器;12-凸轮轴位置传感器;13-加速踏板位置传感器;14-调压阀;15-燃油压力传感器

3. 喷油过程的控制

喷油器喷射过程中的喷油速率和喷油规律对柴油机的动力性、经济性、排放和噪声等均有很大的影响。喷油速率是指喷油器在单位曲轴转角(或单位时间)内的平均喷油量,而喷油规律是指喷油器的喷油速率随曲轴转角（或时间）的变化规律。

几种典型喷油规律如图5-6所示。喷油规律Ⅰ：喷油延续时间短，喷油速率大，曲线变化陡，柴油机经济性和动力性好；但工作粗暴、噪声大。喷油规律Ⅱ：开始喷油速率较大，曲线上升陡，柴油机工作粗暴；后期曲线下降平缓，喷油速率过小，使喷油延续时间长，补燃多，柴油机经济性下降。喷油规律Ⅲ：开始喷油速率较低，曲线变化平缓，柴油机工作柔和；后期喷油速率加大，对保证燃烧过程在上止点附近进行，以获得良好的动力性、经济性和排放性。

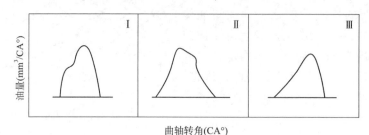

图 5-6 典型喷油规律

为满足日益严格的排放法规要求，对喷油速率和喷油规律的控制，已成为柴油机电控燃油喷射系统的重要功能之一。目前，在柴油机共轨式电控燃油喷射系统中，为降低排放污染和噪声，控制喷油速率和喷油规律的主要措施是：实现预喷射、后喷射甚至多次喷射功能。

预喷射是指主喷射前百万分之一秒内向缸内喷射少量柴油。通过对预喷射量的控制来实现对着火延迟期（燃烧过程分着火延迟期、速燃期、缓燃期和补燃期）内混合气形成数量的控制，从而达到防止柴油机工作粗暴、减小噪声的目的。此外，预喷射的柴油喷入汽缸后首先着火燃烧，对燃烧室进行预热后再进行主喷射，使主喷射阶段喷入汽缸的柴油着火更容易，有利于形成边喷射、边形成混合气、边燃烧的平缓燃烧过程，从而防止柴油机在速燃期缸内压力的急剧变化，有利于降低燃烧噪声。

后喷射是指在膨胀过程中进行的喷射。后喷射的柴油燃烧放出的热量，可提高柴油机在缓燃期和补燃期的温度，从而降低 HC 和 CO 的排放量。

多次喷射是指在柴油机的一个工作循环内进行若干次（一般多于3次）喷射，可以根据柴油机工况对喷油速率和喷油规律进行精确控制。

实现预喷射、后喷射甚至多次喷射功能的关键，就是要求电控系统的执行元件必须有很好的灵敏性（即反应速度），能在很短的时间内完成多次切换。此外，电控系统对喷油量的控制应有较高的精度，即要求能控制的最小供油量要足够小。在此介绍两种实现喷油规律控制的典型实例。

1）一汽大众宝来轿车 1.9L TDI 柴油机泵喷嘴电控系统

宝来轿车柴油机电控泵喷嘴如图5-7所示，泵喷嘴安装在汽缸盖中，进、回油道均在汽缸盖内。泵喷嘴主要由驱动机构、高压泵、控制电磁阀和喷油嘴4部分组成。泵喷嘴驱动机构包括喷射凸轮、滚柱式摇臂、球销等，其功用是驱动泵喷嘴中的高压泵完成泵油；高压泵由泵油柱塞和高压腔组成，其功用是产生高压油；控制电磁阀的功用是控制泵喷嘴的喷油正时和喷油量；喷油嘴主要由针阀、针阀体、喷嘴弹簧、收缩活塞和针阀缓冲元件等组成。喷油嘴的针阀和针阀体与普通柴油机喷油器相同，收缩活塞和针阀缓冲元件用于控制喷油器的喷油规律。

泵喷嘴的工作过程分为3个阶段:进油阶段、预喷射阶段、主喷射阶段。

(1)进油阶段。喷射凸轮的凸峰转过之后,泵油柱塞在柱塞弹簧压力作用下向上移动,高压腔内容积增大。此时,高速电磁阀处于初始的开启状态,进油管到高压腔的通道打开,使柴油进入高压腔,为喷射做好准备。

(2)预喷射阶段。在泵喷嘴进油结束后,喷射凸轮通过滚柱式摇臂驱动泵油柱塞向下移动,初期由于高速电磁阀仍未关闭,高压腔内的部分柴油被压回到进油管,直到 ECU 控制的高速电磁阀通电、高速电磁阀关闭高压腔到进油管的通道为止;然后高压腔内开始产生压力,当压力达到 18MPa 时,针阀承压锥面上承受的上升力(油压分力)高于喷嘴弹簧力,针阀上升开启喷油孔,预喷射开始。

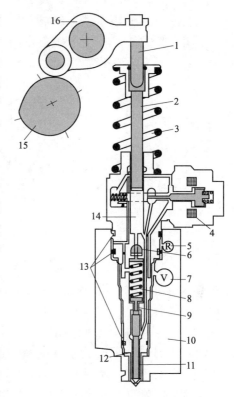

缓冲活塞作用原理如图 5-8 所示。喷油开始前,喷嘴弹簧将缓冲活塞和针阀压至最下端位置,使针阀关闭喷油孔,此时在针阀室上部充满柴油;开始喷油时,针阀和缓冲活塞一起上升,针阀室上部的柴油被压回喷嘴弹簧室,由于缓冲活塞与喷嘴内孔之间泄油间隙的节流作用,使针阀的上升速度受到阻尼,喷油速率的增长平缓。针阀上升初期[图 5-8a)],泄油间隙足够大、节流作用小,缓冲活塞对针阀上升的"阻尼"作用较小,但当缓冲活塞下部开始进入针阀室与喷嘴弹

图 5-7 宝来轿车柴油机电控泵喷嘴
1-球销;2-泵油柱塞;3-柱塞弹簧;4-高速电磁阀;5-回油管;6-收缩活塞;7-进油管;8-喷嘴弹簧;9-缓冲活塞;10-缸盖;11-针阀;12-隔热密封垫;13-O 形环;14-高压腔;15-喷射凸轮;16-滚柱式摇臂

簧室之间直径较小的内孔时[图 5-8b)],由于泄油间隙减小、节流作用增强,缓冲活塞对针阀上升的"阻尼"作用明显增大,针阀升程增加更缓慢。

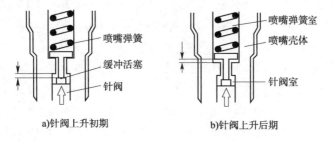

a)针阀上升初期　　b)针阀上升后期

图 5-8 缓冲活塞作用原理

预喷射阶段的喷油量很少,时间很短。收缩活塞的功用就是将喷油分成预喷射和主喷射两个阶段,同时限制预喷射时间,提高主喷射时的喷油压力。收缩活塞作用原理如图 5-9 所示,预喷射开始后,高压腔内的油压作用在收缩活塞上,随着泵油柱塞压油行程的继续进行,高压腔内的油压进一步提高,当达到一定压力时,收缩活塞下移,高压腔内容积增大,使

高压腔内的油压瞬间下降,针阀关闭喷油孔,预喷射结束。此外,由于收缩活塞的下移增加了喷嘴弹簧的预紧力,在预喷射后的主喷射阶段,使针阀上升开启喷油孔所需的油压必然比预喷射过程中的油压高。

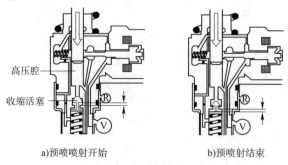

a) 预喷喷射开始　　　b) 预喷射结束

图 5-9　收缩活塞作用原理

(3) 主喷射阶段。预喷射结束后,高速电磁阀仍然关闭,随着泵油柱塞继续压油,高压腔内油压立即重新上升,当油压上升到约 30MPa 时,针阀再次上升开启喷油孔,主喷射阶段开始。在主喷射阶段中,由于喷油孔的节流作用,喷油压力会进一步提高,最高压力可达 205MPa。当喷油量达到预期控制目标时,ECU 切断高速电磁阀电路,电磁阀开启,高压腔的柴油回流到进油管,压力迅速下降,喷嘴弹簧迅速使针阀关闭喷油孔,同时收缩活塞和缓冲活塞也回到初始位置,主喷射阶段结束。

由泵喷嘴的工作过程可知。泵喷嘴中的收缩活塞将喷射过程分为预喷射(前期喷射)和主喷射(后期喷射)两个阶段。缓冲活塞则可控制针阀上升时的升程变化,使该泵喷嘴电控系统具有"先缓后急"的理想喷油规律。

2) 奥迪轿车装用的 3.0L TDI 柴油机压电式共轨系统

压电式共轨系统是指采用了压电技术的共轨系统。主要是控制喷油器的执行元件采用了压电元件,用压电元件作为控制执行元件的喷油器称为压电式喷油器。由于压电元件像一个在电压下立即就能充电的电容器,它在施加电压以后的 0.1ms 内就会发生形变,所以压电式共轨系统的响应速度快。也正是由于压电元件具有快速的响应性,才能实现高频率切换(切换频率为电磁阀的 5 倍)和高精度控制,压电式喷油器 1 个工作循环喷射次数可达 5 次(电磁阀式喷油器为 3 次),最小喷射间隔时间可达 0.1ms。最小喷射量可控制在 0.5mm³ 以下。

压电元件具有正向和反向压电效应,当压电元件受到外力变形时,会在压电元件两端产生电压,如压电式进气管绝对压力传感器、爆燃传感器即是利用这一原理来产生信号的;反之,当在压电元件两端施加电压时,压电元件就会发生形变,给压电元件施加正向电压时其体积膨胀。给压电元件施加反向电压时则其体积收缩,压电式喷油器就是利用这一原理来改变喷油器针阀升程,从而实现对喷油量和喷油正时控制的。此外,利用压电元件快速响应的能力,通过压电元件通、断电多次切换,即可实现多次喷射,以满足最佳喷油规律的要求。

用压电元件控制针阀升程的喷油器如图 5-10 所示。此类喷油器在缸内直接喷射式汽油机和柴油机上均已得到应用,传统的柴油机喷油器,都是利用燃油压力作用在针阀中部的承压锥面上,来使针阀开启实现喷油,而用压电元件控制针阀升程的喷油器,则是利用压电元件直接控制针阀升程来实现喷油,因此,用压电元件控制针阀升程的喷油器,针阀中部无承压锥面和相应的压力室,称之为无压力室喷油器(VCO 喷油器)。VCO 喷油器无增压功能,只适用高压柴油共轨系统,但在所有的柴油机共轨式电控燃油喷射系统中,均可利用压电元件取代电磁阀,以提高其控制的精度和响应速度。

三、柴油机的燃烧过程

由于柴油机的燃烧过程与混合气形成同时进行,所以比汽油机更复杂。燃烧过程一般是在压缩行程上止点附近的几十度曲轴转角内完成,根据燃烧过程中缸内压力的变化特点,柴油机的燃烧过程通常分为着火延迟期、速燃期、缓燃期和补燃期 4 个阶段,如图5-11 所示。

(一)着火延迟期

从喷油器开始喷油的 1 点,到混合气着火形成火焰核心的 2 点,这段时期称为着火延迟期(图5-11 中第Ⅰ阶段)。在着火延迟期内,混合气尚未着火,仅进行着火前的物理化学准备,其放热很小,缸内气体压力和温度变化主要取决于压缩行程终点的压力和温度。

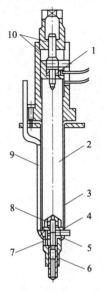

图5-10 VCO 喷油器
1-石英测量垫片;2-压电执行器;3-外壳;4-密封垫;5-紧固螺套;6-针阀体;7-压杆;8-压帽;9-高压油管;10-差动螺纹

着火延迟期的长短一般用曲轴转角或时间表示,对柴油机的燃烧过程有极大的影响。着火延迟期越长,在此期间喷入汽缸的柴油量越多,形成的混合气数量也越多,而这些混合气在速燃期内几乎同时燃烧,使压力增长率和最高压力升高,机件承受的机械负荷增大,柴油机工作粗暴。

(二)速燃期

从汽缸内开始着火的 2 点,到出现最高燃烧压力的 3 点,这段时期称为速燃期(图5-11 中第Ⅱ阶段),或称为急燃期。

速燃期是柴油机燃烧的重要时期,直接影响发动机的动力性、经济性和排放性。在速燃期内,混合气着火后,形成多个火焰中心,各自向四周传播,使混合气迅速燃烧,放出大量热量,接近定容加热过程,使汽缸内温度、压力迅速升高。速燃期结束时,缸内最高压力可达 6~9MPa。速燃期内压力升高率过大,会导致柴油机运转不平稳,燃烧噪声增大;同时也会增加机件的冲击负荷,使其使用寿命降低。此外,速燃期内过大的压力升高率和最高压力,必然导致燃烧最高温度的升高,使排气中的 NO_x 含量增加。但压力升高率太小,则热效率降低,发动机动力性下降。

柴油机速燃期内的压力升高率,一般应控制在每度曲轴转角 400~600kPa 的范围内。

(三)缓燃期

从汽缸内出现最高压力的 3 点,到出现最高温度的 4 点,这段时期称为缓燃期(图5-11 中第Ⅲ阶段)。

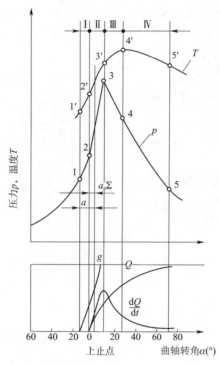

图 5-11 柴油机的燃烧过程
1-开始喷油;2-开始着火;3-最高压力点;4-最高温度点;5-燃烧基本完成

在此期间,虽然喷油过程已结束,但缸内仍有大量未燃烧的混合气继续燃烧,使缸内温度继续升高,最终达到最高温度(1700~2000℃)。但由于此阶段的燃烧是在汽缸容积不断增大的膨胀行程进行。而且随着燃烧的进行,燃烧废气不断增多,氧气及柴油浓度不断下降,尤其到缓燃期的后期,燃烧速度显著减慢,缸内压力也迅速降低。

缓燃期结束时,大部分柴油已燃烧完毕,放热量约为循环加热量的 70%~80%。

(四) 补燃期

从汽缸内出现最高燃烧温度的 4 点。到燃烧基本结束的 5 点,这段时期称为补燃期(图 5-11 中第Ⅳ阶段)。补燃期的终点很难确定。一般规定放热量达到循环加热量的 95%~97% 时,即可认为补燃期结束。

由于车用柴油机的转速很高,燃烧过程所占时间短,混合气又不均匀,因此补燃期也比较长。补燃期中燃烧放出的热量,不仅很难有效利用,反而使零件热负荷增大,排气温度升高,易使发动机过热,因此,应尽量缩短补燃期。

四、影响柴油机燃烧过程的因素

(一) 燃油方面的因素

车用柴油均采用轻柴油。轻柴油的品质和使用性能的好坏,对燃烧有重要影响。有关轻柴油的发火性、蒸发性、黏度和凝点在本模块的项目 1 中已经介绍,不再赘述。

(二) 结构方面的因素

1. 压缩比的影响

压缩比较大时,压缩终点的温度和压力都比较高,使燃烧的滞燃期缩短而内燃机工作比较柔和。不同压缩比对滞燃期的影响如图 5-12 所示。同时,压缩比的增大,还能提高发动机工作的经济性和改善起动性能。如果压缩比过高,燃烧最高压力会过分增大,使曲柄连杆机构承受过高的负荷,故影响发动机的使用寿命。

2. 喷油器结构参数的影响

1) 针阀升程和头部形状

针阀升程是喷油器的一个重要结构参数,其大小对柴油机工作性能及喷油嘴使用寿命

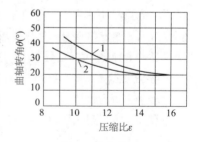

图 5-12 压缩比对燃烧滞燃期的影响
1-十六烷值为 40;2-十六烷值为 60

都有一定影响。

针阀升程的大小应保证密封座面处有必要的流通截面。如果升程过小,则油流截面较小,喷油过程中座面节流损失严重,会使压力室内油压降低过多而影响喷雾质量。在同样的喷油量中,会使喷油延续时间增加,所以针阀升程应足够大,以保证一定的油流截面及尽可能小的流动阻力。但针阀升程过大,会使调压弹簧的应力增加,并将加大针阀上升时撞击支承面,以及关闭时对密封面的冲击载荷,引起磨损加剧,缩短使用寿命;同时升程过大,也会延迟针阀关闭时间,增加了燃气倒流,影响性能并能污染针阀偶件,容易引起喷嘴漏油、过热、积碳,以及针阀卡死等故障。因此在保证有足够的流通截面积的前提下,应尽可能减少针阀升程。

孔式喷油器针阀头部形状通常有单锥面和双锥面之分。单锥面见图 5-13 中虚线所示,这种结构在针阀升起时,针阀体 T 截面处,因环形面积较小,容易在这里产生截流。采用图 5-13 中实线所示双锥面结构,能使薄弱环节 T 截面处的流通截面得到改善。为减少节流损失,要求座面有足够的流通截面,T 截面处的流通截面 A_1 与喷孔截面 A_0 之比 $A_1/A_0 = 1.5 \sim 2.5$。

2)压力室容积

针阀密封座面以下和喷孔以上的空间,称为压力室容积(图 5-14)。这部分容积的大小,对柴油机性能有一定的影响。因为在燃烧过程的后期,喷油器的针阀虽已关闭,但压力室内总储有一定量燃油,尤其是孔式油嘴,这部分燃油受高温影响而膨胀或蒸发,因此其中一部分柴油也会进入燃烧室。这部分燃油不是在高压下呈雾状喷入,而是以滴漏的形式流入燃烧室,因此不能与空气正常混合燃烧,这样不但使柴油机性能变坏,而且会产生更多不完全燃烧的 HC 及 CO 等排放污染物。同时易增加喷油器头部积碳现象。压力室容积越大,燃烧室中滴漏的柴油越多,有害物质排放越多。为了减小压力室容积,近年来出现了小压力室或无压力室的喷油器。

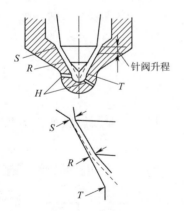

图 5-13 孔式喷油器针阀头部形状

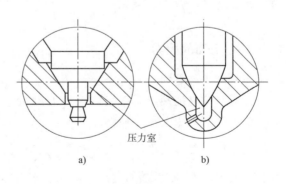

图 5-14 压力室容积

3)针阀开启压力、喷射压力和关闭压力

喷油器调压弹簧预紧力调定后,针阀开启压力基本上是定值,而喷射压力则在喷油延续期内,受喷油器端压力室压力波的影响,是变值。

喷射压力大,能提高燃油雾化质量,有利于减轻柴油机高低速性能匹配矛盾,促进混合气形成,利于柴油机的燃烧。

提高针阀开启压力,虽然在一定程度上能提高喷射压力,但对非直喷式柴油机效果不明显。直喷式柴油机对开启压力较为敏感,开启压力有提高的趋势。而且适当提高针阀开启压力,能同时提高喷射压力,有利于改善直喷式柴油机低速性能。但过分追求高的开启压力,对柴油机性能改善收效不大,相反会给燃油系零件的可靠性和耐久性带来不良后果。

喷油结束后,针阀关闭前,压力室内应保持一定压力。如果关闭压力太低,在针阀落座过程中,会因为喷射压力过低,使后期喷雾质量变差,在一定程度上影响燃烧过程或使燃气倒流。

3. 活塞材料的影响

铸铁活塞与铝合金活塞相比,其温度较高,可以缩短滞燃期。因此,其他条件相同的柴油机,采用铸铁活塞时工作比较柔和。

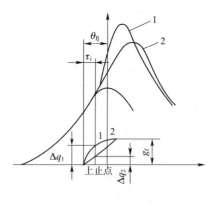

图 5-15 喷油规律对燃烧过程的影响
g_f-每循环供油量;θ_f-喷油提前角;τ_i-滞燃期

4. 喷油规律的影响

合理的喷油规律,必须与燃烧室合理配合,因而每种柴油机都按各自特点,有不同的喷油规律。尤其是直喷式燃烧室。其喷油规律对汽缸内平均压力升高率有决定性影响。

图 5-15 所示为喷油规律对燃烧过程的影响。两种规律的喷油提前角及滞燃期均相同。曲线 1 所示为开始喷油很急,在滞燃期内喷入汽缸的燃油较多,平均压力升高率和最高燃烧压力都较大,工作粗暴;曲线 2 所示为先缓后急的喷油规律,当喷射持续角不变时,燃烧比较柔和。

喷油规律取决于喷油泵凸轮外形、喷油器结构及调整等。

(三)使用方面的因素

1. 喷油提前角的影响

喷油提前角对燃烧性能有直接影响。但测量它比较困难,一般测量供油提前角。供油提前角与喷油提前角相差一个喷油滞后角。

喷油提前角主要影响平均压力升高率$\frac{\Delta p}{\Delta \theta}$、最高燃烧压力$p_{max}$及发动机的燃油消耗率。

喷油提前角偏大,使得燃油喷入汽缸时,空气的压力和温度较低,着火延迟期较长,压力升高率和最高燃烧压力增大,导致柴油机工作粗暴。喷油提前角过大,使得柴油机冷起动和怠速时空气温度更低,导致起动困难,怠速不良。喷油提前角过大,还会使压缩负功增大、功率下降、油耗增加。

喷油提前角过小,则燃油不能在上止点附近燃烧完毕,补燃量增加,虽然$\frac{\Delta p}{\Delta \theta}$、$p_{max}$较低,但排气温度升高,废气带走的热量增加,散给冷却系的热量也增加,热效率明显下降。喷油提前角 θ_{fj} 对着火延迟角 φ_i、$\frac{\Delta p}{\Delta \theta}$ 及 p_{max} 的影响见图 5-16。

对于每一种运动情况,均有一个最佳喷油提前角。此时柴油机功率最大,燃油消耗率最小。正确的选择柴油机的喷油提前角,要根据柴油机的型式、转速、燃油消耗率、排放及噪声等,由试验确定。柴油机喷油提前角的大致范围是 15°~35° 曲轴转角。

喷油提前角对柴油各项性能的影响,其曲线走向通常并不一致。有利于提高经济性的提前角,往往对排放指标及噪声指标不一定是最佳。见图 5-17 是英国里卡多公司(Ricardo&CO Engineers Ltd)所作的试验。该试验对缸径为 90mm~140mm 非增压直喷式柴油机,在全负荷下获得最佳经济性及最低排放指标时,求得的平均动态喷油定时。它表明:

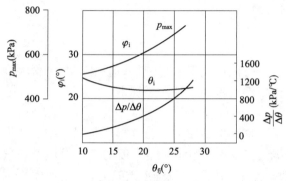

图 5-16 喷油提前角对燃烧的影响
θ_{fj}-喷油提前角;φ_i-着火延迟角

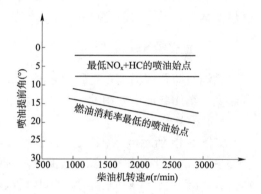

图 5-17 直喷式柴油机全负荷时动态喷油定时

(1)获得最低燃油消耗率的动态喷油提前角,随转速升高而增加,而最低 NO_X、HC 排放物时,所求得的动态喷油提前角则基本上不随转速变化。

(2)经济性最好所需的喷油提前角,比 NO_X、HC 排放量最低所需的喷油提前角要大,即喷油始点早。因此,如要使排气中 NO_X、HC 量下降,必须减小喷油提前角,通常这样做将使经济性有所牺牲。

为此,对各项指标都有严格要求的柴油机,在选择最佳喷油定时时,就不能只考虑经济性或排放指标,而应以获得良好的综合指标为准。

2. 转速的影响

转速升高时,由于散热损失和活塞环的漏气损失减小,使压缩终点的温度、压力增高;转速升高,也会使喷油压力提高,改善燃油的雾化。这些都使以秒计的滞燃期 τ_i 缩短;如果以曲轴转角计,则滞燃期 $\theta_i = 6n\tau_i$。

一般来说,转速增加使空气涡流运动加强,利于燃料蒸发、雾化及空气混合。但转速高,由于充气系数下降和循环供油量的增加,且燃烧过程所占曲轴转角可能加大,因而热效率下降。转速过低,也会由于空气运动减弱,使热效率降低。

3. 负荷的影响

当负荷增加时,循环供油量增加。出于转速不变、进入汽缸的空气量基本不变,空气过量系数值相对变小,而汽缸单位容积的混合气燃烧放热量增加,引起缸内温度上升,滞燃期缩短,工作柔和。但是,由于循环供油量增加,使喷油持续角增加,燃烧过程延长,并且不完全燃烧增加(φ_{at}小),热效率降低。负荷过大,过量空气系数φ_{at}值过小,因空气不足,燃烧恶化,排气冒黑烟,柴油机经济性进一步下降。

当冷起动及怠速运转时,缸内温度低,润滑油黏度较大,柴油机的摩擦损失较大,尽管无负荷,但循环供油量却不能太小;而且因缸内温度低,滞燃期增长,致使平均压力升高率较大,产生强烈振声,即所谓"惰转噪声"。惰转噪声是在怠速或低速小负荷运转条件下产生的特殊现象,随着负荷加大,柴油机热状态正常后,惰转噪声会自行消失。

五、柴油机的燃烧室

燃烧室的造型和喷油器的布置确定了混合气的形成方式。根据这两个特征,柴油机的燃烧室基本上分为两类,直接喷射式燃烧室和分开式燃烧室。

(一)直接喷射式燃烧室

燃烧室布置在活塞顶与缸盖之间形成的统一空间内,燃油直接喷入这一空间,进行混合和燃烧。车用柴油机常用的半开式燃烧室和球形燃烧室属于这类燃烧室。

1. ω形燃烧室

如图 5-18 所示,燃烧室的断面形状呈 ω 形。这种燃烧室的混合气形成是以空间雾化混合为主,燃油从多孔喷嘴喷出、大部分喷到燃烧室空间,并组织一定强度的进气涡流及挤气涡流,以加速混合气的形成。喷注的射程、燃烧室直径d_k和涡流强度要良好配合,如喷注射程较大而进气涡流较弱时,就会有相当多的燃油喷到燃烧室壁上;如果喷注射程较小而进气涡流较强,喷注燃油在燃烧室中的分布过于集中,这些对加速形成混合气都有影响。

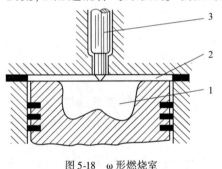

图 5-18 ω 形燃烧室
1-燃烧室;2-余隙空间;3-喷油器

主要特点:结构简单、面容比小,能形成挤气涡流,相对散热少,经济性好,冷起动容易。但涡流强度对转速比较敏感,难以兼顾高、低速时的性能,充气效率相对较低,工作粗暴。对喷油系统要求较高,排放污染较大。

2. 球形燃烧室

球形油膜燃烧室如图 5-19 所示,在活塞顶有一较深的呈球形的凹坑,采用单孔或双孔喷嘴,一般均配有螺旋进气道产生强进气涡流,如图 5-20 所示。

这种燃烧室混合气的形成是以油膜蒸发混合的方式(或称 M 过程)进行的,将大部分燃油顺涡流方向喷到燃烧室壁面上,在涡流的作用下,燃油均匀地涂在燃烧室壁上,形成一层很薄的油膜,只有一小部分从喷注中分散出来的燃油,以雾状分散在燃烧室空间,在高温空气中着火,形成火源,然后靠此火源点燃从壁面已蒸发出来并和空气混合的混合气。随着燃烧进行,产生大量热,辐射在油膜上,使油膜加速蒸发,不断地与高速旋转的气流混合,达到迅速燃烧。

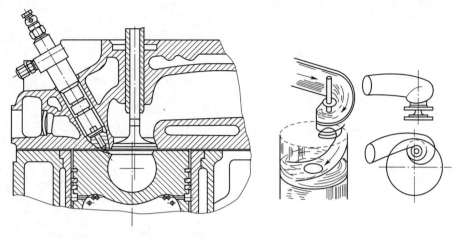

图 5-19　球形燃烧室　　　　　　图 5-20　螺旋进气道

主要特点：燃烧室面容比小，对外传热相对较少，经济性好。

由于大部分燃油喷到燃烧室内温度较低的室壁上，因而滞燃期内形成的混合气数量较少，燃烧初期放热低，平均压力升高率较小，工作柔和，噪声较小。着火后的高温燃气使油膜蒸发加快，同时避免大量油滴被高温空气包围，因而冒烟少。对燃油的品质及雾化质量要求较低。

3. 紊流型燃烧室

这种燃烧室的空气运动好，着火延迟期短、压力升高率不高，燃烧比较完全，排气污染小，油耗曲线平坦。

1）挤流口式燃烧室

挤流口式燃烧室缩口较小，有强的挤流和逆流，大多采用多孔喷油嘴，为空间混合或空间混合与油膜结合。当推迟喷油时，能降低噪声和 NO_x，烟度也有所改善，但燃烧过程也推迟。这种燃烧室的缸盖、活塞的热负荷高，喉口边缘容易烧损，喷孔易堵塞，高速经济性恶化，工艺条件要求高。

2）微涡流（图 5-21）、花瓣形燃烧室（图 5-22）

这类燃烧室采用一定强度的进气涡流和挤流，再配以特殊形状的燃烧室，使燃烧室内除了大涡流外，各处还充满微涡流，使空气运动十分充分，从而加快了混合和燃烧速度。

如微涡流燃烧室，进气涡流在燃烧室上部和下部产生大涡流，如图 5-21b）中 A 和 C 所示，在四角部分产生小涡流。小涡流的旋转方向与大涡流相反，因而在边界处产生速度差，R/R_0 越大，大涡流强度越大，小涡流强度越小。尖角处的涡流极不稳定，形成后很快被主流带走，在主流中成为扰动核心。此外，在燃烧室的纵剖面上，四角形凹坑与圆形凹坑的交界面上，一方面燃烧室底部的气流旋转速度高，另一方面，燃烧室上部气流旋转受到四角形的阻碍，使旋转速度下降，因而在交界面上也存在着气流速度差。当油束对着交界面喷射时，最先通过低速大涡流区，然后通过紊流区，最后到达下部的高速大涡流区，由于油束直接喷向交界面，所以通过紊流区的时间最长，油气混合最好。但由于燃烧室有缩口或边角、凹凸，会增加气流运动阻力，因此也增加了损失。另外，缩口处的热负荷较高，容易开裂或烧蚀。

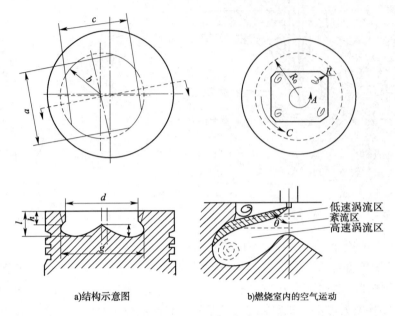

a) 结构示意图　　　　b) 燃烧室内的空气运动

图 5-21　微涡流（小松 MTCC）燃烧室

（二）分开式燃烧室

燃烧室被明显分成两部分：一部分在活塞顶面和汽缸盖底面之间；另一部分在汽缸盖内。两者以一条或数条通道相连接。分开式燃烧室有涡流燃烧室和预燃烧室等。

1. 预燃烧室

如图 5-23 所示，在汽缸盖和活塞顶面间的空间构成主燃烧室 4，在汽缸盖内的一部分燃

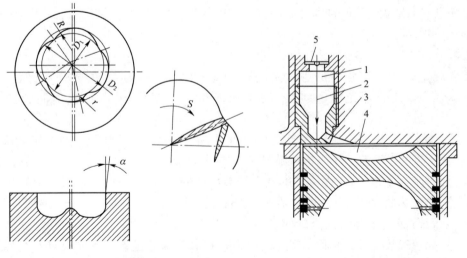

图 5-22　花瓣形燃烧室　　　　图 5-23　预燃烧室

1-预燃烧室；2-油束；3-通道；4-主燃烧室；5-喷油器

烧室构成预燃烧室1（副燃烧室）。燃油喷在预燃烧室中混合燃烧，利用压力差使燃气及未燃部分燃油一起喷入主燃烧室4，在主燃烧室迅速与空气混合，形成燃烧紊流。因此，缓燃期的燃烧迅速。

该系统对雾化质量要求不高，对转速变化、燃料品质不敏感。由于主副室通道的节流作用，控制了燃烧速度，因此，工作柔和、平稳、噪声低。但是，散热损失较大，冷起动时需要起动电热塞。流动阻力大，热效率低，低速时噪声增大。

2. 涡流燃烧室

如图5-24所示，在汽缸盖与活塞顶之间的空间，构成主燃烧室5，在汽缸盖内的一部分呈球形、半球形或座钟形，构成副燃烧室。它与主燃烧室之间相连通。由于通道3与副燃烧室相切或相割，在压缩行程，空气经过通道进入副燃烧室中，形成强烈的有组织的涡流。燃油喷入副燃烧室内，着火后，涡流运动将浓的、尚未燃烧的混合气压向主燃烧室5，由活塞顶部的凹槽产生的二次涡流，可以改善混合气品质和燃烧速度。

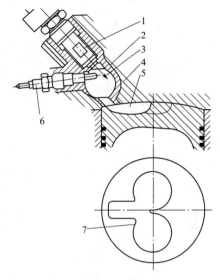

图5-24 涡流燃烧室

1-喷油器；2-副燃烧室；3-油束；4-通道；5-主燃烧室；6-电热塞；7-气流运动轨迹

该系统对雾化质量要求不高，不需要进气涡流，因而充气效率可以提高。对转速变化不敏感，空燃比可较小，空气利用率高。工作平稳、柔和、排放污染低。但是，散热损失较大，混合气涡流流动损失较大，热效率低，冷起动困难。

分开式燃烧室适用于小型、高速柴油机。其燃烧速度比直喷式柴油机慢，运转比较平静。但因其热量和流动损耗使热效率降低。为了追求较高的热效率，轿车用柴油机向直喷式燃烧室发展。

各种燃烧室的特点和性能见表5-2。

各种燃烧室的比较 表5-2

性能与参数	直喷式		分隔式	
	ω形	球形	预燃烧室	涡流室
燃烧室形状	一般	一般	复杂	复杂
混合气形成方式	空间雾化为主	油膜蒸发	空间雾化	空间雾化为主
空气运动	进气涡流较强	进气涡流最强	燃烧紊流	压缩涡流
对燃料雾化要求	较高	一般	低	较低
喷油嘴	多孔3~4	双孔或单孔	轴针式	轴针式
针阀启喷压力（MPa）	18~25	17.5~19	8~13	10~15
热损失和流动损失	较小	较小	最大	大
起动性	较易	难	最难	难
压缩比	16~18	17~19	18~22	16~20

续上表

性能与参数	直喷式		分隔式	
	ω形	球形	预燃烧室	涡流室
过量空气系数	1.4～1.7	1.3～1.5	1.2～1.6	1.3～1.6
平均有效压力(MPa)	0.6～0.8	0.7～0.9	0.6～0.8	0.6～0.8
油耗率[g/(kW·h)]	218～245	218～245	245～292	231～272
最高爆发压力(MPa)	7～8	6.5～8	5.5～7	6.5～7.5
燃烧噪声	高	较低	低、急速高	低
排放	高较	高	较低	较低
适用转速(r/min)	<3500	<2500	<3500	<5000
适用缸径(mm)	<150	90～130	<100	<100

模块小结

柴油的使用性能主要包括发火性、蒸发性、黏度和凝点，它们主要取决于柴油的组成成分。

柴油机混合气的形成特点：柴油黏度大，不易蒸发；与汽油机相比，柴油机混合气的形成时间短，直接喷入汽缸的柴油很难与空气进行良好混合，所以形成的混合气不均匀；边喷油、边雾化、边混合、边燃烧。

柴油机混合气形成方式：空间雾化混合、油膜蒸发混合。

柴油机混合气形成过程的控制：

①喷油正时的控制；

②喷油压力的控制；

③喷油过程的控制。

柴油机的燃烧过程通常分为着火延迟期、速燃期、缓燃期和补燃期4个阶段。

着火延迟期越长，在此期间喷入汽缸的柴油量越多，形成的混合气数量也越多，而这些混合气在速燃期内几乎同时燃烧，使压力增长率和最高压力升高，机件承受的机械负荷增大，柴油机工作粗暴。

速燃期内压力升高率过大，会导致柴油机运转不平稳，燃烧噪声增大；同时也会增加机件的冲击负荷，使其使用寿命降低。此外，速燃期内过大的压力升高率和最高压力，必然导致燃烧最高温度的升高，使排气中的NO_x含量增加。但压力升高率太小，则热效率降低，发动机动力性下降。

缓燃期结束时，大部分柴油已燃烧完毕，放热量约为循环加热量的70%～80%。

补燃期中燃烧放出的热量，不仅很难有效利用，反而使零件热负荷增大，排气温度升高，易使发动机过热，因此，应尽量缩短补燃期。

影响柴油机燃烧过程的因素如下：

燃油方面的因素:
①柴油的发火性;
②柴油的蒸发性;
③黏度;
④凝点。
结构方面的因素:
①压缩比的影响;
②喷油器结构参数的影响;
③活塞材料的影响;
④喷油规律的影响。喷油规律取决于喷油泵凸轮外形、喷油器结构及调整等。
使用方面的因素:
①喷油提前角的影响;
②转速的影响;
③负荷的影响。

柴油机的燃烧室基本上分为两类,直接喷射式燃烧室和分开式燃烧室。

直接喷射式燃烧室:燃烧室布置在活塞顶与缸盖之间形成的统一空间内,燃油直接喷入这一空间,进行混合和燃烧。车用柴油机常用的半开式燃烧室和球形燃烧室属于这类燃烧室。

分开式燃烧室:燃烧室被明显分成两部分:一部分在活塞顶面和汽缸盖底面之间;另一部分在汽缸盖内。两者以一条或数条通道相连接。分开式燃烧室有涡流燃烧室和预燃烧室等。

思考与练习

1. 柴油的主要使用性能有哪些?
2. 柴油机混合气的形成有何特点?有几种形成方式?
3. 对柴油机混合气的形成可采取哪些控制措施?控制目的是什么?
4. 分析柴油机的正常燃烧过程中不同阶段的特点。
5. 说明柴油机不正常燃烧的现象及其产生原因。
6. 改善柴油机燃烧过程的目的是什么?主要措施有哪些?
7. 柴油机燃烧室基本上分为几类?各类燃烧室的混合气形成有哪些特点?
8. 喷油规律对燃烧过程有哪些影响?
9. 喷油提前角、负荷对燃烧过程有何影响?

模块六　发动机排放污染与噪声控制

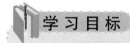

1. 能准确叙述汽油机的排气污染物及控制措施;
2. 能准确叙述柴油机的排气污染物及控制措施;
3. 能准确叙述发动机噪声及控制。

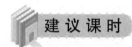

4 课时。

一、汽油机的排放污染与控制

汽油机的排放污染源主要由汽油机排出的废气、燃油箱等漏出的燃油蒸气及曲轴箱排出的气体等,这里介绍汽油机的主要排放污染源——排气污染。

(一)汽油机的排气污染物

汽油机排出废气中的污染物种类和数量与其所用燃料及燃烧过程有关。汽油机排放出的废气中,有害人体健康、污染大气的污染物包括 CO、HC、NO_X、SO_2、CO_2 和炭烟,其中 CO、HC 和 NO_X 是最主要的污染物,已被列为各国法规限制的对象。

1. 一氧化碳(CO)

CO 是一种无色无味的气体,能与红血球中的血红蛋白(Hb)结合。其结合力约比 O_2 强 300 倍,从而阻碍了 Hb 在体内运送 O_2 的能力,致使体内组织细胞因缺 O_2 而产生中毒症状。空气中 CO 的体积含量及其危害见表 6-1。

大气中 CO 含量及其危害　　　　　　　表 6-1

CO 体积含量($\times 10^{-6}$)	血液中 CO-Hb(%)	对人体的危害程度
0~5	0~0.8	无症状
5~10	0.8~1.6	无症状
10~20	1.6~3.2	尚可
20~30	3.2~4.8	注意

续上表

CO 体积含量（×10⁻⁶）	血液中 CO-Hb（%）	对人体的危害程度
30～40	4.8～6.4	危险
40～50	6.4～8.0	较危险
50～60	8.0～9.6	很危险
>60	>9.6	极危险

CO 是汽油机排气中含量较大、危害也较大的有害物质，它主要是由于燃烧时氧气相对不足（混合气的过量空气系数 ϕ_{at}（或 $\alpha<1$），烃燃料中的碳不能完全燃烧而生或的中间产物。

2. 碳氢化合物（HC）

HC 是燃料燃烧的中间产物，在汽油机排出的有害物质中，含量仅次于 CO 的有毒气体。有刺激性气味，对人的鼻、眼和呼吸道黏膜有刺激作用，可引起炎症。已证明 HC 在动物身上有致癌作用。此外，HC 还能形成光化学烟雾。

排气中的 HC 主要是燃料不完全燃烧的产物。燃料在燃烧过程中，由于缸壁激冷作用或混合气过浓、过稀、混合不均匀等，造成部分混合气未燃烧就随废气排出。此外，雾化不良或废气再循环量过多，也会引起燃烧不良，使 HC 的排放量增加。

3. 氮氧化物（NO_X）

NO_X 是发动机排出的氮的化合物的总称，主要有 NO 和 NO_2。其中 NO 是无色无味的气体，与血红蛋白（Hb）的亲和性极强（是 O_2 与血红蛋白亲和性的 30 万倍），生成亚硝基血红蛋白（NO-Hb），阻碍血红蛋白的携氧作用。NO_2 有直接使血红蛋白变为高铁血红蛋白的作用。空气中的 NO 和 NO_2 在肺组织被过多地吸收，到达肺泡后进入血中，使血液中毒。NO_2 还刺激支气管，引起支气管炎和肺泡的肿胀。肿胀的扩散可引起肺纤维化。此外，在 NO_X 和 HC 共处时，通过阳光照射形成连锁反应，生成光化学烟雾。

NO_X 是在高温、高压燃烧的状态下，空气中氧和氮发生反应生成的，其生成量主要随燃烧温度的升高及高温持续时间的延长而增加。

4. 二氧化碳（CO_2）

CO_2 是无色无臭的气体，呈弱酸性。低含量的 CO_2 对人体无害，但随着其含量的增加，对人的机体有影响。当 CO_2 含量很高且有 O_2 存在时，以麻痹作用为主；在缺 O_2 状态下，作为刺激性气体对皮肤和黏膜起作用。CO_2 对人体的影响见表 6-2。

CO_2 对人体的影响　　　　表 6-2

CO_2 体积含量（%）	对 人 体 的 影 响
<2.5	维持 1h 无影响
3	呼气深度增加
4	头部重压感、头痛、心悸、血压升高、脉搏迟缓、眩晕、神志恍惚、呕吐等
6	呼吸剧烈增加
8～10	迅速出现意识不清、发汗时出现呼吸停止、导致死亡
20	数秒钟内中枢机能丧失
30	立即死亡

CO_2 是烃类燃料燃烧的必然产物。

5. 二氧化硫(SO_2)

SO_2 是无色气体,有强烈的气味,对咽喉、眼睛和上呼吸道有强烈的刺激作用,对人的健康有害。特别是硫的氧化物及其他酸性气体溶于雨中,会形成酸雨,使湖泊水酸化、土壤酸化,大片森林和植物枯死。

燃料中含硫的氧化物,在燃烧后几乎全部转化为SO_2,其中一部分氧化成SO_3,并与水反应形成硫酸,再转化为硫酸盐。

6. 炭烟

炭烟中存在着碳和有机物的悬浮微粒,吸入肺泡后,引起肺功能或支气管的变化、肺水肿等。

炭烟是燃油没有完全燃烧时裂解形成的产物。当排气中碳的悬浮颗粒浓度达 $0.15g/m^3$ 时,就会形成可见的黑烟。

(二)汽油机排气污染的控制措施

为控制汽油机排出废气中的 HC、CO 和 NO_X 含量,目前采取的专项措施主要有:废气再循环、二次空气喷射和三元催化转换等。

1. 废气再循环(EGR)装置

发动机工作时,EGR 装置可将排气管中的适量废气引流到进气管中,随新鲜混合气一起进入汽缸燃烧,利用再循环废气对新鲜混合气的稀释作用和对燃烧速度的抑制作用,降低燃烧的最高温度,以实现减少NO_X生成量的目的。

进行废气再循环时,必然会造成发动机的动力性略有下降。此外,急速、小负荷时进行废气再循环,容易导致发动机熄火;全负荷时进行废气再循环,会使发动机不能满足大功率要求。因此,废气再循环仅适于中等负荷进行,而且应随发动机负荷和转速的降低,减少废气再循环量。发动机工作时,是否进行废气再循环以及废气再循环量,都是由 EGR 装置来自动控制的。

目前,汽油机上装用的 EGR 装置按其控制方式不同,可分为开环控制和闭环控制两种类型,开环控制的 EGR 装置又可分为机械控制式和电子控制式。

开环电控 EGR 装置如图 6-1 所示,主要由 EGR 阀和 EGR 电磁阀等组成,EGR 阀安装在废气再循环通道中,EGR 电磁阀安装在通向 EGR 阀的真空通道中。ECU 根据发动机水温、节气门开度、转速和起动信号等控制电磁阀的通电或断电。EGR 电磁阀断电时,控制 EGR 阀的真空通道接通,EGR 阀开启,进行废气再循环;EGR 电磁阀通电时,控制 EGR 阀的真空通道被切断,EGR 阀关闭,停止废气再循环。进行废气再循环时,废气再循环量的多少取决于 EGR 阀的开度,而 EGR 阀的开度直接由真空度控制,由于真空管口设在靠近节气门全闭位置的上方,随发动机转速和负荷(节气门开度)的增大,真空管口处的真空度增加,EGR 阀的开度增大,废气再循环量增多。随发动机转速和负荷减小,EGR 阀开度也减小,废气再循环量减少。

在有些发动机的 EGR 装置中,EGR 电磁阀采用占空比控制型电磁阀,ECU 通过占空比控制电磁阀的开度,调节作用在 EGR 阀上的真空度,以控制 EGR 阀的开度,实现对废气再循环量的控制。在此系统中,通向 EGR 阀的真空管口一般设在节气门之后。

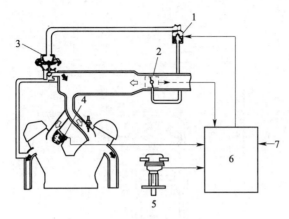

图 6-1 开环电控 EGR 装置
1-EGR 电磁阀;2-节气门;3-EGR 阀;4-水温传感器;5-曲轴位置传感器;6-ECU;7-起动信号

在开环机械控制式 EGR 装置中,通向 EGR 阀的真空管路一般设有两个真空控制阀。一个是双金属开关阀,根据冷却水温度控制真空通道的通断;另一个是膜片式真空控制阀,根据负荷变化(进气管真空度和排气压力变化)控制真空通道通断。当冷却水温度和负荷达到一定值进行废气再循环时,与采用普通电磁阀控制的 EGR 系统一样,EGR 阀的开度直接由真空度控制,即废气再循环量取决于真空管口处的真空度。

闭环控制 EGR 装置与开环电控 EGR 装置的主要区别是:在控制系统中设有检测实际 EGR 率或 EGR 阀开度的传感器,ECU 根据此传感器的反馈信号修正控制废气再循环量,其控制精度更高。废气再循环率(EGR 率)表示废气再循环量的多少,指废气再循环量在进入汽缸内的气体中所占的比率,即:

$$\text{EGR 率} = \frac{\text{EGR 量}}{\text{进气量} + \text{EGR 量}} \times 100\% \tag{6-1}$$

2. 二次空气供给装置

二次空气供给装置属于对汽油机排出的废气进行后处理的一种技术措施,通过该装置将新鲜空气送入排气管内,利用废气中的高温,使排气中的 HC 和 CO 进一步氧化,达到排气净化的目的。

二次空气供给装置可分为电控型和非电控型两种。电控型二次空气供给装置如图 6-2 所示。二次空气控制阀由舌簧阀和膜片阀组成,来自空气滤清器的二次空气进入排气管的通道受膜片阀控制,膜片阀的开闭用进气歧管的真空度驱动,其真空通道由 ECU 通过电磁阀控制。装在二次空气控制阀中的舌簧阀是一个单向阀,主要用来防止排气管中的废气倒流。点火开关接通后,蓄电池即向二次空气电磁阀供电,ECU 控制电磁阀搭铁回路。电磁阀不通电时,关闭通向膜片阀真空室的真空通道,膜片阀弹簧推动膜片下移,关闭二次空气供给通道,不允许向排气管内提供二次空气。ECU 给电磁阀通电,电磁阀开启膜片阀真空室的真空通道,进气管真空度将膜片阀吸起,排气管内的脉动真空即可吸开舌簧阀,使二次空气进入排气管。有些发动机的二次空气供给装置,利用空气泵将新鲜空气强制送入排气管。

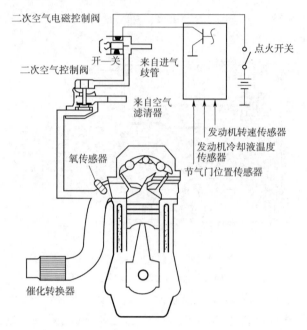

图 6-2　电控型二次空气供给装置

非电控型二次空气供给装置只是在排气管上设置一个带过滤器的舌簧阀,当排气管内产生脉动真空时,舌簧阀被吸开,空气经过滤器被吸入排气管,使废气中的 CO 和 HC 进一步氧化;当排气管内压力高于大气压时,舌簧阀关闭,防止空气和废气倒流。

采用二次空气供给装置将空气送入排气管内使排气中的 HC 和 CO 进一步氧化,必然会导致排气温度升高。为此,在装有催化转换器的汽车上,必须采用电控型二次空气供给装置,以避免因排气温度过高而导致催化转换器损坏。

3. 催化转换装置

催化转换装置中装有促使废气中有害物进行氧化或还原反应的催化剂,当废气流经催化器时,通过化学反应使有害气体转化为无害气体,以达到降低排气污染的目的,也属对废气进行的后处理措施。

汽车上装用的各类催化转换装置如图 6-3 所示。氧化催化器可促使废气中的 CO 和 HC 氧化成 CO_2 和 H_2O,还原催化器可促使 NO_x 还原成 N_2 和 O_2,三元催化转换器具有促使 CO、HC 氧化和促使 NO_x 还原的双重功能。催化剂一般为铂(或钯)与铑等贵重金属的混合物。

催化转换器的转换效率受混合气浓度和排气温度的限制。当混合气过浓($\phi_{at} < 0.98$)或过稀($\phi_{at} > 1.05$)时,催化转换器的转换效率均会急剧下降,为此,催化转换器一般只用在能精确控制混合气浓度的电控燃油喷射发动机上,而且对混合气浓度的控制采用带氧传感器的闭环控制系统。催化转换器的工作温度一般为 400~800℃,排气温度低于 400℃时,催化转换器的转换效率将明显下降,而高于 1000℃时容易导致催化转换器损坏。有些三元催化转换装置中装有排气温度报警装置,当报警装置发出报警信号时,应停机熄火,查明排气温度过高的原因,予以排除。在使用中,排气温度过高一般是由于发动机长时间在大负荷下工作或因故障而燃烧不完全所致。

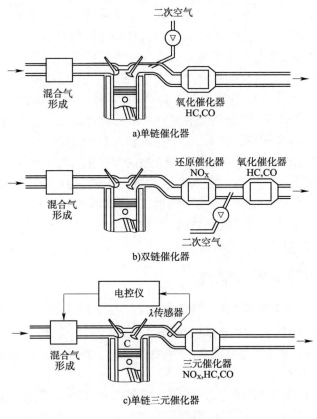

图 6-3 催化转换装置

二、柴油机的排放污染与控制

(一)柴油机的排气污染

柴油机的排放污染物主要有 HC(碳氢化合物)、CO(一氧化碳)、CO_2(二氧化碳)、NO_X(氮氧化物)、PM(颗粒物)和 SO_X(硫氧化物)。与汽油机相比,排气污染物的种类、产生原因和危害基本相同,但各种污染物的排放量差别很大,见表 6-3。

柴油机与汽油机排气污染物比较 表 6-3

污染物种类	柴油机	汽油机	备注
CO(%)	<0.5	<10	汽油机为柴油机的 20 倍以上
HC(%)	<0.05	<0.3	汽油机为柴油机的 5 倍以上
NO_X(%)	0.1~0.4	0.2~0.4	二者相当
PM(g/km)	0.5	0.01	柴油机为汽油机的 50 倍以上

由表 6-3 中数据不难看出,柴油机排气中的 CO、HC 含量远比汽油机低,NO_X 含量与汽油机相当,但炭烟排量远高于汽油机,其主要原因主要有以下两方面:

1. 柴油机的压缩比高

柴油机的压缩比一般为 14~22,汽油机的压缩比一般为 7~10,较高的压缩比使柴油机压缩和燃烧终了的压力约为汽油机的 2 倍,加之柴油中所含的重质成分(分子量较大的烃类)较多,所以在缸内高温、高压条件下,柴油的裂解和脱氢比汽油严重,生成的炭烟多。

2. 柴油机混合气的过量空气系数大

汽油机是通过改变供给汽缸的混合气数量来调节负荷的,各种工况下的混合气浓度变化不大;而柴油机是通过改变供油量来调节负荷的,各种工况下供往汽缸的空气量变化不大,所以柴油机在多数工况下,混合气的过量空气系数都比较大($\phi_{at}>1$),燃烧时氧气充足,排气中的 CO 和 HC 含量也较少。此外,由于柴油机工作时的混合气较稀,燃烧最高温度也比较低,一般比汽油机低 130~330℃,所以排气中的 NO_x 含量也比汽油机低。

柴油机工作中,随负荷的增大,混合气变浓,排气中的 CO、HC 和 NO_x 含量也会随之增加。燃烧室的结构对柴油机的排气污染影响也很大,分隔式燃烧室比直接喷射式燃烧室的面容比大,容易散热,缸内温度较低;且燃烧时可产生较强的涡流,有利于燃烧充分,所以采用分隔式燃烧室的柴油机排气污染较低。

(二)柴油机排气污染的控制措施

柴油机排放控制主要是降低 NO_x 和 PM 排放,目前主要以废气再循环技术、催化转换技术和过滤技术作为降低 NO_x 和 PM 排放的主要技术。此外,集催化转化技术与过滤技术于一体,同时降低柴油机 NO_x 和 PM 排放的新技术,在柴油机上的应用也越来越多。

1. 废气再循环(EGR)技术

柴油机进行废气再循环的目的和方法与汽油机基本相同。非增压柴油机的进、排气管存在足够的压力差,实现 EGR 很容易,但增压柴油机在运行工况下,排气管内的压力低于进气管内的压力,这意味着废气不会自动从排气管流向进气管,为此必须采取一定措施来保证 EGR 的实现。

按增压柴油机实现 EGR 的途径不同,可分为内部 EGR 和外部 EGR 两种类型。

1) 内部 EGR 系统

内部 EGR 指通过排气门或者特殊设置阀门的开启来实现废气再循环,如日本日野公司开发的内部 EGR 装置,如图 6-4 所示,就是通过修改排气凸轮的形状,使排气门在进气行程中稍有提升,让部分高压废气回流到汽缸内,从而实现废气再循环。

2) 外部 EGR 系统

外部 EGR 指将部分废气经由外部管路引入进气系统来实现废气再循环。按将废气引到进气系统的位置不同,外部 EGR 又可分为低压回路 EGR 和高压回路 EGR 两种类型。

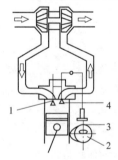

图 6-4 内部 EGR 装置
1-进气门;2-排气凸轮;
3-EGR 凸起;4-排气门

低压回路 EGR 是将废气引到压气机进口前的低压进气系统中,如图 6-5 所示。低压回路 EGR 系统很容易获得所需要的压力差,但再循环的废气流经压气机和中冷器,使得压气机的进气温度高于设计温度,而且中冷器容易阻塞而导致压力损失增加。

高压回路 EGR 是将废气引到压气机出口后的高压进气系统中,如图 6-6 所示。高压回路 EGR 系统的再循环废气不经过压气机,不存在影响增压装置耐久性和可靠性的问题,目前应用较普遍。但高压回路 EGR 获得所需要的压力差比较困难。

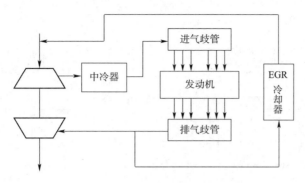

图6-5 增压发动机低压回路EGR系统

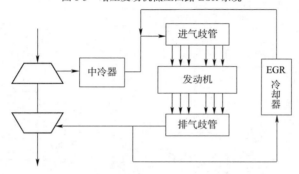

图6-6 增压发动机高压回路EGR系统

为保证EGR的顺利实现,高压回路EGR通常采用的技术措施如图6-7所示。图6-7a)是在EGR阀前(有些在后)安装一个防逆流阀,以防止EGR阀开启时增压空气逆流,利用排气压力脉动只能将部分废气压入高压进气系统。图6-7b)是利用节流阀对增压空气进行节流的方法,降低进气管内的压力,但显然会增加柴油机的进气阻力。图6-7c)是在进气系统中,安装一个文丘里管,利用文丘里管喉口的压降,获得EGR所需要的压力差,并可通过调节文丘里管旁通阀的开度,来改变EGR的有效压差。图6-7d)是利用专门的ECR泵强制进行EGR,此方法虽然具有较好的灵活性,但由于泵的流量要求很大,采用机械驱动泵又过于庞大昂贵,所以常采用由增压器驱动的EGR泵。此外,采用可调叶片式增压压力控制系统,通过调整叶片角度减小废气流经涡轮的有效截面,提高增压器涡轮前排气管内的压力,也是增压柴油机实现EGR的有效途径。

2. EGR冷却技术

众所周知,EGR在降低NO_x排放方面取得了很大的成功。但它在降低NO_x排放的同时,也会因高温废气引入进气系统,对进气加热并占据一定的汽缸空间。使实际进气量减少,从而导致燃烧不完全,使HC、CO和PM的排放增加,PM增加尤其明显,NO_x和PM的同时控制是一个亟待解决的问题。

EGR冷却系统的功用就是对EGR气体进行冷却,这不仅使发动机的燃烧温度比用通常EGR的更低,从而进一步减少NO_x的排放,而且还能有效地提高进气密度,使燃烧更完全,对减少PM等污染物排放也非常有利。在一定工况下,EGR冷却系统对排放的影响如图6-8所示,图6-8中的百分数表示EGR率,横坐标为单位时间的NO_x排放量,纵坐标为单位时间的PM排放量,0%、10%、20%等为EGR率,实线表示采用EGR冷却时的排放值,虚线表示无EGR冷却时的排放值。

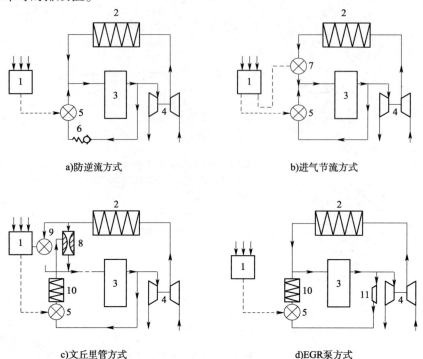

图6-7 增压柴油机高压回路EGR措施

1-ECU；2-中冷器；3-柴油机；4-废气涡轮增压器；5-EGR阀；6-防逆流阀；7-进气节流阀；8-文丘里管；9-文丘里管旁通阀；10-EGR冷却器；11-EGR泵

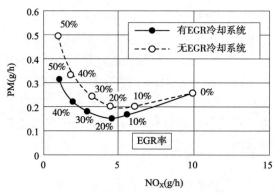

图6-8 EGR冷却系统对排放的影响

日本五十铃公司EGR冷却系统如图6-9所示。在EGR气体回路中加装一个EGR冷却器，冷却器的结构类似机油散热器，高温的EGR气体流经冷却器的芯管时，被在芯管外部循环流动的冷却液冷却，被冷却后的废气再经EGR阀流入进气管进行循环。利用柴油机的冷却液对再循环废气进行冷却，效果不理想，有些采用空气直接冷却。

此外，日本五十铃公司在原有的EGR冷却系统基础上，首先运用了防逆流阀技术，该系统被称为"单向EGR冷却系统"，如图6-10所示。其特点主要是在EGR气体回路中加装了防逆流阀，从而解决了增压发动机曾经很难解决的增压空气逆流问题，这项技术对燃料完全燃烧技术进行了补充,并且对降低颗粒物和黑烟排放有所贡献。

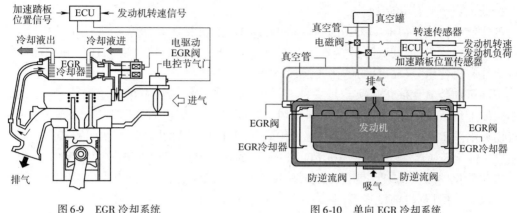

图6-9　EGR冷却系统　　　　图6-10　单向EGR冷却系统

3. 催化转换技术

与汽油机类似,利用安装在柴油机排气系统中的催化转换器,使柴油机排出的HC、CO、PM氧化,或使NO_x还原,已成为柴油机排气后处理的重要措施之一,柴油机装用的催化转换器分两大类:氧化催化转换器和还原催化转换器。

1) 柴油机采用催化转换技术的不利因素

与汽油机相比,由于柴油机使用的燃料不同、工作特点不同等,导致其排放也有不同的特性,而柴油机排放特性对采用催化转换技术实施机外净化不利,其原因是:

(1) 排气温度低。催化转换技术本身就是利用催化剂的催化作用,加速污染物转化成污染小或无污染物质的化学反应,从而降低排放污染的,较低的排气温度显然不利于化学反应的进行。

(2) 排放特性随发动机变化较大。众所周知,汽油机催化转换器也仅在理论空燃比(14.7:1)附近时转化效率最高,而柴油机由于采用"质"(即混合气浓度)调节负荷,工作时的混合气浓度随工况变化范围很大,如何在宽广工况范围保持转换器较高的转换效率,成为柴油机采用催化转换技术要解决的问题之一。

催化转换器的转换效率是指试验车辆或发动机按照某种指定的工况运行时,催化转换器前后某种污染物排放量的变化率,即:

$$催化转换器转换效率 = \frac{转换器转换前污染物排放量 - 转换器转换后污染物排放量}{转换器转换前污染物排放量} \times 100\% \tag{6-2}$$

(3) 排气中氧浓度大。由于柴油机大部分工况下的混合气浓度都较稀,排出的废气中氧浓度可达10%,较大的氧浓度增加了NO_x还原的难度。

(4) SO_x排量大。由于柴油中一般含有微量硫化物,因此柴油燃烧时硫化物与氧反应生成SO_x。用氧化催化器时,由于SO_x比CO和HC都容易氧化,所以SO_x首先被氧化会生成SO_3,SO_3又与水分等反应生成H_2SO_4和硫酸盐,不仅增加了PM排放量,而且会导致催化剂中毒,研究针对抗硫的催化剂就是难点之一。

(5) PM排量大。由于柴油机PM排放量是汽油机的50~70倍,由PM的组成(干炭烟、可溶性有机物、硫酸盐)不难看出,柴油机排气中占40%~50%的干炭烟、占5%~10%的固态硫酸盐是很难通过催化转化措施来消除的,目前多是采用过滤的方法解决。

2)柴油机氧化催化转换器

氧化催化转换器(Diesel Oxidation Cataly,DOC)指安装在柴油汽车排气系统中,通过催化剂进行氧化反应,能同时降低排气中一氧化碳(CO)、总碳氢化合物(THC)和柴油颗粒物中可溶性有机物组分(SOF)的催化转换器。

柴油机加装氧化催化转换器是一种有效的机外净化可燃污染物常用措施,它是在蜂窝陶瓷载体上负载贵重金属铂、钯作为催化剂,在一定温度及催化剂的作用下,使排气中可溶性有机物氧化,同时排气中 CO 和 HC 也被氧化成CO_2和H_2O。从而降低 HC、CO 和 PM 的排放量。采用氧化催化转换器,能够使柴油机 CO 和 HC 排放减少 50%,使 PM 排放减少 50% ~ 70%。

氧化催化器的主要缺点是会将排气中的SO_2氧化成SO_3,生成危害更大的硫酸雾或固态硫酸盐颗粒。所以,目前世界各国投入巨资开发低硫柴油。

氧化催化转换器的作用原理如图 6-11 所示。单纯的氧化催化转换器,只能减少排气中可燃烧的污染物(HC、CO 和 PM)排放量。随其转化效率的提高,固态硫酸盐颗粒的生成量也增多,甚至可达到无氧化催化转换器时的 8 ~ 9 倍,这种负面影响必然会降低使用氧化催化转换器所产生的环境效益。

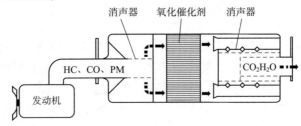

图 6-11 氧化催化转换器作用原理

3)柴油机还原催化转换技术

还原催化转换技术是对发动机排气中的NO_x进行后处理的技术,目前在柴油机上多数采用的是与汽油机相同的三元催化转换器,将氧化催化转换技术与还原催化转换技术集成一体。

在柴油机上使用三元催化转换器,除完成纯氧化催化转换器的功能外,对NO_x的转换效果非常不理想,这主要是因为柴油机(包括采用稀燃技术的汽油机)排气中含氧丰富、NO_x还原剂(CO 和 HC)缺乏、温度达不到理想范围(400 ~ 800℃)。随着柴油机在汽车上应用的日益广泛,为进一步提高转换器还原NO_x的效果,各国的柴油机制造商和科研机构,都在研究开发新的NO_x还原技术。以下是两种比较成熟的柴油机NO_x还原技术:

(1)催化还原技术(SCR)。"选择性"是指在催化还原转换过程中,利用还原剂的特性优先选择NO_x在催化剂作用下一起被氧化,而不是按自然规律先是比较容易氧化的 CO 和 HC 被氧化,从而大大提高转换效率(可达 99%),它是近年来比较成功的NO_x催化还原技术。

目前适用柴油机的NO_x催化还原技术主要有:选择性非催化还原(SNCR)、非选择性催化还原(NSCR)和选择性催化还原(SCR)。选择性非催化还原是指利用具有选择性的还原剂,而不用催化剂,它只能在一定的温度区间(800 ~ 1000℃)使用,而柴油机排气不可能达到这样高的温度,只能通过在柴油机膨胀过程中,向汽缸中喷入还原剂来实现,但效果不是很理想。非选择性催化还原指采用的还原剂无选择性,也用催化剂,它是将还原剂喷入排气管中的催化转换器中,由于废气中含氧量较高,还原剂很容易被氧化,所以还原剂的消耗量极大。选择性催化还原技术与非选择催化还原技术相似,采用的还原剂不同。

选择性催化还原系统主要由催化转换器和还原剂供给装置组成。选择性催化还原系统所用的催化转换器与传统转换器基本相同,主要有铂(钯或铑)催化转换器、铜—沸石催化转换器、钒—钛催化转换器等。实验证明,采用铂、钯或铑金属作催化剂的转换器,能依靠丙烯、丙烷在 160~260℃ 的温度区间,在氧气富余的情况下把 NO_x 降至原来的 40%~50%;采用铜—佛石(Cu/ZSM-5)作催化剂的转换器能依靠丙烯、丙烷在 240~460℃ 的温度区间,在氧气富余的情况下将 NO_x 降至原来的 40%,但工作不稳定;同时采用上述两类催化剂的转换器,能够在 160~460℃ 的温度区间将转换效率提高到 50%~70%。采用钒—钛催化转换器,能够在 500~550℃ 区间仍具有较好的活性,转换效率能达到 50%~60%。

采用选择性催化还原技术的转换器,一般称为选择性还原催化转换器(Selective Catalytic Reduction,SCR),它是指安装在柴油汽车排气系统中,用于将柴油机排气中的氮氧化物 NO_x 催化还原成 N_2 和 O_2 的催化转换系统。该系统需要外加还原剂,例如,能产生 NH_3 的化合物(如尿素)。

在选择性催化还原系统中,采用的还原剂主要有氨(NH_3)、尿素(Urea)及碳氢化物(如柴油等)。使用氨作为催化剂,由于氨本身是一种有毒物质,必须增加精密的附加电控系统,将其水解成一定浓度(一般为 32.5%)的氨水并喷入废气流中;此外,气态氨的储存和运输都不方便。使用尿素作为还原催化剂,其水溶性好,储存运输很方便,而且价格低廉,使用安全。一般选用浓度为 30%~40% 的尿素水溶液作催化剂,因为在此浓度尿素水溶液的凝固点最低(-11℃)。采用尿素作为催化剂,只是利用尿素产生氨,再用氨来还原 NO_x,因此同样需要附加的电控系统。碳氢化合物用作还原剂的好处在于它比较容易获得,不需要附加的电控系统,但是它的还原催化能力并不是很强。

为满足更加严格的排放法规要求,在现代汽车柴油机上,大家比较认可的 NO_x 还原技术是以尿素作为催化剂的选择性催化还原技术(表示为 SCR-NO-NH_3),该技术的转化效率可以达到 90% 以上。尿素的催化作用机理是:在水溶液中,尿素与水分子相结合并水解为 NH_3 和 CO_2,在低温区间 NH_3 和 NO 被氧化,在高温区间 NH_3 和 NO 直接反应,过程方程式为:

尿素水解

$$CO_2(NH_2)_2 + H_2O = 2NH_3 + CO_2 \tag{6-3}$$

在低温区

$$4NH_3 + 4NO + O_2 = 4N_2 + 6H_2O \tag{6-4}$$

在高温区

$$4NH_3 + 6NO = 5N_2 + 6H_2O \tag{6-5}$$

德国 BOSCH 公司 SCR-NO-NH_3 催化转换电控系统如图 6-12 所示。该系统集氧化催化转换技术、SCR-NO-NH_3 选择性还原催化转换技术于一体。由 ECU 控制的尿素还原剂供给系统主要由排放传感器、尿素溶液温度传感器、排气温度传感器、空气滤清器、尿素溶液箱、尿素溶液供给模块(电控泵)、喷雾器(电控喷射器)等组成,来自空气滤清器的清洁空气与尿素溶液在尿素溶液供给模块中混合,ECU 则根据柴油机负荷、排气温度等传感器信号按内存确定的最佳喷射量,并通过喷雾器将适量的尿素溶液与空气的混合物喷入 SCR 催化转换器中。由于发动机的转换器的转换效率取决于尿素溶液的质量和温度以及排气温度,所以在尿素溶液箱和发动机排气管上安装有温度传感器,以检测尿素溶液和发动机排气的实际温度,并将信号输送给 ECU。此外,在柴油机不同负荷下,NO_x 的排放量不同,对尿素溶液的需要量也不同,为精确控制尿素溶液的供给量,在排气管上还安装有排放传感器或称氧化氮传感器,用来检测并向 ECU 反馈处理后的废气中 NO_x 含量,以实现对尿素溶液供给量的闭环控制。安装在 SCR 催化转换器前部的氧化催化转换器,可有效降低 HC、CO 和 PM 的排放量。

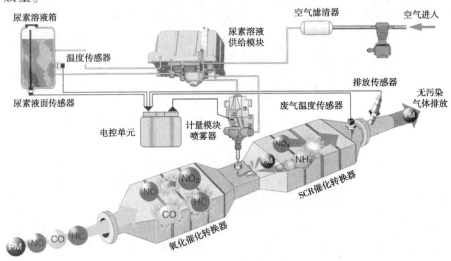

图 6-12 SCR-NO-NH_3 催化转换电控系统

(2) 吸附—催化还原技术(NAC)。吸附—催化还原技术包括吸附和催化还原两项技术,二者集成使用,形成吸附—催化还原技术,其关键技术是吸附技术。该项技术几乎与选择性催化还原技术同时出现,由于成本低、结构相对简单,所以发展速度也很快,但其转换效率略低,一般可达到 70%~90%。

在汽车排放物 NO_x 后处理中采用吸附技术,主要是利用充填有 NO_x 吸附剂的吸附器,在富氧条件下将难以催化还原的 NO_x 首先储存起来,再用其他方法进行处理。吸附器类似一个过滤器,但它过滤的是发动机排气中的 NO_x。当吸附器内的吸附剂吸附 NO_x 到一定量后,必须使吸附剂"再生",否则因吸附剂失去活性而不能继续发挥其作用。"再生"是指通过去除吸附剂吸附的 NO_x,使吸附剂恢复其原有的活性(即吸附能力)。

在吸附—催化还原转换器中,吸附剂再生的方法一般是在转换器上配置预热空气鼓风机和预热器,当吸附剂中吸附了规定量的 NO_x 后,利用热风使 NO_x 从吸附剂中分离出来,而后催化剂(如铂等)作用下,使 NO_x 与还原剂(如 HC、CO、H_2)发生反应,生成无害的 N_2、CO_2 和 H_2O。还原剂一般是利用柴油机排出的 HC 和 CO,由于柴油机在一般工况下的 HC 和 CO 排放低,不能满足 NO_x 还原的需要,因此柴油机的电控系统必须具有与其相适应的功能,即每隔一定时间(一般约 1min),通过加大废气再循环量或推迟喷油正时,来增加 HC 和 CO 排放,以保持较高的 NO_x 转换效率。毫无疑问,采用此措施控制的排放污染,会使柴油机的燃油经济性受到影响,据资料表明将使燃油消耗增加5%左右。

4. 颗粒物过滤技术

颗粒物过滤是有效降低柴油机颗粒物排放的主要措施之一。颗粒物过滤系统的主要装置就是颗粒物过滤器(Diesel Particulate Filter,DPF),它是安装在柴油汽车排气系统中,通过过滤来降低排气中颗粒物的装置。

颗粒物过滤器的结构如图6-13所示。当废气流经颗粒物过滤器时,利用有极小孔隙的滤芯将废气中直径较大的颗粒物过滤下来。滤芯是颗粒物过滤器的主体,除应保证过滤器有较高的过滤效率外,还应具有较高的机械性能、热稳定性能和耐热性能,具有较小的热膨胀系数、废气流通阻力和质量。目前,最常使用的过滤材料有:金属丝网、陶瓷纤维、泡沫陶瓷和壁流式蜂窝陶瓷等。

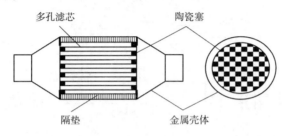

图 6-13 颗粒物过滤器

颗粒物过滤器的过滤效率可达50%~90%。过滤效率是指试验车辆或发动机按照某种指定的工况运行时,柴油机颗粒物过滤器前后的颗粒物排放量的变化率,即:

$$过滤器过滤效率 = \frac{过滤器过滤前颗粒物排放量 - 过滤器过滤后颗粒物排放量}{过滤器过滤前颗粒物排放量} \times 100\% \quad (6-6)$$

简单的颗粒物过滤器只能物理性地降低颗粒物排放,随着过滤下来的颗粒物积累,会造成柴油机排气背压增加,当排气背压达到16~20kPa时,柴油机性能开始恶化,因此必须定期除去过滤器中的颗粒物,使过滤器恢复到原来的工作状态,即过滤器再生。过滤器再生主要通过降低颗粒物着火最低温度或提高颗粒物温度使颗粒物被氧化来实现,具体方法主要有:

(1)在过滤器的滤芯上负载催化剂,利用催化剂降低颗粒物着火最低温度,使颗粒物在正常的排气温度更容易被氧化实现过滤器再生。

(2)将氧化催化转换器(DOC)与颗粒物过滤器(DPF)集成一体,利用安装在滤芯前的氧化催化剂,使排气中的HC、CO等可燃成分加速氧化提高排气温度,同时利用负载在滤芯上的催化剂降低颗粒物氧化反应所需的温度,温度一增一减都有利于实现过滤器的再生。氧化催化转换器与颗粒物过滤器集成一体的过滤器称DOC + DPF型过滤器,如图6-14所示。

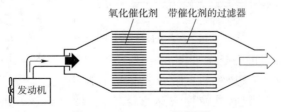

图 6-14 DOC + DPF 型过滤器

（3）利用外加能源使过滤器内部温度达到颗粒物的氧化燃烧温度来实现过滤器再生，根据外加能源的方式，可分为电加热器型和燃烧器加热型两种类型的过滤器。

电加热型过滤器再生系统如图6-15所示。在过滤器的前面加装一个电加热器，后面加装一个压缩空气罐，由ECU根据排气压力传感器信号（反应过滤器堵塞情况）确定过滤器是否需要再生，并通过控制各电磁阀和加热器的工作，来完成过滤器再生。排气压力未达到设定值时，说明过滤器内的颗粒物积累不多，加热器不通电，电磁阀1、3、5关闭，电磁阀2和4开启，废气经电磁阀2、过滤器和电磁阀4排入大气。当排气压力达到设定值时，ECU发出指令将电磁阀2和4关闭，并开启电磁阀5使废气不经过滤器直接排入大气；同时，利用脉冲指令控制电磁阀1和3使压缩空气罐放出高压脉冲气流，气流将过滤器中的颗粒物反吹进电加热器中燃烧掉，从而实现过滤器的再生。

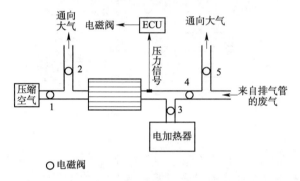

图6-15 电加热型过滤器再生系统

电加热型过滤器再生系统的加热器也可置于过滤器内，如图6-16所示。其工作原理与外置加热器式基本相同，但内置加热器使颗粒物燃烧在过滤器内进行，容易导致过滤器因高温而损坏，而且颗粒物燃烧后的灰烬不易排出。此外，也可以用微波加热器取代电加热器，形成微波加热型过滤器再生系统。

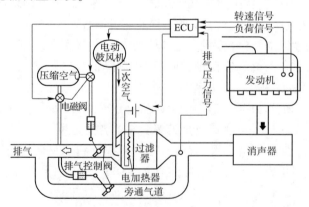

图6-16 内置电加热型过滤器再生系统

燃烧器加热型过滤器再生系统如图6-17所示，当过滤器需要再生时，用喷油器向燃烧器喷入少量燃油，并通过空气压缩机向燃烧器供给二次空气，利用火花塞点燃燃油，燃烧所产生的热量使过滤器中沉积的颗粒物快速燃烧掉，实现过滤器的再生。再生过程一般需1~2min。

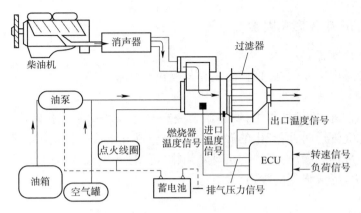

图 6-17 燃烧器加热型过滤器再生系统

(三) 柴油机的噪声与控制

发动机是汽车的主要噪声源。发动机的噪声主要包括燃烧爆发力产生的噪声、运动件产生的机械噪声、风扇和进排气产生的空气动力噪声。不同发动机，各种噪声在总噪声中所占的比例有很大差异，柴油机一般比汽油机的噪声大(6~8dB)，其主要根源是燃烧噪声，燃烧噪声是柴油机燃烧过程存在的主要问题之一。

燃烧噪声是由于燃烧过程中，缸内气体压力急剧变化而产生压力波，这种压力波通过汽缸体、汽缸盖等向外辐射而引起的。此外，燃烧产生的压力波，也会对汽缸体、汽缸盖、活塞、连杆等产生冲击引起机械振动，从而产生机械噪声。

燃烧噪声的发生机理很复杂，与发动机的燃烧方式和燃烧速度有密切关系。

在柴油机的燃烧过程中，而着火延迟期内燃料并未燃烧，汽缸内压力变化不大，对燃烧噪声的直接影响很小。但着火延迟期内形成的混合气数量对燃烧过程影响很大，因此对燃烧噪声也会产生间接影响。

速燃期内燃料迅速燃烧，汽缸内压力急剧上升，产生强烈的冲击波，对燃烧噪声的直接影响最大。噪声的大小，主要与速燃期压力升高率有关。着火延迟期越长，在此期间喷入汽缸的柴油量越多，则速燃期开始时形成的混合气数量也越多，大量混合气一起燃烧的爆发力强，压力升高率高，冲击大，燃烧噪声也就大。

在缓燃期内，尽管燃烧还在进行，但压力升高率低，产生的燃烧噪声也不大。

在补燃期内，由于燃烧速度缓慢，且燃烧过程接近尾声，所以对燃烧噪声影响不大。

由此可见，柴油机的燃烧噪声主要是在速燃期内产生的，其次是缓燃期，而着火延迟期和补燃期对燃烧噪声影响甚微。控制柴油机的燃烧噪声，主要应采取两方面措施：一是控制着火延迟期内混合气的形成数量，如适当减小喷油提前角、选用发火性好的柴油、适当提高压缩比等；二是控制燃烧速度，如采用废气再循环等。

三、发动机噪声及控制

内燃机的噪声是汽车的主要噪声源，主要有空气动力性噪声、燃烧噪声和机械噪声等。

(一)噪声的产生及影响因素

1. 空气动力性噪声

空气动力性噪声主要包括进气噪声、排气噪声和风扇噪声。

1) 进、排气噪声

由于发动机在进、排气过程中,气体压力波和气体流动引起的振动噪声,以及高速气流通过排气门和排气管道时,所产生的涡流噪声,自由排气阶段喷注的冲击噪声等。其中排气噪声是内燃机中最强的噪声;产生的机理是当排气门打开出现缝隙时,废气以脉冲形式从缝隙冲出,能量很高,形成强烈的噪声。

2) 风扇噪声

主要是由风扇旋转的叶片打击空气,使空气产生涡流噪声。风扇的型式、叶片的形状、布置,以及叶片的材料,对风扇噪声均有影响。近年来,由于普遍装设了空调系统和排气净化装置,使冷却风扇的负荷加大,风扇噪声有所提高。

2. 燃烧噪声

将汽缸内燃烧时因压力急剧变化产生的动载荷和冲击波引起的强烈振动,通过缸盖、缸套等向外辐射的噪声叫燃烧噪声。

燃烧噪声是在燃烧时,汽缸内压力急剧上升的气体冲击而产生的,以高频为主。燃烧噪声的大小,主要与速燃期中的压力升高率有关。压力升高率越大,噪声越大。柴油机由于压缩比较高,压力升高率大,燃烧时噪声比汽油机大得多。汽油机在发生爆燃和热面点火时,压力升高率剧增,会产生强烈噪声。

总之,噪声强度受发动机转速、负荷、点火或喷油时间、加速运转和不正常燃烧等因素影响。转速升高、负荷加大,噪声增大;点火或喷油时间推迟,噪声减小;加速和不正常燃烧时噪声增大。

3. 机械噪声

机械噪声是内燃机零部件之间机械撞击所产生的振动而激发的噪声,主要包括活塞对汽缸壁的撞击噪声、配气机构噪声、正时齿轮噪声和供油系泵油噪声。

由于活塞与缸壁之间有间隙,在燃烧时气体压力及运动惯性力的作用下,使活塞对缸壁的侧向推力,在上下止点处改变方向,且呈现周期性变化,从而形成活塞对缸壁的强烈敲击声。当缸壁间隙增大、燃烧最高压力变大、转速及负荷提高、缸壁润滑条件变差时,噪声随之增大。活塞敲击声是发动机的主要噪声源。

气门机构在气门开启与关闭时,产生撞击和系统振动噪声。它主要受气门运动速度的影响。气门运动速度提高,由于惯性力激发的振动加强,噪声加大。

正时齿轮噪声是因齿轮承受交变载荷,啮合传动中齿间发生撞击和摩擦等。

供油系的噪声主要是由于喷油泵和高压油管系统的振动所引起的。

(二)降低内燃机噪声的措施

1. 噪声控制

1) 进气噪声的控制

采用进气消声器,并结合对空气滤清器设计的改善,使其既能满足进气、滤清的要求,又能使进气噪声衰减。

2) 风扇噪声的控制

选择适当的风扇断面形状及安装角,选用低噪声、功率消耗小的玻璃钢、尼龙等材料,合理配置冷却系统各部件之间的相对位置。

3) 燃烧噪声控制

控制燃烧爆发力和减少不正常燃烧,适当推迟喷油或点火时间、选用十六烷值较高的柴油和辛烷值较高的汽油、改变燃烧室形状等,达到使燃烧的压力升高率适当下降的目的。

4) 机械噪声的控制

控制转速和减小惯性力。转速升高,活塞的平均速度加快,惯性力也会增加,因而引起活塞敲击、轴承撞击、缸盖和机体变形等机械振动,使噪声加强。因此减轻配气机构零件的质量,提高刚度,减小气门间隙,都可以减轻噪声。

正确选择运动件间的配合间隙,保证零件良好的精度和尺寸,如活塞与缸壁、气门机构、轴与轴承、齿轮等。减小内部机构的振动,降低机械噪声。

在柴油机供给系中,可通过提高喷油泵体刚度、减小油泵压力脉动,减小运动件之间的冲击和摩擦等,降低其噪声。

适当增加曲轴刚度、减小曲轴转动惯量,合理排列发火顺序,采用抗扭振性能好的球墨铸铁材料、加装扭转减振器等,可减小曲轴的扭转振动,也可降低机械噪声。

5) 采用隔声、防振措施

可在机体侧壁加装隔声罩;采用双层油底壳,在壳体表面涂敷减振涂层;进排气管设置防振支承等,可降低噪声。

2. 噪声测定及限制

人耳对声音的感觉取决于声压和频率。振动产生的声波作用于物体上的压力称为声压。当声压增大 10 倍时,人耳感觉到的响度仅 1 倍,声学上采用一个成倍数关系的对数量,即声压级来表示声音的强弱。

$$L_p = 20\lg \frac{p}{p_0} \tag{6-7}$$

式中:L_p——声压级(dB);

p_0——基准声压,国际标准规定为 2×10^{-5}(Pa);

p——被测声压(Pa)。

声压级范围为 0~120dB。

噪声的测量仪器主要有声级计和频谱分析仪。声级计是用来测量声压级的仪器,设有 A、B、C、D 4 种计权网络。其中 D 挡为飞机噪声专用的计权网络。测噪声时,通常测取 A、C 声级,常设 A、B、C 三挡计权网络,并有相应的旋钮来控制。通过不同挡位的调整,声级计指示的声压级相应为 A、B、C 声级。因为 A 声级能较好地反映人耳对噪声的主观感觉,所以在一般的噪声测量中,都采用 A 挡。对于某些低频率成分较为突出的噪声,可同时测量 C 声级。

频谱分析仪是用来测量噪声频谱的仪器。通过它可以对噪声频率成分进行分析,找出噪声中哪些频率成分的分贝值较高,以便寻找噪声来源,采取降低噪声的措施。

一般内燃机的噪声,可按以下经验公式求出。

四冲程直喷柴油机:

$$dB(A) = 30\lg n + 50\lg d - 48.5 \qquad (6\text{-}8)$$

四冲程间接喷射式柴油机:

$$dB(A) = 43\lg n + 60\lg d - 98 \qquad (6\text{-}9)$$

汽油机:

$$dB(A) = 50\lg n + 60\lg d - 114.5 \qquad (6\text{-}10)$$

式中:n——发动机转速(r/min);

d——汽缸直径(mm)。

小型风冷汽油机声功率级限值见表 6-4(GB 15739—1995)。

风冷汽油机声功率级限值　　　　　　表 6-4

汽油机类型		≤1.5kW	>1.5~3kW	>3~6kW	>6~10kW	>10~15kW	>15~20kW
低噪声型/dB(A)	二冲程	102	104	108	110	—	—
	四冲程	99	102	106	108	111	114
一般型/dB(A)	二冲程	104	106	110	112	—	—
	四冲程	101	104	108	111	113	116
高噪声型/dB(A)	二冲程	108	110	112	114	—	—
	四冲程	103	106	110	112	115	118

水冷汽油机噪声声功率级限值应不大于 110dB(A)。

中小柴油机功率和噪声限值见表 6-5 和表 6-6(GB 14097—1999)。

中小柴油机功率　　　　　　表 6-5

标定功率P_b (kW)	标定转速n_b(r/min)			
	$n_b \leq 2000$	$2000 < n_b \leq 2500$	$2500 < n_b \leq 3000$	$n_b > 2000$
$P_b \leq 17$	105	106	107	108
$17 < P_b \leq 22$	106	107	108	109
$22 < P_b \leq 28$	106	108	109	110
$28 < P_b \leq 35$	108	109	110	111
$35 < P_b \leq 45$	109	110	111	112
$45 < P_b \leq 55$	110	111	112	113
$55 < P_b \leq 70$	111	112	113	114
$70 < P_b \leq 85$	112	113	114	115
$85 < P_b \leq 105$	113	114	115	116
$105 < P_b \leq 135$	114	115	116	117
$135 < P_b \leq 175$	115	116	117	118
$175 < P_b \leq 220$	116	117	118	119

续上表

标定功率P_b（kW）	标定转速n_b(r/min)			
	$n_b \leq 2000$	$2000 < n_b \leq 2500$	$2500 < n_b \leq 3000$	$n_b > 2000$
$220 < P_b \leq 275$	117	118	119	120
$275 < P_b \leq 340$	118	119	120	121
$340 < P_b \leq 430$	119	120	121	122
$430 < P_b \leq 545$	120	121	122	—
$545 < P_b \leq 680$	121	122	123	—
$680 < P_b \leq 860$	122	123	—	—
$860 < P_b \leq 1080$	123	124	—	—
$1080 < P_b \leq 1176$	124	125	—	—

注：对直喷式柴油机噪声限值，允许按表数值相应加 1dB(A)。

不同冷却方式柴油机噪声限值　　表 6-6

冷却方式	标定功率P_b(kW)	
	≤9.5	>9.5
	噪声限值L_w(dB)	
水冷	105	107
风冷	107	

注：对直喷式柴油机噪声限值，允许按表数值相应加 1dB(A)。

模块小结

汽油机排出废气中的污染物种类和数量与其所用燃料及燃烧过程有关。汽油机排放出的废气中，有害人体健康、污染大气的污染物包括 CO、HC、NO_X、SO_2、CO_2 和炭烟，其中 CO、HC 和 NO_X 是最主要的污染物。

为控制汽油机排出废气中的 HC、CO 和 NO_X 含量，目前采取的专项措施主要有：废气再循环、二次空气喷射和三元催化转换等。

发动机工作时，废气再循环（EGR）装置可将排气管中的适量废气引流到进气管中，随新鲜混合气一起进入汽缸参加燃烧，利用再循环废气对新鲜混合气的稀释作用和对燃烧速度的抑制作用，降低燃烧的最高温度，以实现减少 NO_X 生成量的目的。进行废气再循环时，必然会造成发动机的动力性略有下降。此外，怠速、小负荷时进行废气再循环，容易导致发动机熄火；全负荷时进行废气再循环，会使发动机不能满足大功率要求。因此，废气再循环仅适用于中等负荷进行，而且应随发动机负荷和转速的降低，减少废气再循环量。发动机工作时，是否进行废气再循环以及废气再循环量，都是由 EGR 装置来自动控制的。

二次空气供给装置属于对汽油机排出的废气进行后处理的一种技术措施，通过该装置将新鲜空气送入排气管内，利用废气中的高温，使排气中的 HC 和 CO 进一步氧化，达到排气净化的目的。

催化转换装置中装有促使废气中有害物进行氧化或还原反应的催化剂,当废气流经催化器时,通过化学反应使有害气体转化为无害气体,以达到降低排气污染的目的,也属对废气进行的后处理措施。

柴油机的排放污染物主要有 HC(碳氢化合物)、CO(一氧化碳)、CO_2(二氧化碳)、NO_X(氮氧化物)、PM(颗粒物)和 SO_X(硫氧化物)。柴油机排气中的 CO、HC 含量远比汽油机低,NO_X 含量与汽油机相当,但炭烟排量远高于汽油机。

柴油机排放控制主要是降低NO_X和 PM 排放,目前主要以废气再循环技术、催化转换技术和过滤技术作为降低NO_X和 PM 排放的主要技术。此外,集催化转化技术与过滤技术于一体,同时降低柴油机NO_X和 PM 排放的新技术,在柴油机上的应用也越来越多。

发动机是汽车的主要噪声源。发动机的噪声主要包括燃烧爆发力产生的噪声、运动件产生的机械噪声、风扇和进排气产生的空气动力噪声。不同发动机,各种噪声在总噪声中所占的比例有很大差异,柴油机一般比汽油机的噪声大(6~8dB),其主要根源是燃烧噪声,燃烧噪声是柴油机燃烧过程存在的主要问题之一。

内燃机的噪声是汽车的主要噪声源,主要有空气动力性噪声、燃烧噪声和机械噪声等。

思考与练习

1. 汽油机的排气污染物主要有哪些?如何产生的?
2. 汽油机排气污染的控制措施有哪些?
3. 说明柴油机的主要排气污染物种类及其产生原因。
4. 内燃机各种噪声产生的原因是什么?与哪些因素有关?
5. 降低内燃视噪声有哪些措施?
6. 内燃机噪声限值是怎样的?如何估算内燃机噪声?

模块七 发动机的特性

学习目标

1. 能准确叙述发动机的负荷特性；
2. 能准确叙述发动机的速度特性；
3. 能准确叙述发动机的调整特性；
4. 能准确叙述发动机的万有特性。

建议课时

5 课时。

车辆使用时，由于行驶速度与阻力不断变化，则内燃机的转速和负荷亦相应变化，以适应车辆的需要。随着转速和负荷的改变，内燃机工作过程也会发生变化。因此，内燃机在不同使用条件下具有不同的动力性与经济性。

内燃机性能指标随调整运转工况而变化的关系称为内燃机特性。其中性能指标随调整情况变化的关系称为调整特性；性能指标随运转工况变化的关系称为性能特性。内燃机特性可以在坐标图上用曲线表示。通过特性曲线可以分析在不同使用工况下，内燃机特性变化的规律及影响因素，评价内燃机性能，从而提出改善内燃机性能的途径。

一、发动机的负荷特性

负荷特性表示内燃机在某一转速下，燃油经济性指标及其他参数随负荷变化的关系。

(一)汽油机负荷特性

点火提前角最佳、燃油喷射系统及进气系统工作正常，或喷油量调整完好情况下，保持汽油机转速一定，每小时燃油消耗量 B、燃油消耗率 b 随负荷（P_e、T_{tq} 或 p_{me}）而变化的关系，称为汽油机负荷特性。

汽油机的负荷调节方法称为"量调节"。即驾驶员操纵发动机加速踏板，通过改变节气门开度，改变汽缸循环进气量来适应负荷变化；ECU 根据具体工况确定基本喷油量及修正喷油量。图 7-1 为某汽油机负荷特性。下面对负荷特性曲线进行分析。

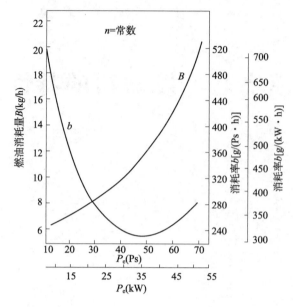

图 7-1 汽油机负荷特性

1. 每小时燃油消耗量曲线

汽油机转速一定时,每小时燃油消耗量 B 主要取决于节气门开度和混合气成分。由于汽油机的量调节方式,负荷变化时,节气门开度改变,又影响到混合气量的变化。汽油机除息速工况外,从小负荷到中等负荷,随节气门开度变大,B 曲线呈线性变化,燃油消耗量逐渐增加;当节气门开至加浓装置参加工作后,B 曲线变陡,燃油消耗量上升较快。

2. 有效燃油消耗率曲线

由式(2-24)$b = k_3/\eta_i\eta_m$ 可知,燃油消耗率 b 的变化取决于 η_i 和 η_m。η_i、η_m 随负荷的变化如图 7-2 所示。转速一定,随负荷增加,节气门开度加大,残余废气相对减少,热负荷增加,从而改善了燃油雾化、混合条件,使燃烧速度加快,散热损失相对减少,η_i 增加。负荷增至大负荷,混合气加浓,η_i 下降。η_m 随负荷的增加而迅速增加。原因是转速一定而负荷增加时,机械损失功率 P_m 变化不大,指示功率 P_i 成正比增加,使 $\eta_m = (1 - P_m/P_i)$ 增加。

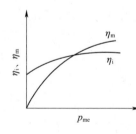

图 7-2 汽油机 η_i、η_m 随负荷的变化关系

当发动机空转($P_e = 0$)时,指示功率完全用于克服机械损失,即 $P_i = P_m$,则 $\eta_m = 0$,所以耗油率 b 为无穷大。随负荷(节气门开度)增大,由于 $\eta_i\eta_m$ 同时上升,使耗油率曲线迅速下降。当 $\eta_i\eta_m$ 达到最大值,出现最低耗油率 b_{min} 后,随节气门逐渐增至全开,混合气逐渐加浓直至功率混合气,燃烧不完全现象增加,η_i 下降,使耗油率又有所增加。

(二)柴油机负荷特性

柴油机转速一定,每小时耗油量 B、有效燃料消耗率 b 随负荷(P_e、T_{tq} 或 P_{me})而变化的关系称为柴油机负荷特性。

转速一定时,进入汽缸的空气量不变,改变负荷相应改变的是每循环供油量 Δq,使混合气成分变化。因此,柴油机是通过改变混合气的过量空气系数来适应负荷的变化。其负荷调节方法称为"质调节"。图 7-3 为某柴油机负荷特性。

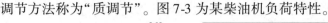

图 7-3 柴油机负荷特性
1-油耗率最低点;2-冒烟界限点;3-极限功率点(无实用意义)

1. 每小时燃油消耗量曲线

转速一定时,柴油机的每小时耗油量 B,主要决定于每循环供油量 Δq。随负荷增加,Δq 增加,B 随之增加。当负荷接近冒烟界限点 2 后,由于燃烧恶化,B 上升得更快一些。

2. 有效燃油消耗率曲线

根据公式 $b = k_3 / \eta_i \eta_m$,柴油机有效燃油消耗率 b 随负荷的变化取决于 η_i 和 η_m。η_i、η_m 随负荷的变化如图 7-4 所示。与汽油机不同,随负荷增加,每循环供抽量 Δq 增加,过量空气系数 φ_{at} 减小,燃烧不完全程度增大,使 η_i 减小。大负荷时,混合气过浓,燃烧恶化,不完全燃烧及补燃增多,使 η_i 下降更快。η_m 随负荷增加而上升。

当 $P_e = 0$,$\eta_m = 0$ 时,耗油率 b 趋于无穷大。随负荷增加,由于 η_m 迅速增加,且远大于 η_i 的减少,使 b 下降很快。当每循环供油量 Δq 增加到 1 点(图 7-3)位置时,b 最小。此后再增加负荷,由于 η_i 下降较 η_m 上升的多,使 b 又有所增加。当 Δq 增加到 2 点位置时,不完全燃烧现象显著增加,烟度急剧增大,达到国标规定的限值。2 点称冒烟界限。当循环供油量超过 2 点时,不仅燃料消耗量增大,排放污染严重,甚至影响发动机寿命。所以,柴油机的最大循环供油量应在标定转速下调整,使烟度不超过允许值。

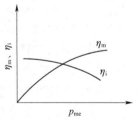

图 7-4 柴油机 η_i、η_m 随负荷的变化关系

(三)负荷特性曲线的特点

负荷特性是内燃机的基本特性,常用它评价内燃机工作的经济性。根据需要可测定内燃机不同转速下的负荷特性。转速变化时,各条负荷特性曲线的变化趋势相同,只是各条曲线的路径不同。每条曲线的最右端点表示全负荷转速下的功率及燃油消耗率。

由负荷特性可以看出,低负荷时,有效燃油消耗率很高,经济性差。因此,应注意提高内燃机的功率利用率。同一转速下,最低油耗率 b_{min} 愈小,曲线变化愈平坦,经济性愈好。柴油机 b_{min} 比汽油机低 10%~30%;而且有效燃油消耗率曲线比较平坦。相比之下,柴油机部分负荷时低油耗率区比汽油机宽,因而柴油机比汽油机省油。

二、发动机的速度特性

内燃机性能指标随转速变化的关系,称为内燃机的速度特性。速度特性包括部分负荷速度特性和外特性。外特性是内燃机所能达到的最高性能。

(一)汽油机速度特性

在汽油机节气门(油门)开度固定不动,点火提前角最佳及燃油供给完好的情况下,有效功率 P_e、转矩 T_{tq},燃油消耗率 b、每小时耗油量 B、排气温度 t_r、空气消耗量 A_a、进气管真空度 Δp、充量系数 φ_c、点火提前角 θ_{ig} 等随转速 n 变化的关系,称为汽油机的速度特性。节气门全开时速度特性,称为外特性。节气门部分打开时的速度特性,称为部分负荷速度特性。图 7-5 所示为汽油机外特性曲线。

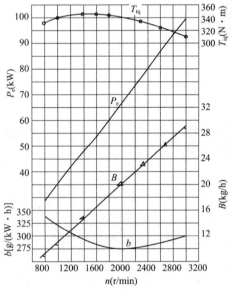

图 7-5 汽油机外特性曲线

1. 转矩曲线

随着转速 n 的增加,转矩 T_{tq} 逐渐增大,出现最大转矩 T_{tqmax} 后逐渐下降,且下降程度愈来愈大。曲线呈上凸形状。

由式(3-17)联立式(2-20)可知,$T_{tq} = \dfrac{k_2 \varphi_c \eta_i \eta_m}{\varphi_{at}}$,$T_{tq}$ 随 n 的变化,取决于指示热效率 η_i、机械效率 η_m、充量系数与过量空气系数之比 φ_c/φ_{at} 随 n 的变化。在节气门开度一定时,过量空气系数 φ_{at} 可视为常数。η_i、η_m、φ_c 随 n 的变化如图 7-6 所示。充量系数 φ_c 在某一中间转速时最大。因为一定的配气相位仅对一种转速最合适,此转速下能最好地利用气流惯性,其余转速时 φ_c 均降低,曲线为上凸形。指示热效率 η_i 随转速 n 的变化也是在某一中间转速较高,但变化比较平坦。因为转速低时,进气流速低,紊流减弱。使雾化、混合状态较差,火焰传播速度降低,散热及漏气损失增加,η_{it} 较低。转速高时,燃烧过程所占曲轴转角较大,燃烧在较大容积下进行,η_i 也较低。转速增加,消耗于机械损失功增加,因此。随转速升高,机械效率 η_m 明显下降。

总体上,当转速由低开始上升时,φ_c、η_i 同时增加的影响,大于 η_m 下降的影响,使 T_{tq} 增加。在达到最大值后,随转速增加,由于 φ_c、η_i、η_m 均下降,故转矩曲线逐渐下降,且下降程度逐渐加大。

2. 功率曲线

功率 P_e 与转矩 T_{tq} 和转速 n 的乘积成正比,$P_e = T_{tq}n/9550$。

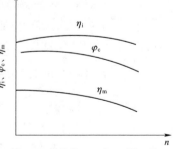

图 7-6 汽油机 η_i、η_m、φ_c 随 n 的变化关系

当转速由低逐渐升高时,由于 T_{tq} 和 n 同时增加,P_e 增加很快。在达到最大转矩转速 n_{tq} 后,再提高转速,由于 T_{tq} 有所下降,使 P_e 上升缓慢。某一转速时,T_{tq} 达最大值。此后,再增加转速,由于转矩下降超过转速上升的影响,P_e 反而下降。

3. 燃油消耗率曲线

从式 $b = k_3 / \eta_i \eta_m$ 可见,耗油率 b 随转速 n 变化趋势,取决于 η_i 和 η_m 随 n 变化的趋势。b 在某一中间转速,$\eta_i \eta_m$ 达到最大值时出现最低值。当转速较此最低耗油率转速低时,由于 η_i 低,使 b 增加。转速较此最低耗油率转速高时,η_i 和 η_m 均较低,b 也增加。

内燃机的部分负荷速度特性是在节气门关小、节流损失增大,充量系数减小的情况下,使部分负荷速度特性的 P_e、T_{tq} 低于外特性值。且转速越高,充量系数减小得越多。因此,节气门开度越小,随转速增加,转矩、功率曲线下降越快,并使最大转矩及最大功率点向低转速方向移动。

当节气门开度为 75% 左右时,燃油消耗率曲线最低。超过 75% 开度,混合气较浓,存在燃烧不完全现象,燃油消耗率曲线位置较高。低于 75% 开度时,残余废气相对增多,燃烧速度下降,η_i 降低。燃油消耗率曲线位置也高。且开度越小、燃油消耗率曲线位置越高。

(二)柴油机速度特性

喷油泵油量调节机构(供油拉杆或齿条)位置不动,柴油机性能指标(P_e、T_{tq}、b、B、排气烟度 R、涡轮前排气温度 t_T、爆发压力 p_z 等)随转速变化的关系,称为柴油机速度特性。当油量调节机构固定在标定循环供油量位置时的速度特性,称为柴油机外特性。当油量调节机构固定在小于标定循环供油量位置时的速度特性,称为柴油机部分负荷速度特性。下面利用图 7-7 所示外特性进行特性分析。

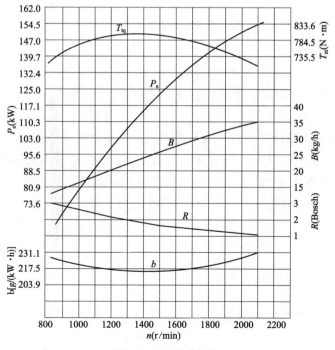

图 7-7 柴油机外特性

1. 转矩曲线

各种转速下柴油机转矩的大小，主要取决于每循环供油量 Δq 的多少。

根据关系式：

$$T_{tq} = k'_2 \eta_i \eta_m \Delta q \tag{7-1}$$

可知，柴油机转矩随转速的变化趋势决定于 η_i、η_m、Δq 随 n 的变化趋势。柴油机 η_i、η_m、Δq、φ_c 随 n 变化关系如图 7-8 所示。

柱塞式喷油泵，当油量调节机构位置不变时，每循环供油量随转速的变化关系，即为喷油泵的速度特性。由于油孔的节流作用，随转速 n 的提高，每循环供油量 Δq 呈线性增加。φ_c 在某一中间转速出现最高值。指示热效率在某一中间转速稍高，转速过高、过低时，η_i 都下降。原因是，当转速较高时，内于 φ_c 减小和 Δq 的增加，使过量空气系数减小，不完全燃烧现象严重，加之燃烧过程占用较大的曲轴转角，使燃烧在大容积下进行，η_i 较低。转速过低时，由于空气涡流减弱，燃烧不良及燃气与缸壁接触时间加长。使散热及漏气损失增加。η_i 也较低，但 η_i 曲线较汽油机变化平坦；η_m 随 n 的增加也呈下降趋势。

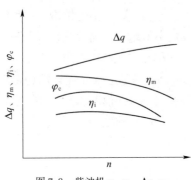

图 7-8 柴油机 η_i、η_m、Δq、φ_c 随 n 的变化关系

综上所述，在较低转速范围内，随 n 的增加，由于 Δq 及 η_i 的增加超过 η_m 下降的影响，使 T_{tq} 增加，在较高转速范围内，随 n 增加 η_i 及 η_m 下降超过 Δq 增加的影响，使 T_{tq} 有所下降，但比汽油机 T_{tq} 曲线平坦。

2. 功率曲线

由于转矩 T_{tq} 曲线变化平坦，在一定转速范围内。功率 P_e 几乎与转速 n 成正比增加。

3. 燃油消耗率曲线

与汽油机燃油消耗率曲线类似，柴油机的燃油消耗率曲线也是一凹形线，由于柴油机压缩比高，η_i 较高，曲线比汽油机的平坦。最低耗油率值比汽油机相应值低。当 η_i 和 η_m 达到最大值时，出现 b_{min} 值。

部分负荷速度特性随油量调节机构位置向减小供油量方向移动时，循环供油量减小、使部分负荷速度特性的 P_e、T_{tq} 值低于外特性。但随着负荷减小，循环供油量随转速的变化趋势基本不变，使部分负荷速度特性的变化趋势同外特件相似。所以柴油机的部分负荷速度特性的 P_e、T_{tq} 曲线是随负荷的减小，大致平行下移。

燃油消耗率曲线的变化趋势基本同外特性。当负荷为 75% 左右时，曲线位置最低。

三、发动机的调速特性

在调速器起作用时，柴油机性能指标（P_e、T_{tq}、b、B）随转速或负荷变化的关系，称为柴油机调速特性。

柴油机根据需要，可装用两级调速器和全程调速器。

(一)调速器与调速特性

1. 两级调速器及调速特性

车用柴油机一般采用两级调速器。调速器在怠速和标定转速附近起作用,以稳定怠速和防止高速飞车。中间转速调速器不起作用,由驾驶员通过加速踏板控制供油量。

图 7-9 为两级调速器工作原理图。发动机怠速运转时,调速器的飞球 5 的离心力,与软的怠速弹簧 10 的推力相平衡。当偶然原因使 n 高于或低于怠速转速时,调速器起作用。由于飞球的离心力增大或减小,使调节推杆 6 带动调节杠杆 8,以 A 为支点右移或左移,减少或增加循环供油量。使转速不至于增加或降低得过多,从而保持了怠速运转的稳定。

当油量调节机构处于某位置时,柴油机在某一转速下工作,如图 7-10 所示的 n_1 转速,此时阻力 T_1、与柴油机发出的转矩平衡于 a 点,飞球离心力与弹簧张力平衡。当阻力矩从 T_1 减至 T_2,柴油机转速增加,离心力克服弹簧力使调节推杆 6(图 7-9)右移,调节杠杆 8 作顺时针摆动,带动油量调节齿条向右移动,减少供油量,柴油机转矩下降至图 7-10 的 b 点,与阻力矩 T_2 相平衡,重新稳定在 n_2 下工作。当阻力矩全部卸掉时,曲轴转速迅速上升,离心力使油量调节齿条 1 右移至最小供油量,转速稳定在 n_3。反之,当阻力矩增加时,柴油机的转速降低,弹簧力大于离心力的轴向分力,调节推杆 6 左移,使油量调节齿条 1 向增加供油量方向运动,柴油机转矩也相应增加,直到与阻力矩相平衡时为止。

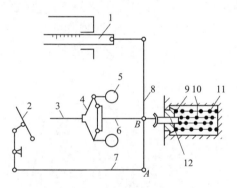
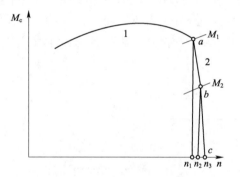

图 7-9 两级调速器工作原理图
1-油量调节齿条;2-加速踏板;3-调节轴;4-支撑架;
5-飞球;6-调节推杆;7-拉杆;8-调节杠杆;9-弹簧滑座;10-怠速弹簧;11-高速弹簧;12-滑块

图 7-10 调速特性示意图

两级调速器只在怠速和标定转速时起作用。当转速高于怠速,低于标定转速时,由于软的怠速弹簧 10 已被压缩到使滑块 12 抵在弹簧座 9 上,这时硬的高速弹簧 11 不能被压缩,则油量调节齿条 1 不能被飞球带动,此时由驾驶员通过加速踏板 2,直接带动杠杆 8 绕 B 点摆动,以控制供油量。

当发动机转速达到标定转速时,若外界阻力矩下降,使 n 超过标定转速,飞球 5 产生足够的离心力,使油量调节齿条 1 右移,减少了循环供油量,使柴油机的转矩和转速迅速下降,避免"飞车"。

图 7-11 所示为装用两级调速器的柴油机调速特性。由于调速器的作用,使速度特性的两端得到调整。转速变化时,转矩曲线急剧变化。中间部分按速度特性变化。

2. 全程调速器及调速特性

工程机械、矿山机械等用柴油机一般装用全程式调速器。柴油机由最低转速到最高转速的宽广范围内,调速器都起作用。图 7-12 为全程式调速器工作原理。调速器工作时,调速弹簧 5 的预紧力可由驾驶员通过加速踏板控制。当控制发动机在某一转速下工作时,飞块 4 的离心力与调速弹簧 5 的预紧力相平衡,使发动机稳定运转。当偶然原因使外界阻力变化时,转速增加或降低,飞块 4 的离心力增大或减小,带动供油拉杆 8 向减小或增加供油量的方向移动,直到重新达到平衡。因此实际工作中,发动机可以在选定的某种转速下,以近似不变的转速稳定工作。要想改变转速,只要改变加速踏板位置,相应改变调速弹簧起作用的预紧力即可,这时又可沿另一调速特性工作。

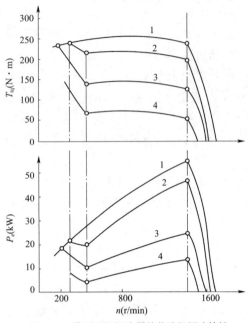

图 7-11 装用两级调速器的柴油机调速特性

图 7-13 为装用全程调速器的柴油机调速特性。可见,由于调速器的作用,转矩特性得到改善。当外界阻力急剧变化时,转矩可由最大到零或由零到最大,转速却变化很小。它不仅能限制超速和保持怠速稳定,而且能自动保持在选定的任何速度下稳定工作。

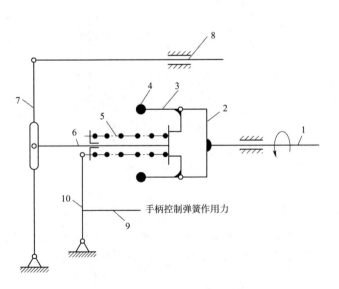

图 7-12 全程调速器工作原理图
1-喷油泵凸轮轴;2-支承架;3-角形杠杆;4-飞快;5-调速弹簧;6-支撑架;7-调速杠杆;8-供油拉杆;9-操纵杆;10-传动杆

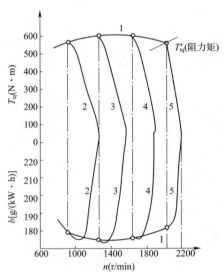

图 7-13 装用全程调速器的机调速特性
1-外特性;2~5-调速特性(外特性)

(二)调速器工作指标

1. 调速率

调速率用来评价调速器工作的好坏。分为稳定调速率和瞬时调速率两种。

1) 稳定调速率

用 δ_1 表示,它是当柴油机在标定工况下,突然卸去全部负荷,突变负荷前后转速稳定情况。

$$\delta_1 = \frac{n_2 - n_1}{n} \tag{7-2}$$

式中:n_1——突变负荷前柴油机的转速(r/min);

n_2——突变负荷后柴油机的稳定转速(r/min);

n——柴油机标定转速(r/min)。

一般车用柴油机 $\delta_1 \leqslant 10\%$,稳定调速率值过大,工作稳定性差。

2) 瞬时调速率

用 δ_2 表示,它是评定调速器过渡过程的指标。柴油机在负荷突变时,转速经过数次波动直到稳定,在此期间转速波动的瞬时变化百分比。

$$\delta_2 = \frac{n_3 - n_1}{n} \tag{7-3}$$

式中:n_3——突变负荷时柴油机的最大(或最小)瞬时转速(r/min);

n_1——突变负荷前的柴油机稳定转速(r/min);

n——柴油机的标定转速(r/min)。

一般 $\delta_2 < 12\%$。δ_2 太大,则瞬时波动过大,转速稳定时间过长,转速稳定性不好,严重时能发生转速忽高忽低并伴有响声,称为"游车"。调速器一旦发生游车,工作就会失灵。

2. 不灵敏度

调速器工作时,由于需要一定的力来克服调速系统的摩擦阻力,因此,在一定转速变化范围内,调速器不会立即起作用来改变供油量。当柴油机负荷减小时,调速器开始起作用的转速与负荷增大时开始起作用的转速之差,与柴油机平均转速之比,称为调速器的不灵敏度。

$$\varepsilon = \frac{n'_2 - n'_1}{n} \tag{7-4}$$

式中:n'_2——柴油机负荷减小时,调速器开始起作用的柴油机转速(r/min);

n'_1——柴油机负荷增大时,调速器开始起作用的柴油机转速(r/min);

n——柴油机的平均转速(r/min)。

若不灵敏度过大,会引起柴油机运转不稳,严重时会导致调速器工作失灵,产生飞车。

四、发动机的万有特性

车用内燃机工作转速和负荷变化范围很广,要全面评价内燃机的性能。用速度特性和负荷特性很不方便。通常根据负荷特性曲线簇经过转换。画出多参数特性,即万有特性。

通过万有特性可以方便查出内燃机各种工况下的性能指标。

以转速 n 为横坐标，以转矩 T_{tq} 或平均有效压力 P_{me} 为纵坐标，在图上画出许多等燃油消耗率曲线和等功率曲线，构成万有特性。图 7-14 为 CA6102 汽油机万有特性。图 7-15 为 EQD6102-1 型柴油机万有特性。

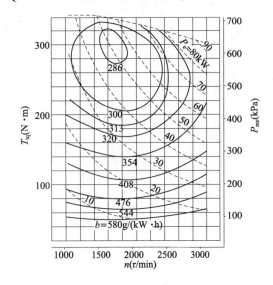

图 7-14 CA6102 汽油机万有特性

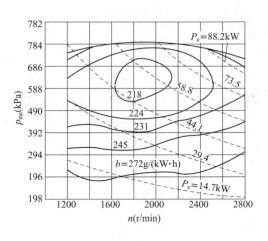

图 7-15 EQD6102-1 型柴油机万有特性

(一) 汽油机与柴油机万有特性的比较

汽油机万有特性与柴油机万有特性相比有如下特征：最低油耗偏高，经济区偏小；等燃油消耗线在低速区向大负荷收敛，说明汽油机低速、低负荷工作时，燃油消耗率较高；等功率曲线随转速升高而斜穿等燃油消耗线，故当 P_e 一定时，转速愈高愈费油；汽油机 (n 一定) 的 $\Delta b/\Delta T_{tq}$ 或 $\Delta b/\Delta P_{me}$ 比柴油机大，说明变工况工作时平均油耗偏高。

柴油机万有特性与汽油机相比：最低燃油消耗偏低，经济区较宽；等耗油率线在向低速均不收敛，变化比较平坦；等功率线向高速延伸时，耗油率变化不大。

(二) 万有特性的制取

根据各种转速下的负荷特性曲线，用作图法可以得到万有特性。作法如图 7-16 所示。

1. 等燃油消耗率曲线

(1) 将不同转速的负荷特性转换为以平均有效压力 P_{me} 或转矩 T_{tq} 为纵坐标、燃油消耗率 b 为横坐标的负荷特性。P_{me}、T_{tq} 与 P_e 之间的换算关系见式 (2-20) $\left(P_e = \dfrac{ip_{me}V_s n}{30\tau} \times 10^{-3}\right)$ 和式 (2-22) $\left(T_{tq} = 9550 \dfrac{P_e}{n}\right)$。

(2) 从负荷特性曲线的某一油耗处如图 7-16 中 $b = 230\text{g}/(\text{kW} \cdot \text{h})$ 处引一垂线，与各种转速的 b 曲线有两个 (或一个) 交点。再从交点处引水平线，与从万有特性横坐标相应转速处引出的垂线相交，将交点连成圆滑的曲线，即得到一定燃油消耗率时的等燃油消耗率曲线。其余耗油率 b 时的等燃油消耗率曲线作法相同。

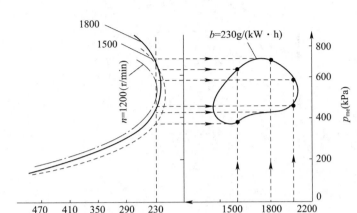

图 7-16 万有特性曲线的作法

2. 等功率曲线

根据公式 $P_e = T_{tq}n/9550 = kP_{me}n$，可画出等功率曲线是一组双曲线。

3. 边界线

将外特性中的 $T_{tq}—n$（或 $P_{me}—n$）画在万有特性上。构成边界线。

(三) 万有特性的应用

(1) 由万有特性可以方便地查到内燃机在任何点 (T_{tq}, n) 工作时的 P_e、b、P_{me}，内燃机在任何点 (P_e, n) 工作时的 T_{tq}、b、P_{me} 以及发动机最经济负荷和转速。

(2) 等燃油消耗率曲线的形状及分布情况，对内燃机使用经济性有很大影响。等燃油消耗率曲线最内层为最经济区，曲线愈向外，经济性愈差。如果等燃油消耗率曲线横向较长，表示内燃机在负荷变化不大而转速变化较大的情况下油耗较小。如果等燃油消耗率曲线纵向较长，则发动机负荷变化较大而转速变化较小情况下的燃油消耗较少。对于常用中等负荷、中等转速工况的车用内燃机，希望其最经济区处于万有特性中部，等燃油消耗率曲线横向较长。对于转速变化范围较小而负荷变化范围较大的工程机械用内燃机，希望最经济区在标定转速附近，等燃油消耗率曲线纵向较长些。

(3) 某些改进与研究性试验时，为保证内燃机与传动系的匹配，将常用排档下常用阻力曲线（折算成 P_{me} 值）绘于万有特性上。可以一目了然地看出汽车的常用工作区，是否与发动机的经济油耗区接近，以判断改进效果。

(4) 可用万有特性评价内燃机排放污染情况。将内燃机有害排放物随负荷和转速变化的关系画在万有特性上，从而反映内燃机在某一工况下的燃烧与混合气形成情况。图 7-17 为柴油机有害排放物的万有特性。

(5) 可以结合传动系参数绘制整车万有特性。由此可以确定各排档、各种坡度、不同车速下的经济性和动力性。

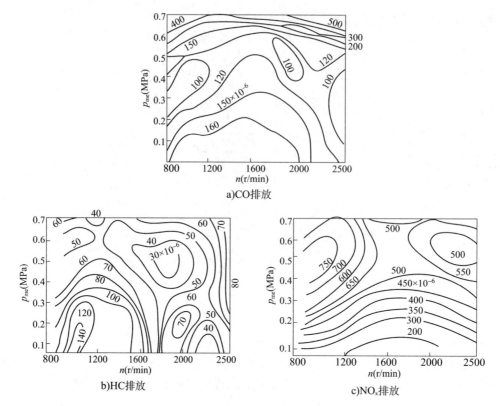

图 7-17　柴油机有害排放物的万有特性

模块小结

负荷特性表示内燃机在某一转速下,燃油经济性指标及其他参数随负荷变化的关系。

汽油机负荷特性:点火提前角最佳、燃油喷射系统及进气系统工作正常,保持汽油机转速一定,每小时燃油消耗量 B、燃油消耗率 b 随负荷(P_e、T_{tq} 或 P_{me})而变化的关系。

柴油机负何特性:柴油机转速一定,每小时耗油量 B、有效燃料消耗率 b 随负荷(P_e、T_{tq} 或 P_{me})而变化的关系称柴油机负荷特性。

负荷特性曲线的特点:同一转速下,最低油耗率 b_{min} 愈小,曲线变化愈平坦,经济性愈好。柴油机 b_{min} 比汽油机低 10%～30%;而且有效燃油消耗率曲线比较平坦。相比之下,柴油机部分负荷时低油耗率区比汽油机宽,因而柴油机比汽油机省油。

内燃机性能指标随转速变化的关系,称为内燃机的速度特性。速度特性包括部分负荷速度特性和外特性。外特性是内燃机所能达到的最高性能。

汽油机速度特性:汽油机节气门(油门)开度固定不动,点火提前角最佳及燃油供给完好的情况下,有效功率 P_e、转矩 T_{tq}、燃油消耗率 b、每小时耗油量 B、排气温度 t_r、空气消耗量 A_a、进气管真空度 Δp、充量系数 φ_c、点火提前角 θ_{ig} 等随转速 n 变化的关系。

柴油机速度特性:喷油泵油量调节机构(供油拉杆或齿条)位置不动,柴油机性能指标(P_e、T_{tq}、b、B、t_r、排气烟度 R、涡轮前排气温度 t_T、爆发压力 p_z 等)随转速变化的关系,称为柴油机速度特性。当油量调节机构固定在标定循环供油量位置时的速度特性。

在调速器起作用时,柴油机性能指标(P_e、T_{tq}、b、B)随转速或负荷变化的关系,称为柴油机调速特性。

万有特性:根据负荷特性曲线簇经过转换,画出多参数特性,即万有特性。

思考与练习

1. 什么是内燃机的负荷特性?试分析汽油机、柴油机负荷特性中曲线的变化趋势。
2. 负荷特性曲线形状对柴油机性能有何影响?
3. 什么是内燃机速度特性?试分析汽油机和柴油机特性曲线。
4. 汽油机、柴油机的特性曲线有什么异同点?为什么?
5. 发动机负荷特性和速度特性能否相互转化?为什么?
6. 什么是发动机万有特性?如何制取万有特性曲线?
7. 内燃机万有特性曲线形状、位置对内燃机性能有何影响?
8. 柴油机为什么要安装调速器?什么是柴油机调速特性?
9. 两级式调速器和全程调速器对柴油机性能有何影响?两者的调速特性有什么特点?

模块八　汽车的动力性

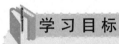

1. 能准确叙述汽车动力性指标；
2. 能准确叙述汽车的驱动力；
3. 能准确叙述汽车的行驶阻力；
4. 能准确叙述汽车的行驶方程式与行驶条件；
5. 能准确叙述汽车动力性的确定方法；
6. 能准确叙述汽车动力性的提高措施。

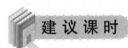

6课时。

汽车的动力性是指汽车在良好路面上直线行驶时，由汽车受到的纵向外力决定的、所能达到的平均行驶速度。汽车是一种高效率的运输工具。运输效率之高低很大程度上取决于汽车的动力性。所以，动力性是汽车各种性能中最基本、最重要的性能。

一、汽车动力性指标

从获得尽可能高的平均行驶速度的观点出发，汽车的动力性主要有以下3个评价指标。

(一)汽车的最高车速 v_{amax}

最高车速是指汽车在水平、良好、无风的路面(混凝土或沥青)上，汽车能达到的最高行驶车速。

(二)汽车的加速时间 t

汽车的加速时间表示汽车的加速能力，它对平均行驶车速有很大影响。常用原地起步加速时间与超车加速时间来表明汽车的加速能力。原地起步加速时间，指汽车由Ⅰ挡或Ⅱ挡起步，并以最大的加速强度(包括选择恰当的换挡时机)逐步换至最高挡后，到某一预定的距离或车速所需的时间。超车加速时间，指用最高挡或次高挡由某一较低车速全力加速至某一高速所需的时间。由于超车时两车辆并行,容易发生安全事故,所以超车加速能力强,并行行程短,行驶就安全。一般常用 0～400m 或 0～100km/h 连续换挡加速所需的时间来表明汽车的原地起步加速能力。对超车加速能力还没有一致的规定,采用较多的是用最高挡或次高挡,由某一中等车速全力加速行驶至某一高速所需的时间。轿车对加速时间尤为重视。

(三)汽车的最大爬坡度 i_{max}

汽车的最大爬坡度指Ⅰ挡、满载时,以规定的速度(一般 60km/h),在良好路面上的最大爬坡度。轿车最高车速大,加速时间短,经常在较好的道路上行驶,一般不强调它的爬坡能力;而且它的Ⅰ挡加速能力大,故爬坡能力也强。货车在各种地区的各种道路上行驶,所以必须具有足够的爬坡能力。实际上,i_{max} 代表了汽车的极限爬坡能力,它应比实际行驶中遇到的道路最大爬坡度超出很多。这是因为应考虑到在被迫上坡道路停车后,顺利起步加速;或克服松软坡道路而遇到的大阻力等要求的缘故。一般货车 i_{max} 在 30%(即 16.7°)左右,越野汽车要在坏路或无路条件下行驶,因而爬坡能力是一个很重要的指标,它的最大爬坡度可达 60%(即 31°)左右。

3 个指标的测定,均应在无风的条件下进行。

确定汽车的动力性,就是确定汽车沿行驶方向的运动状态。因此,需要掌握沿汽车行驶方向作用于汽车上的各种外力,即驱动力与行驶阻力。根据这些力的平衡关系,建立汽车行驶方程式,就可以估算汽车的最高车速、加速度和最大爬坡度。

二、汽车的驱动力

在汽车行驶中,发动机发出的有效转矩 T_{tq} 经变速器、传动轴、主减速器等后,由半轴传给驱动车轮。如果变速器传动比为 i_g,主减速器传动比为 i_o,传动系的机械效率为 η_T,则传到驱动轮上的转矩为 T_t,即驱动力矩为:

$$T_t = T_{tq} i_g i_o \eta_T$$

如图 8-1 所示,此时作用于驱动轮上的转矩 T_t 产生对地面的圆周力 F_0,则地面对驱动轮的反作用力 F_t 即为汽车驱动力。如果驱动车轮的滚动半径为 r,就有 $F_t = T_t/r$,因而,汽车驱动力为:

$$F_t = \frac{T_{tq} i_g i_o \eta_T}{r} \tag{8-1}$$

下面将对式(8-1)中发动机转矩 T_{tq}、机械效率 η_T 及车轮半径 r 等作进一步讨论,并作出汽车的驱动力图。

(一)发动机的外特性

发动机的功率、转矩及燃油消耗率与转速的变化关系,即为发动机的速度特性。当发动机节气门全开,或高压油泵处于最大供油位置时,此特性为发动机的外特性,对应的关系曲线为外特性曲线;如果节气门部分开启,则称为发动机部分负荷特性曲线。

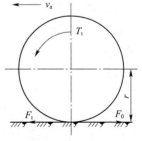

图 8-1 汽车驱动力

图 8-2 为某发动机的外特性曲线。n_{min} 为发动机最低稳定工作转速,随发动机转速增加,发动机发出的有效功率和有效转矩都在增加,发动机转矩达到最大值 T_{tqmax} 时,相应的发动机转速为 n_{tq},再增大发动机转速时,有效转矩 T_{tq} 有所下降,但功率 P_e 继续增加,一直达到最大功率 P_{emax},此时发动机转速为 n_p,继续提高发动机转速,其功率反而下降。一般取 $n_{max} = (1.1 \sim 1.2) n_p$。

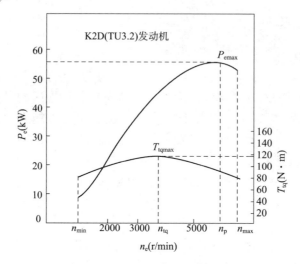

图 8-2 某发动机外特性曲线

如转矩 T_{tq} 单位用 N·m 表示,功率 P_e 单位用 kW 表示,转速 n_e 用 r/min 表示,它们之间有如下关系:

$$P_e = \frac{T_{tq} n_e}{9550} \tag{8-2}$$

(二) 传动系的机械效率

发动机发出的功率有效 P_e,经传动系传到驱动车轮的过程中,要克服传动系各部件的摩擦而有一定的损失。若损失的功率为 P_T,则传到驱动轮的功率为 $P_e - P_T$,传动系的机械效率 η_T 为:

$$\eta_T = \frac{P_e - P_T}{P_e} = 1 - \frac{P_T}{P_e} \tag{8-3}$$

传动系的功率损失由传动系中各部件——变速器、万向节、主减速器等的功率损失所组成。其中变速器和主减速器等的功率损失所占比例最大,其余部件功率损失较小。

损耗的功率含机械损失功率和液力损失功率。机械损失功率是指齿轮传动副、轴承、油封等处的摩擦损失的功率,其大小决定于啮合齿轮的对数,传递转矩等因素。液力损失功率是指消耗于润滑油的搅动、润滑油与旋转零件之间的表面摩擦功率。其大小决定于润滑油的黏度、品质、温度、箱体内的油面高度,以及齿轮等旋转零件的转速。液力损失随传动零件转速提高、润滑油液面高度及黏度增加而增大。

传动系的机械效率是在专门的实验装置上测试得到的。在动力性计算时,机械效率取为常数。采用有级机械变速传动系的轿车取 0.9~0.92,单级主传动减速器货车取 0.9,四轮驱动汽车取 0.85。

(三)车轮半径

轮胎的尺寸及结构直接影响汽车的动力性。车轮按规定气压充好气后,处于无载时的半径,称为自由半径。

在汽车重力作用下,轮胎发生径向变形。车轮中心与轮胎接地面的距离称为静力半径。静力半径小于其自由半径,它取决于载荷、轮胎的径向刚度,以及支承面的刚度。

作用于车轮上除径向载荷外,还有转矩。行驶中的车轮中心至轮胎与道路接触面切向反作用力之间的距离为动力半径。此时轮胎不仅产生径向变形,同时还产生切向变形。其切向变形取决于轮胎的切向刚度、轮胎承受的转矩及转动时的离心惯性力等。

以车轮转动圈数 n 与车轮实际滚动距离 S 之间关系换算得出的车轮半径,称为车轮的运动半径(滚动半径)r_r,即:

$$r_r = \frac{S}{2\pi n} \tag{8-4}$$

在对汽车进行动力学分析时,应用车轮的动力半径;对汽车进行运动学分析时,应用车轮的运动半径。在一般性粗略估算时,不计它们的差别,统称为车轮半径。

(四)汽车的驱动力图

在各个挡位上,汽车驱动力 F_t 与车速 v_a 之间的函数关系曲线,称为汽车驱动力图。它直观地显示变速器处于各挡位时,驱动力随车速变化的规律。

当已知发动机外特性曲线、传动系的传动比及机械效率、车轮半径等参数时,即可作出汽车驱动力图。具体方法如下:

(1)从发动机外特性曲线上取若干点(n_e、T_{tq})。
(2)根据选定的不同挡位传动比,按式(8-1)算出驱动力值。
(3)根据转速 n_e 和挡位传动比,由式(8-5)计算与所求 F_t 对应的速度:

$$v_a = \frac{3600}{1000} \cdot \frac{2\pi}{60} \cdot \frac{n_e r}{i_g i_0} = 0.377 \frac{r n_e}{i_g i_0} \tag{8-5}$$

(4)建立 $F_t - v_a$ 坐标,选好比例尺,对每个挡位,将计算出的值(F_t,v_a)分别描点并连成曲线,即得驱动力图。

图 8-3 即为某五挡变速器汽车的驱动力图。从驱动力图可以看出驱动力与其行驶速度的关系及不同挡位驱动力的变化。驱动力图可以作为工具来分析汽车的动力性。

三、汽车的行驶阻力

汽车的行驶阻力有滚动阻力、空气阻力、上坡

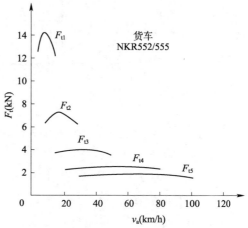

图 8-3 汽车驱动力图

阻力和加速阻力。

各阻力中,滚动阻力和空气阻力在任何行驶条件下都是存在的,但坡道阻力仅在上坡行驶时存在,加速阻力仅在汽车加速行驶时存在。

(一)滚动阻力

1. 弹性轮胎的变形分析

车轮滚动时,轮胎与路面的接触区域产生相互作用力,轮胎和支承路面发生相应的变形。由于轮胎和支承面的相对刚度不同,它们变形特点也不同。

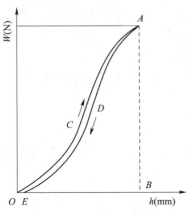

图8-4 轮胎的径向变形曲线

当弹性轮胎在混凝土路、沥青路等硬路面上滚动时,轮胎的变形是主要的。轮胎在硬路面上受径向载荷时的变形曲线如图8-4所示。图中OCA为轮胎加载时的变形曲线,面积$OCABO$则为加载过程中对轮胎所做的功;ADE为轮胎卸载时的变形曲线,面积$ADEBA$则为卸载过程中轮胎放出的能量;两面积之差$OCADEO$即表示轮胎变形时引起的能量损失,这部分能量消耗在轮胎内部橡胶、帘线等的摩擦上,最后转化为热能而散失在大气中,称为轮胎的弹性迟滞损失。

当车轮静止时,地面对车轮法向反作用力的分布是前后对称的,合力通过车轮中心。而当车轮滚动时,如图8-5所示,虽然在法线nn'前后相对应点d和d'变形量相同(变形量为δ),但前部处于压缩过程的d点的地面法向反作用力较大[图8-5b)中FC],而处于恢复过程的后部d'点的地面法向反作用力较小[图8-5b)中FD]。由此可见,由于轮胎的弹性迟滞损失影响,处于滚动过程中的车轮,地面法向反作用力的分布前后并不对称,前部所受的地面法向反作用力比后部大。

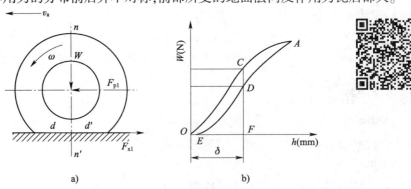

图8-5 弹性车轮滚动时的地面法向反作用力

2. 滚动阻力的计算方法

轮胎的弹性迟滞损失表现为阻碍车轮滚动的一种阻力偶矩。从动车轮在硬路面上滚动时情况如图8-6所示,由于弹性车轮滚动时的前部地面法向反作用力较大,其合力F_{Z1}相对法线nn'向前偏移了一定距离a,此偏移距离随轮胎弹性迟滞损失的增大而增大。由于地面法向反作用力F_{Z1}与法向载荷W_1大小相等,方向相反,两者形成阻碍车轮滚动的阻力偶矩

$M_{f1} = F_{Z1}a$,要使从动轮在硬路面上等速滚动,必须在车轮中心施加一个推力 F_{p1},此推力与地面切向反作用力 F_{X1} 构成一个力偶矩来克服滚动阻力偶矩,在车轮中心施加的推力 F_{p1} 应为:

$$F_{p1} = \frac{M_{f1}}{r} = \frac{F_{Z1}a}{r} = \frac{W_1 a}{r} \tag{8-6}$$

令 $f = \dfrac{a}{r}$

$$F_{p1} = W_1 f \tag{8-7}$$

或

$$f = \frac{F_{p1}}{W_1} \tag{8-8}$$

式中:f——称为滚动阻力系数。

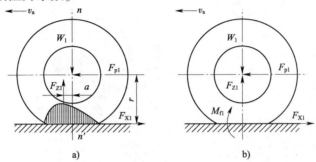

图 8-6 从动车轮在硬路面上滚动时的受力情况

滚动阻力系数是车轮在一定条件下滚动时所需要的推力与车轮载荷之比,也就是单位汽车重力需要的推力。试验证明,滚动阻力系数仅取决于道路条件和轮胎的结构,它与车轮载荷无关,因此定义滚动阻力 F_f 的计算式为:

$$F_f = Wf \tag{8-9}$$

驱动轮在硬路面上等速滚动时的受力情况,如图 8-7 所示。图 8-7 中 F_{X2} 为路面给驱动车轮的切向反作用力,M_t 为驱动力矩,W_2 为驱动轮上的垂直载荷,F_{Z2} 为路面给驱动车轮的法向反作用力。由于轮胎的弹性迟滞损失,F_{Z2} 的作用点向前偏移了一个距离 a。作用在驱动轮上的地面切向反作用力 F_{X2} 是驱动汽车行驶的外力,其数值为:

$$F_{X2} = \frac{M_t - F_{Z2}a}{r} = \frac{M_t}{r} - \frac{F_{Z2}a}{r} = F_t - F_f \tag{8-10}$$

由此可见,汽车行驶中,真正驱动汽车前进的外力 F_{X2} 等于汽车的驱动力 F_t 与驱动轮上的滚动阻力 F_f 之差,它是真实存在的,而驱动力 F_t 和滚动阻力 F_f 都是定义的力,在汽车的受力图上并不存在。

3.滚动阻力的组成

按力学上定义力的概念,滚动阻力不是力,它是指车轮在路面上滚动时,由于轮胎与路面之间的相互作用而引起的能量损失。这些能量损失主要包括 4 部分:轮胎变形引起的能量损失、路面变形引起的能量损失、轮胎与路面间相对滑移引起的摩擦损失、路面不平导致汽车振动而引起的能量损失。汽车在不同的路面上行驶时,组成行驶阻力的各部分所占比例有所不同,如:汽车在平坦的硬路面上行驶时,轮胎变形引起的能量损失所占比例

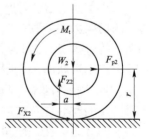

图 8-7 驱动车轮在硬路面上滚动时的受力情况

较大;汽车在松软的路面上行驶时,路面变形引起的能量损失所占比例较大;汽车在不平的硬路面上行驶时,汽车振动引起的能量损失所占比例较大;随行驶车速的提高,轮胎与路面间相对滑移引起的摩擦损失增加。

对汽车性能进行一般分析时,不需对各种损失分别进行计算,而以滚动阻力系数来概括各种损失的总效应。滚动阻力系数与路面的种类、行驶车速以及轮胎的结构、材料、气压等有关,由试验确定。汽车用同一轮胎在不同路面上以中低速行驶试验所得到的滚动阻力系数,见表8-1。

滚动阻力系数　　　　　　表8-1

路面类型	滚动阻力系数	路面类型	滚动阻力系数
良好的沥青或混凝土路面	0.010～0.018	雨后压紧土路	0.050～0.150
一般的沥青或混凝土路面	0.018～0.020	泥泞土路	0.100～0.250
碎石路面	0.020～0.025	干砂路面	0.100～0.300
良好的卵石路面	0.025～0.030	混砂路面	0.060～0.150
坑洼的卵石路面	0.030～0.050	结冰路面	0.015～0.030
干燥的压紧土路	0.025～0.035	压紧雪道	0.030～0.050

滚动阻力系数的数值也可以用经验公式大致估算。在一般较平坦的硬路面上,轿车的滚动阻力系数可按下式估算:

$$f = f_0 \left(1 + \frac{v_a^2}{19440}\right) \tag{8-11}$$

式中:f_0——良好沥青或混凝土路面为0.014;卵石路面为0.025;砂石路面为0.020;
　　　v_a——行驶车速(km/h)。

货车轮胎气压高,滚动阻力系数可用式(8-12)来估算:

$$f = 0.0076 + 0.000056\, v_a \tag{8-12}$$

式中:v_a——车速(km/h)。

(二)空气阻力

汽车行驶时所受的空气作用力在行驶方向上的分力称为空气阻力。汽车在空气介质中运动,空气介质本身也有运动,空气阻力的方向并不一定与汽车行驶方向相反。

空气阻力分为摩擦阻力和压力阻力两部分。摩擦阻力是由于空气的黏性在车身表面产生的切向力在行驶方向上的分力。压力阻力是作用在汽车外形表面上的法向压力在行驶方向上的分力,压力阻力分为形状阻力、干扰阻力、内循环阻力和诱导阻力4部分。形状阻力是由汽车形状引起的阻力,与车身主体形状有关;干扰阻力是车身表面上一些如把手、后视镜、引水槽、驱动轴等凸起物而引起的阻力;内循环阻力为发动机冷却系统以及车身通风等所需要的空气在车体内部流动时形成的阻力;诱导阻力是汽车行驶时的空气升力在行驶方向上的分力。在一般轿车的空气阻力中,形状阻力占58%,干扰阻力占14%,内循环阻力占12%,诱导阻力占7%,摩擦阻力占9%。

空气阻力是真实存在的力,用符号F_w来表示,单位为N。计算公式如下:

$$F_w = \frac{C_D A\, v_r^2}{21.15} \tag{8-13}$$

式中：C_D——空气阻力系数；

A——迎风面积（m^2）；

v_r——汽车与空气的相对速度，一般取汽车的行驶速度（km/h）。

空气阻力与汽车相对速度的平方成正比，相对速度越高，空气阻力越大。空气阻力系数 C_D 和迎风面积 A 取决于汽车的外形。汽车迎风面积指汽车在其纵轴的垂直平面上投影的面积，该面积可直接在投影面上测得，亦常用汽车的轮距与汽车的高度之乘积近似地表示。

由于受汽车运输效率和乘坐使用空间等的限制，依靠降低行驶速度或减小迎风面积来减小汽车的空气阻力也受到一定限制，通过合理的汽车外形设计，降低空气阻力系数是减小空气阻力的主要手段。

试验表明，空气阻力系数每降低 10%，可节省燃油 7% 左右。目前轿车的空气阻力系数一般在 0.28～0.4。表 8-2 为几种常见轿车的空气阻力系数。

几种常见轿车空气阻力系数　　　　　表 8-2

车型	卡罗拉	速腾	荣威 550	凯美瑞	宝马 5 系	奔驰 S600	奥迪 A6
空气阻力系数	0.32	0.32	0.30	0.29	0.28	0.27	0.26

（三）坡道阻力

当汽车上坡行驶时，汽车重力沿坡道方向的分力称为汽车的坡道阻力，用符号 F_i 表示，单位为 N，如图 8-8 所示。坡道阻力按式（8-14）计算：

$$F_i = G\sin\alpha \tag{8-14}$$

式中：G——汽车的总重力（N）；

α——坡道角度。

道路坡度 i 是以坡高与底长之比来表示的，按图 8-8 中所示尺寸，坡度与坡道角度的关系为：

$$i = \frac{h}{s} = \tan\alpha \tag{8-15}$$

当坡道角度不大（$\alpha < 10° \sim 15°$）时，因为 $i = \tan\alpha \approx \sin\alpha$，则坡道阻力可按式（8-16）计算：

$$F_i = Gi \tag{8-16}$$

在坡度较大时，坡度阻力按式（8-16）计算误差较大，仍应按定义式计算。

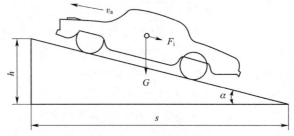

图 8-8　汽车的坡道阻力

由于坡度阻力与滚动阻力都是与道路有关的阻力，而且都与汽车重力成正比，所以可把这两种阻力合在一起考虑，称为道路阻力，用 F_ψ 表示。

$$F_\psi = F_f + F_i = fG\cos\alpha + G\sin\alpha \tag{8-17}$$

当坡道角度不大时,$\cos\alpha \approx 1$,$\sin\alpha \approx i$,则:

$$F_\psi = Gf + Gi = G(f+i) = G\psi \tag{8-18}$$

式中:ψ——道路阻力系数,$\psi = f + i$。

(四)加速阻力

汽车加速行驶时,需要克服汽车质量加速运动的惯性力,这就是加速阻力 F_j。汽车的质量包括平移质量和旋转质量两部分,加速时平移质量产生惯性力,旋转质量产生惯性力偶矩。为了计算方便,通常把旋转质量的惯性力偶矩转化为平移质量的惯性力,计算时,用系数 δ 作为计入旋转质量惯性力矩的汽车质量换算系数。因此,汽车的加速阻力计算公式为:

$$F_j = \frac{\delta G}{g} \frac{dv}{dt} \tag{8-19}$$

式中:δ——汽车旋转质量换算系数;
G——汽车总重力(N);
g——重力加速度,$g = 9.81(m/s^2)$;
dv/dt——汽车加速行驶的加速度(m/s^2)。

旋转质量换算系数主要与飞轮的转动惯量、车轮的转动惯量和传动系的传动比有关,在进行汽车动力性一般计算时,可以按下面的经验公式估算:

$$\delta = 1 + \delta_1 + \delta_2 i_g^2 \tag{8-20}$$

式中:δ_1——车轮旋转质量换算系数,轿车 $\delta_1 = 0.05 \sim 0.07$,货车 $\delta_1 = 0.04 \sim 0.05$;
δ_2——飞轮旋转质量换算系数,$\delta_2 = 0.03 \sim 0.05$;
i_g——变速器传动比。

四、汽车的行驶方程式与行驶条件

(一)汽车行驶的驱动—附着条件

汽车行驶时,作用于汽车的外力有驱动力和行驶阻力,它们互相平衡。由从动车轮和驱动车轮的受力图可得到汽车行驶时,驱动力与各行驶阻力之间的关系式,称为汽车的驱动力平衡方程,即:

$$F_t = F_f + F_w + F_i + F_j \tag{8-21}$$

由此得知,行驶中的汽车当驱动力等于滚动阻力、坡度阻力和空气阻力之和时,汽车等速行驶;当驱动力大于滚动阻力、坡度阻力与空气阻力之和后,汽车才能加速行驶;如驱动力小于滚动阻力、坡度阻力与空气阻力之和,则汽车无法起步,行驶中的汽车也将减速直到停车。所以,汽车行驶的驱动条件(或称必要条件)为:

$$F_t \geq F_f + F_w + F_i \tag{8-22}$$

为了满足汽车的驱动条件,我们可以采用增大发动机转矩、加大传动比等办法来增大汽车驱动力。但是在实际使用中,驱动力过大会使驱动轮发生滑转现象,而驱动轮一旦产生滑转,再增大驱动力,只能加速驱动轮旋转,而不能增加地面给驱动车轮的切向反作用力,即驱动汽车的外力受轮胎与路面之间附着条件的限制。

轮胎与路面之间附着条件可用附着力来表示,附着力越大,附着条件越好。附着力是指路面对轮胎切向反作用力的极限值,用 F_φ 表示。对一定的轮胎和路面,附着力与驱动轮法向反作用力 F_{Z2}(或垂直载荷 W_2)成正比,即:

$$F_\varphi = \varphi F_{Z2} = \varphi W_2 \tag{8-23}$$

上式中的 φ 称为附着系数,它由路面和轮胎的情况决定。驱动轮上的地面切向反作用力不能大于附着力,否则会发生驱动轮滑转,汽车无法正常行驶。因此,汽车的驱动力 F_t、驱动轮上的滚动阻力 F_{f2} 和附着力 F_φ 之间必须满足下列关系:

$$F_t - F_{f2} \leq F_\varphi \tag{8-24}$$

或

$$F_t \leq F_\varphi + F_{f2} \tag{8-25}$$

上述关系称为汽车行驶的附着条件(或充分条件)。因为与驱动力和附着力相比,驱动轮上的滚动阻力很小,汽车行驶的附着条件可写为:

$$F_t \leq F_\varphi = \varphi W_2 \tag{8-26}$$

综上所述,汽车行驶的驱动—附着条件(或称充分与必要条件)可用式(8-27)表示:

$$F_f + F_w + F_i \leq F_t \leq F_\varphi \tag{8-27}$$

(二)附着系数

由汽车的行驶条件不难得出,提高附着系数以提高附着力,是保证汽车驱动力充分利用的重要措施。提高附着系数,不仅有利于汽车动力性的发挥,也可提高汽车的制动性。

附着系数主要取决于路面的种类和表面状况,同时也与轮胎结构、胎面花纹以及使用条件等有关。

车轮在硬路面上滚动时,轮胎的变形远比路面的变形大,路面的微观结构粗糙且有一定的尖锐棱角,路面的坚硬微小凸起会嵌入轮胎的接触表面,使车轮与路面有较好的附着能力。当路面覆盖有尘土时,路面的微观凹凸处为尘土所填,附着力系数则降低。在潮湿的路面上,轮胎与路面间的液体起着润滑剂的作用,所以附着性能显著下降。

车轮在松软路面上滚动时,土壤变形较轮胎变形大,轮胎花纹的凸起部分嵌入土壤,这时附着系数的数值不仅取决于轮胎与土壤间的摩擦,同时取决于土壤的抗剪强度,因为只有在嵌入轮胎花纹凹入部分的土壤被剪切后,车轮始能滑转。土壤的抗剪强度与土壤的粒度、湿度、多孔度、土壤内摩擦系数等有关。

轮胎的结构及材料对附着系数的影响也很显著。具有细而浅花纹的轮胎在硬路面上有较好的附着能力;而在软土壤上,具有宽而深花纹的轮胎则可得较大的附着系数。花纹纵向排列的轮胎所能传递的侧向力较高;而横向或人字形排列的花纹的轮胎则传递切向力的能力较大。轮胎材料不同,附着系数也不同,合成橡胶轮胎较天然橡胶轮胎有较高的附着系数。轮胎气压不同,附着系数也不同,在硬路面上轮胎气压对附着系数的影响如图8-9所示。低气压、宽断面的子午线轮胎与地面

图8-9 轮胎气压对附着系数的影响

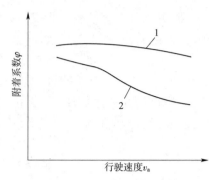

图 8-10 车速对附着系数的影响
1-在干燥硬路面上附着系数随行驶速度变化曲线;2-在潮湿路面上附着系数随行驶速度变化曲线

的接触面积较大,附着系数比普通轮胎高。轮胎的磨损会影响附着能力,随着胎面花纹深度的减小,其附着系数将有显著下降。

汽车行驶速度对附着系数也有显著影响,如图 8-10 所示。在干燥硬路面上,如果行驶速度过高,由于胎面橡胶来不及与路面微观凹凸构造完全啮合,所以附着系数有所降低;在潮湿路面上提高行驶速度时,轮胎不易将液体挤出,所以附着系数有显著的降低。在松软路面上行驶时,车速过高,车轮的动力作用易破坏土壤的结构,附着系数也会显著下降。

不同轮胎在各种路面上的附着系数如表 8-3 所列。实际计算时,在良好的混凝土、沥青路面上,路面干燥时可取 $\varphi=0.7\sim0.8$,路面潮湿时可取 $\varphi=0.5\sim0.6$;干燥的碎石路上可取 $\varphi=0.6\sim0.7$;干燥的土路可取 $\varphi=0.5\sim0.6$;湿土路面上可取 $\varphi=0.2\sim0.4$。

轮胎与路面间的附着系数 表 8-3

路面		轮胎		
类型	状态	高压轮胎	低压轮胎	越野轮胎
沥青、混凝土路面	干燥	0.50~0.70	0.7~0.80	0.7~0.80
	潮湿	0.35~0.45	0.45~0.55	0.50~0.60
	污染	0.25~0.45	0.25~0.40	0.25~0.45
碎石路面	干燥	0.50~0.60	0.60~0.70	0.60~0.70
	潮湿	0.30~0.40	0.40~0.50	0.40~0.55
土路	干燥	0.40~0.50	0.50~0.60	0.50~0.60
	湿润	0.20~0.40	0.30~0.40	0.35~0.50
	泥泞	0.15~0.25	0.15~0.25	0.20~0.30
积雪路	松软	0.20~0.30	0.20~0.30	0.20~0.40
	压实	0.15~0.20	0.20~0.25	0.30~0.45
结冰路面		0.08~0.15	0.10~0.20	0.05~0.10

五、汽车动力性的确定方法

(一)驱动力—行驶阻力平衡图

前面得到汽车的行驶方程式为:

$$F_t = F_f + F_w + F_i + F_j \tag{8-28}$$

或

$$\frac{T_{tq} i_g i_o \eta_T}{r} = Gf\cos\alpha + \frac{C_D A v_a^2}{21.15} + G\sin\alpha + \delta\frac{G}{g}\frac{dv}{dt} \tag{8-29}$$

此方程表明了汽车行驶时,驱动力和各行驶阻力之间的平衡关系。当发动机转矩特性、变速器传动比、主减速比、机械效率、车轮半径、空气阻力系数、汽车迎风面积及汽车总质量等初步确定后,便可利用此公式分析汽车在良好路面(沥青、混凝土路面)上的行驶能力,即确定节气门全开时,汽车能达到的最高车速、加速能力和爬坡能力。

为了清晰而形象地表明汽车行驶时的受力情况及其平衡关系,一般是采用汽车行驶方程式的图解形式来进行分析的。汽车的驱动力—行驶阻力平衡图就是最基本的一种,它是在驱动力图上画出汽车行驶中经常遇到的滚动阻力和空气阻力叠加后,随车速的变化关系曲线。图 8-11 即为某 5 挡变速器汽车的驱动力—行驶阻力平衡图。

1. 最高车速的确定

汽车的最高车速是汽车在无风的条件下,在水平、良好的路面上,节气门全开,变速器挂于最高挡所能达到的车速。

驱动力—行驶阻力平衡图上 F_t 曲线(此时为最高挡驱动力 F_{t5} 曲线)与 $F_f + F_w$ 曲线的交点对应的车速,就是最高车速。

从图 8-11 中还可以看出,当车速低于最高车速时,驱动力大于行驶阻力,这样,汽车就可以利用剩下来的驱动力加速或爬坡,或牵引挂车。当需要在低于最高车速的某一车速(如 119km/h)等速行驶时,驾驶员可以关小节气门开度(图中虚线),此时发动机只用部分负荷特性工作,相应地得到虚线所示驱动力曲线,以使汽车达到新的平衡。

2. 加速能力的确定

汽车的加速能力可用它在水平良好路面上行驶时,能产生的加速度来评价。由于加速度的数值不易测量,一般常用加速时间来表明汽车的加速能力。例如用直接挡行驶时,由最低稳定速度加速到该挡最大车速的 80% 以上,新车应达到 100 km/h 以上所需的时间。

由汽车行驶方程得:

$$\frac{dv}{dt} = \frac{g}{\delta G}[F_t - (F_f + F_w)] \quad (设 F_i = 0) \tag{8-30}$$

显然利用图 8-11,可计算得各挡的加速度曲线如图 8-12 所示。有的汽车 I 挡的 δ(旋转质量转换系数)值甚大,II 挡的加速度可能比 I 挡的还要大。

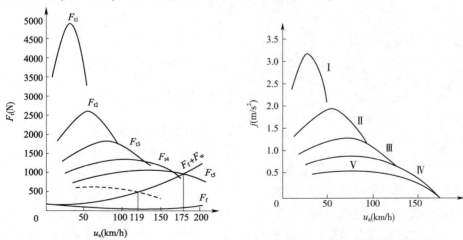

图 8-11 汽车驱动力—行驶阻力平衡图　　图 8-12 汽车的行驶加速度曲线

根据汽车加速度图,可以进一步求得由某一车速加速至另一较高车速所需的时间。

由于

$$j = \frac{dv}{dt} \tag{8-31}$$

式中：j——加速度（m/s²）。

故

$$t = \int_{v_1}^{v_2} \frac{1}{j} dv \tag{8-32}$$

如果画出加速度倒数 $\frac{1}{j}$ 随速度变化的曲线，可用图解积分法求出曲线下面的面积，即为加速过程中的加速时间（做此项时，注意单位的换算）。

3. 爬坡能力的确定

汽车的爬坡能力是用最大爬坡度来评定。最大爬坡度 $i_{max}\%$ 是指汽车满载时，在良好路面上以最低前进挡所能爬行的最大坡度。此时汽车在良好路面上克服 $F_f + F_w$ 后的力，全部用来克服坡度阻力，故 $\frac{dv}{dt} = 0$，即 $F_j = 0$。

且

$$F_i = F_t - (F_f + F_w) \tag{8-33}$$

式中，F_f 应为 $Gf\cos\alpha$，但 F_f 的数值本来就较小，且 $\cos\alpha \approx 1$，故可认为：

$$G\sin\alpha = F_t - (F_f + F_w) \tag{8-34}$$

$$\alpha = \sin^{-1}\frac{F_t - (F_f + F_w)}{G} \tag{8-35}$$

利用图 8-13，即可求出汽车能爬上的坡道角，并相应地求出坡度值，如图 8-13 所示。其中最大爬坡度 i_{max} 为 Ⅰ 挡时的最大爬坡度，直接挡最大爬坡度 i_{omax} 亦应引起注意，因为汽车经常是以直接挡行驶的，如果 i_{omax} 过小，迫使汽车在遇到较小的坡时经常换挡，这样就影响了行驶的平均速度，其数值按式(8-36)求出：

$$i_{omax} = \frac{F_{tomax} - (F_f + F_w)}{G} \tag{8-36}$$

式中：F_{tomax}——直接挡时的最大驱动力。

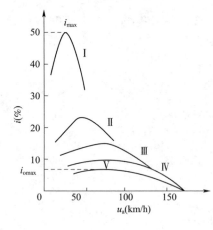

图 8-13 汽车的爬坡度图

（二）动力特性图

汽车驱动力—行驶阻力平衡图，可以确定汽车的动力性，但不能用来直接评价不同种类汽车的动力性。因为种类不同的汽车，汽车质量或外形有所不同，因此各行驶阻力也不同，也就是说即使驱动力相近的汽车，其动力性也不相近。所以，可以预想到表征动力性的指标，必定是一种既考虑驱动力，又包含汽车自重和空气阻力的综合性参数。下面将汽车行驶方程式进行一定的变换，便可找出评定汽车动力性的参数。

$$F_t = F_f + F_w + F_i + F_j \tag{8-37}$$

$$F_t - F_w = G\Psi + \delta \cdot \frac{G}{g} \cdot \frac{dv}{dt} \tag{8-38}$$

$$\frac{F_t - F_w}{G} = \Psi + \frac{\delta}{g} \cdot \frac{dv}{dt} \tag{8-39}$$

式(8-39)的右面是汽车行驶时的道路阻力系数及加速度与$\frac{\delta}{g}$的乘积,左面是汽车本身所具有的参数。若令$\frac{F_t - F_w}{G}$为汽车的动力因数,并以符号 D 表示,则:

$$D = \frac{F_t - F_w}{G} = \Psi + \frac{\delta}{g} \cdot \frac{dv}{dt} \tag{8-40}$$

式(8-40)称为汽车的动力平衡方程。由式(8-40)可知,不论汽车自重力等参数有什么不同,只要有相等的动力因数 D,便能克服同样的坡度和产生同样的加速度(设两汽车的 δ 值相同)。因此,目前常把动力因数作为表征汽车动力特性的指标。

利用 F_t—v_a 曲线和 $F_w = f(v_a)$ 的函数关系,根据式(8-40)计算出 D 并作出 D—v_a 关系曲线,称为动力特性图,如图 8-14 所示。再将汽车滚动阻力系数 f 随车速v_a变化关系曲线,以同样的比例尺画在动力特性图上,就可以方便地求解汽车动力特性。

1. 最高车速的确定

在汽车达到最高车速时,$j = 0$,$i = 0$,故汽车的动力平衡方程式(8-40)变为 $D = f$。即图 8-14 中高速挡动力因数曲线与滚动阻力系数曲线交点处对应的车速为最高车速。

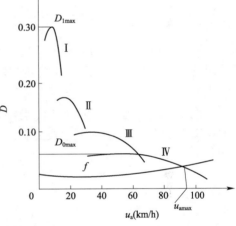

图 8-14 动力特性图

2. 各挡爬坡能力的确定

在各挡位,爬最大坡度时,加速度 $j = 0$,动力平衡方程式为:

$$D = \Psi = f + i \tag{8-41}$$

因此,D 曲线与 f 曲线间的距离,就是汽车各挡的上坡能力。粗略估算时,$D_{I\max} - f$,就是汽车的最大爬坡度。实际上,I挡所能上的坡度一般较大,因此,$\cos\alpha < 1$,$\sin\alpha \neq i\%$,故 $i_{\max} = D_{I\max} - f$ 的误差较大,此时$D_{I\max} = f\cos\alpha_{\max} + \sin\alpha_{\max}$。

解此三角函数方程,求得:

$$\alpha_{\max} = \arcsin \frac{D_{I\max} - \sqrt{1 - D_{I\max}^2 + f^2}}{1 + f^2} \tag{8-42}$$

然后再根据 $\tan\alpha_{\max} = i_{\max}$ 换算成坡度。

3. 加速能力的确定

评定汽车的加速能力时,设 $i = 0$,则动力平衡方程为:

$$D = f + \frac{\delta}{g} \cdot \frac{dv}{dt} \tag{8-43}$$

$$\frac{dv}{dt} = \frac{g}{\delta}(D-f) \tag{8-44}$$

因此,在汽车动力特性图上,D 曲线与 f 曲线间距离的 $\frac{g}{\delta}$ 倍,就是汽车各挡的加速度。当求直接挡的加速度时,粗略判断,可取 $\delta \approx 1, g \approx 10 \mathrm{m/s^2}$,则加速度值就是 D 曲线与 f 曲线间距离的 10 倍。

由上述可见,用动力特性图求解汽车的动力性指标合适而方便,在汽车的技术文件中常用动力特性来表征汽车的动力性。

在动力特性图上几个重要参数如下:

(1)汽车在水平良好路面上的最高车速 $v_{a\max}$。

(2)Ⅰ挡最大动力因数 $D_{\mathrm{I}\max}$,它可粗略地代表最大上坡能力。

(3)直接挡的最大动力因数 $D_{0\max}$,它说明了汽车以直接挡行驶时的上坡与加速能力,对汽车行驶的平均速度有很大影响。

(三)汽车的功率平衡

汽车行驶时,不仅存在驱动力与行驶阻力的平衡关系,而且也存在发动机功率和汽车行驶阻力功率间的平衡关系。即发动机发出的有效功率,始终等于机械传动损失与全部运动阻力所消耗的功率。

汽车运动阻力所消耗的功率,有滚动阻力功率 P_f、空气阻力功率 P_w、坡度阻力功率 P_i 及加速阻力功率 P_j,它们的表达式为:

$$P_\mathrm{e} = \frac{1}{\eta_\mathrm{T}} \sum P = \frac{1}{\eta_\mathrm{T}}(P_\mathrm{f} + P_\mathrm{w} + P_\mathrm{i} + P_\mathrm{j}) \tag{8-45}$$

即

$$P_\mathrm{e} = \frac{v_\mathrm{a}}{3600\eta_\mathrm{T}}\left(Gf\cos\alpha + G\sin\alpha + \frac{C_\mathrm{D} A v_\mathrm{a}^2}{21.15} + \delta \frac{G}{g}\frac{dv}{dt}\right) \tag{8-46}$$

当 α 较小时,$\sin\alpha \approx i, \cos\alpha \approx 1$,式(8-46)可以写成:

$$P_\mathrm{e} = \frac{v_\mathrm{a}}{3600\eta_\mathrm{T}}\left(Gf + Gi + \frac{C_\mathrm{D} A v_\mathrm{a}^2}{21.15} + \delta \frac{G}{g}\frac{dv}{dt}\right) \tag{8-47}$$

汽车的功率平衡关系也可以用图解法表示。以纵坐标表示功率,横坐标表示车速,将发动机功率 P_e、汽车经常遇到的阻力功率 $\frac{1}{\eta_\mathrm{T}}(P_\mathrm{f} + P_\mathrm{w})$,对车速的关系曲线绘在坐标图上,即得到如图 8-15 所示功率平衡图。

可见由于发动机功率随车速的变化,实际上是随转速的变化,发动机转速在各挡位对应的行驶车速不同,因此得出图示的各挡功率与行驶车速的关系曲线。

P_f 在低速范围内为一直线,在高速时由于 f 是 v_a 的一次函数,P_f 是 v_a 的二次函数;而 P_w 则是 v_a 的三次函数。两者叠加后,阻力功率曲线是一条斜率越来越大的曲线。它与挡

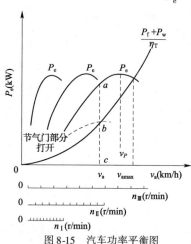

图 8-15 汽车功率平衡图

位无关,只与车速有关,所以高速时,汽车主要克服空气阻力而消耗功率。

1. 最高车速的确定

汽车达最高车速时,$i=0$,$j=0$,则:

$$P_e = \frac{1}{\eta_T}(P_f + P_w) \tag{8-48}$$

即功率平衡图中,发动机功率曲线(直接挡)与阻力功率曲线的交点对应的车速,稍大于最高挡时发动机最大功率对应的车速 v_p。

2. 加速能力的确定

评价加速能力时,$i=0$,则:

$$\frac{dv}{dt} = \frac{3600g\,\eta_T}{\delta G\, v_a}\left[P_e - \frac{1}{\eta_T}(P_f + P_w)\right] \tag{8-49}$$

3. 上坡能力的确定

评价汽车上坡能力时,$j=0$,粗略计算求出汽车的爬坡度为:

$$i = \frac{3600\,\eta_T}{G\,v_a}\left[P_e - \frac{1}{\eta_T}(P_f + P_w)\right] \tag{8-50}$$

功率平衡图上,各挡功率曲线表示汽车在该挡上,不同车速时可能发出的功率。总阻力功率曲线表示在平直良好路面上,以不同车速等速行驶时所需要的功率。两者间的功率差值为后备功率,它可以用来使汽车加速、爬坡等。

利用功率平衡的方法求解动力性问题显得麻烦。但汽车的速度越高,遇到阻力越大,克服阻力所消耗的功率就越大,因此,功率平衡是从能量转换角度研究汽车动力性的,利用功率平衡,还可以研究行驶时发动机的负荷率,即一定工况下,克服阻力所需发动机发出功率和该工况下发动机能够发出的最大功率的比值。以便研究经济性问题。

六、汽车动力性的提高措施

为了提高汽车的动力性,使汽车具有合理的动力性参数,必须对影响汽车动力性的各种因素进行分析,以便更好地找到提高汽车动力性的措施。影响汽车动力性的主要因素有:发动机特性、传动系参数、汽车质量和使用因素等。

(一)合理选择发动机

1. 发动机的外特性

发动机特性受其结构形式的影响,不同种类的发动机有不同的特性,如图8-16所示为3种最大功率相等但不同类型发动机的特性曲线,根据这些特性曲线,作出的装用不同发动机的总质量、变速比、最高车速均相同的汽车的功率平衡图及驱动力—行驶阻力平衡图,如图8-17所示。由图8-16可见,3种发动机的最大功率虽然相同,但由于外特性曲线形状不同,装用活塞式发动机的汽车,在一定车速时能够提供的用于加速或爬坡的后备功率和驱动力均小、汽车的加速能力和爬坡能力均较差,装用蒸汽机的次之,装用等功率发动机的汽车加速能力和爬坡能力最强。由此可见,等功率发动机的特性为理想的汽车发动机特性。

在发动机转矩特性的选择上,为提高汽车的动力性和高挡位的适应能力,应选择最大转矩、最大转矩转速、转矩储备系数(或适应性系数)均较高的发动机。

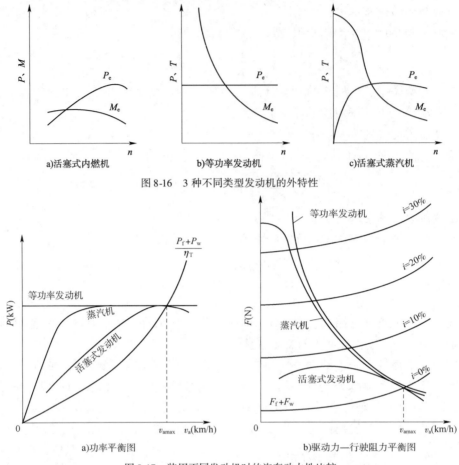

图 8-16　3 种不同类型发动机的外特性

图 8-17　装用不同发动机时的汽车动力性比较

2.最大功率

汽车上配备的发动机的功率越大，则汽车的动力性越好，但功率过大，汽车行驶中发动机经常在小负荷下工作，经济性降低。因此，发动机的最大功率一般按比质量(见模块二项目 3)来选择。

(二)合理选择传动系参数

1.主减速器传动比

汽车装用的发动机和变速器等均相同时，不同主减速器传动比对汽车动力性的影响如图 8-18 所示，其中 $i_{01} < i_{02} < i_{03}$。

由图 8-18a)可知，随着 i_0 的增大，功率曲线向左移动，在一定行驶车速时的后备功率增大，所以汽车的爬坡能力和加速能力提高。此外，主传动比为 i_{02} 时，阻力功率曲线与发动机功率曲线的最大功率处相交，此时汽车的最高车速 v_{amax} 也最高，主传动比过大(为 i_{03} 时)或过小(为 i_{01} 时)，汽车的最高车速 v_{amax} 均降低。由此可见，为提高汽车的动力性，应在保证最高车速的前提下，尽可能选择较大的主减速器传动比。

应当注意,随主减速器传动比增大,不仅对汽车最高速度产生影响,也会使发动机经常以较高转速工作,对发动机的使用寿命和燃料经济性均会产生不利的影响。此外,增大主减速器传动比,与之相应的主减速器外形尺寸加大、结构更复杂,并减小了驱动桥的离地间隙,影响汽车的通过性。为此,对于一般用途汽车,在选择 i_0 时,应使阻力功率曲线与发动机功率曲线的交点所决定的最高车速略高于最大功率时的车速,如图 8-18b) 所示,两车速的比值一般为 $v_{amax}/v_{ap} = 1.1 \sim 1.25$。

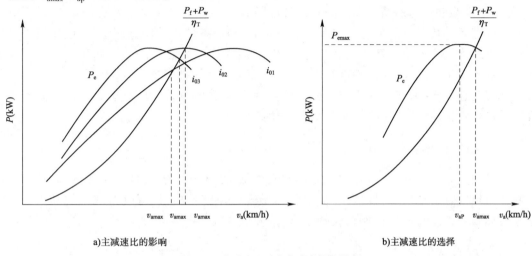

图 8-18 主减速比对汽车动力性的影响

2. 变速器参数

为了扩大发动机的转矩变化范围,克服活塞式发动机特性曲线上的缺陷,汽车必须在传动系中装用变速器,使汽车的驱动功率与驱动力矩接近等功率发动机,从而改善汽车的动力性。影响汽车动力性的变速器参数主要是变速器挡数及各挡传动比。

1) 变速器挡数

如图 8-19 所示,为装用活塞式发动机和三挡变速器的汽车与装用等功率发动机的汽车动力性对比。显然,变速器挡数越多,则活塞式内燃机就可能总是在最大功率 P_{emax} 下工作,其特性越接近等功率发动机。

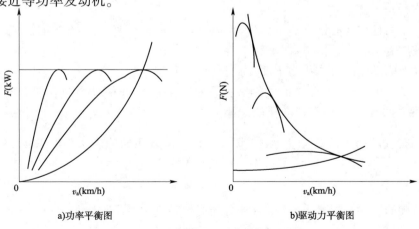

图 8-19 变速器挡数对汽车动力性的影响

增加变速器挡数,可在不同行驶条件下选择最佳的挡位,使发动机输出最大功率,从而提高汽车的后备功率,使汽车具有较强的加速能力和爬坡能力。但普通齿轮式有级变速器,挡数过多会使结构复杂,操纵也困难,有级变速器的实际挡数一般为 3~5 个。在汽车上采用无级变速器 CVT,是解决上述矛盾的最佳选择。

2)变速器传动比

变速器 Ⅰ 挡传动比直接影响汽车的最大爬坡度,Ⅰ 挡传动比越大,汽车的最大爬坡度越大,但应考虑驱动轮与道路之间的附着条件的限制。

变速器各挡传动比的分配对汽车动力性也有影响,各挡传动比分配得当,能使发动机经常在接近最大功率或最大转矩的转速范围内工作,从而提高汽车的加速和爬坡能力。如果各挡传动比分配不当,不仅影响汽车的动力性,还会导致换挡困难。

选择变速器传动比时,在确定变速器挡数后,一般先根据最大爬坡能力要求和附着条件确定 Ⅰ 挡传动比,再按等比级数对各挡传动比进行分配。

(三)减轻汽车整备质量

除了空气阻力以外,所有行驶阻力都与汽车总质量有关。在其他条件相同的情况下,汽车总质量增加,则汽车动力性能下降。所以,减轻汽车整备质量,可改善汽车的动力性。对于整备质量占汽车总质量比例较大的轿车,减轻自重效果更显著。

(四)改善汽车的运行条件

汽车的动力性在不同程度上受到汽车的运行条件的影响,如道路、气候、海拔高度、驾驶技术、维护与调整、交通规则与运输组织等。在汽车使用过程中,加强维护,正确驾驶,合理的运输组织,改善道路和交通条件,均有利于提高汽车的平均行驶速度,从而提高汽车运输生产效率。

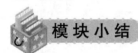

模块小结

汽车的动力性是指汽车在良好路面上直线行驶时,由汽车受到的纵向外力决定的、所能达到的平均行驶速度。

汽车的动力性主要有以下 3 个评价指标:汽车的最高车速 v_{amax};汽车的加速时间 t;汽车的最大爬坡度 i_{max}。

则地面对驱动轮的反作用力 F_t 即为汽车驱动力。

汽车驱动力 F_t 与车速 v_a 之间的函数关系曲线,称为汽车驱动力图。它直观地显示变速器处于各挡位时,驱动力随车速变化的规律。

汽车的行驶阻力有滚动阻力、空气阻力、上坡阻力和加速阻力。$F_f = Wf$;$F_w = \dfrac{C_D A v_r^2}{21.15}$;$F_i = G\sin\alpha$;$F_j = \dfrac{\delta G}{g}\dfrac{dv}{dt}$。

汽车行驶的驱动—附着条件(或称充分与必要条件)可用下式表示:

$$F_f + F_w + F_i \leqslant F_t \leqslant F_\varphi$$

汽车动力性的确定方法:驱动力—行驶阻力平衡图;动力特性图;汽车的功率平衡。

汽车动力性的提高措施:合理选择发动机;合理选择传动系参数;减轻汽车自重;改善汽车的运行条件。

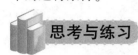

1. 如何评价汽车的动力性?
2. 汽车的驱动力是怎样产生的?如何计算?它是真正驱动汽车行驶的力吗?
3. 汽车的驱动力图有何作用?
4. 汽车的行驶阻力有哪些?是怎样产生的?如何计算?
5. 保证汽车正常行驶的条件是什么?
6. 如何确定汽车的动力性指标?
7. 提高汽车动力性的主要措施有哪些?

模块九　汽车的制动性

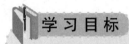

1. 能正确描述制动力的产生；
2. 能正确描述制动效能及其恒定性；
3. 能正确描述制动时汽车的方向稳定性；
4. 能正确描述制动时制动力的分配；
5. 能正确描述汽车制动性的提高措施。

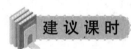

6 课时。

为了保障行驶安全和使汽车的动力性得到发挥,汽车必须具有良好的制动性。

对于行车制动而言,汽车的制动性是指汽车行驶时,能在短距离内强制减速甚至停车并维持行驶方向稳定,以及在下长坡时能维持较低车速的能力。它主要用以下三方面指标来评价：

(1) 制动效能。包括制动减速度、制动距离、制动时间及制动力等。

(2) 制动效能的恒定性。包括抵抗热衰退和水衰退的能力。

(3) 制动时的方向稳定性。指制动时汽车按照驾驶员给定方向行驶的能力,即是否发生制动跑偏、侧滑和失去转向能力等。

一、制动力的产生

(一) 制动器制动力

在轮胎周缘克服制动器摩擦力矩 M_τ(N·m)所需施加的切向力。称为制动器制动力,用 F_μ(N)表示,显然

$$F_\mu = \frac{M_\tau}{r} \tag{9-1}$$

式中：r——车轮半径(m)。

由此可知,制动器制动力是由制动系的设计参数所决定的。即取决于制动器型式、尺

寸、摩擦系数、车轮半径。它是与制动系的油压或气压成正比的。

(二) 地面制动力

图 9-1 示出了在良好的硬路面上制动时,车轮的受力情况。图 9-1 中滚动阻力偶矩和减速时的惯性力、惯性力矩均忽略不计。F_τ 为地面制动力,W 为车轮垂直载荷,T 为车轴对车轮的推力,Z 为地面对车轮的法向反作用力。从力矩平衡得:

$$F_\tau = \frac{M_\tau}{r} = T \tag{9-2}$$

地面制动力使汽车制动而减速行驶的外力,但是,地面制动力取决于两个摩擦副的摩擦力:一个是制动器摩擦副间的摩擦力;另一个是轮胎与地面间的附着力。

(三) 制动器制动力、地面制动力及附着力之间的关系

制动器制动力、地面制动力及附着力三者的关系如图 9-2 所示。由图 9-2 可见,制动器制动力可以随制动系油压的增大而增大,而地面制动力 F_τ 在达到附着力 F_φ 的值后,就不再增加了。此时若想提高地面制动力,以使汽车具有更大的制动效能,只有提高附着系数。

由此可见,汽车的地面制动力,首先取决于制动器制动力,但同时又受到地面附着条件的限制。所以,只有汽车具有足够的制动器制动力,同时,地面又能提供高的附着力时,才能获得足够的地面制动力。

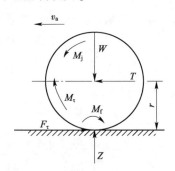

图 9-1 车轮在制动时的受力状况　　图 9-2 制动过程中地面制动力、制动器制动力及附着力的关系

前面曾假设附着系数在制动过程中是常数。但实际上,附着系数与车轮的运动状态,即车轮滑动程度有关。滑动所占的比例称为滑移率,用符号 s 表示,其表达式为:

$$s = \frac{v_w - r_o \omega_w}{v_w} \times 100\% \tag{9-3}$$

式中:r_o——自由滑动的车轮动态半径(m);

　　　v_w——车轮中心的速度(m/s);

　　　ω_w——车轮旋转的角速度(rad/s)。

不同滑动率时,附着系数是不一样的。图 9-3 为试验所得的车轮附着系数曲线,即 φ—s 曲线。图 9-3 上除了纵向附着系数曲线外,还给出了侧向附着系数曲线。侧向附着系数是研究制动时侧向稳定性有关的参数。

车轮纯滚动时,滑移率 $s=0$;车轮完全抱死拖滑时,移率 $s=100\%$。附着系数随滑移率的变化如图9-3所示,纵向附着系数是指沿车轮旋转平面方向上的附着数,它直接影响最大地面制动力;侧向附着系数是指垂直车轮旋转平面方向上的附着系数,它影响汽车制动的方向稳定性。在车轮滑移率 $s=15\%\sim20\%$ 时,纵向附着系数和侧向附着系数均较大,但只有装用防抱死制动系统(ABS)的汽车才能实现,装用普通制动系统的汽车,为保证制动的可行性,紧急制动时必须提供足够大的制动器制动力,使车轮滑移率达到100%。

图9-4和图9-5分别表示了不同路面上和不同行驶车速时滑动率与附着系数的关系。

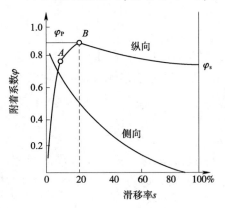

图9-3 φ—s 曲线

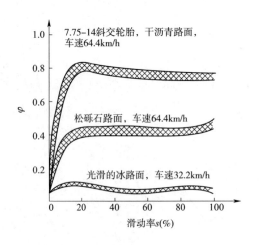

图9-4 各种路面上的 φ—s 曲线

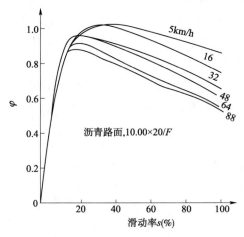

图9-5 车速对附着系数曲线的影响

二、制动效能及其恒定性

(一)制动效能

汽车的制动效能是指汽车减速直至停车的能力。制动效能可用汽车以一定初速度行驶时,用最大制动强度制动到停车所用的时间、行驶过的距离或制动过程中产生的制动力、制动减速度来表示。我国《机动车制动检验规范》规定用制动力或制动距离来评价汽车的制动效能,制动力一般用制动试验台检测,而制动距离一般用路试的方法检测。

1. 制动过程分析

从驾驶员接收到制动信号开始,到完全制动停车为止的全部制动过程中,制动减速度 j 随制动时间 t 的变化,如图9-6所示。

汽车在紧急制动时的全部制动过程,按时间可分为以下几个阶段:

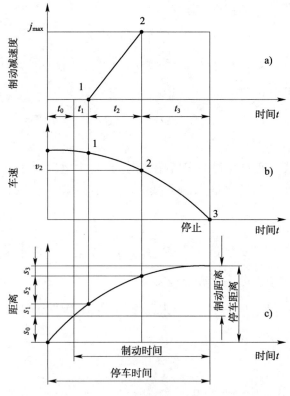

图 9-6 制动过程示意图

1) 驾驶员反应时间 t_0

是指从驾驶员识别障碍,到把脚踏力 F_p 加到制动踏板上所经历的时间。其中包括驾驶员发现、识别障碍并作出决定;把脚从加速踏板换到制动踏板上所用时间。驾驶员反应时间的长短主要与驾驶员的身体敏捷程度和驾驶经验等有关,一般为 0.3~1.0s,在此时间内可认为汽车以制动初速度 v_0 作等速行驶。$s_0 = v_0 t_0$

2) 制动系反应时间 t_1

是指从驾驶员的脚接触到制动踏板开始,至车轮开始出现制动减速度为止所经历的时间。它包括消除制动踏板自由行程所用时间、消除机械制动系机械传动装置间隙所用时间、液压油或压缩空气在制动管路中流动所用时间、消除制动器间隙所用时间等,在此时间内仍可认为汽车以制动初速度 v_0 作等速行驶,行驶过的距离为:

$$s_1 = v_1 t_1$$

3) 负加速度增长时间 t_2

在此期间,制动减速度接近直线增长,所以某一瞬时(即从制动减速度开始增长经历任意时间 t 时)的制动减速度 j 应为负加速度增加到它的最大值。

$$j = \frac{j_{max}}{t_2} t \tag{9-4}$$

在 t_2 时间内,某一瞬时的行驶速度 v 为:

$$v = v_0 - \int_0^t dt \tag{9-5}$$

在 t_2 时间内,汽车行驶过的距离 s_2 为:

$$s_2 = \int_0^{t_2} v dt \tag{9-6}$$

将瞬时制动减速度公式代入瞬时行驶速度公式进行整理,再将瞬时行驶速度公式代入行驶距离计算式进行整理可得:

$$s_2 = v_0 t_2 - \frac{1}{6} j_{max} t_2^2 \tag{9-7}$$

4)持续制动时间 t_3

是指以最大制动减速度制动到停车所用的时间,它主要取决于制动初速度 v_0 和最大制动减速度 j_{max},在此时间内汽车以最大制动减速度 j_{max} 作匀减速行驶,在某一瞬时的行驶速度为:

$$v = v_2 - j_{max} t \tag{9-8}$$

式中: v_2——制动减速度刚刚达到最大值时(图9-6中2点)的瞬时行驶速度,可按 t_2 时间内的瞬时行驶速度公式计算, $v_2 = v_0 - \frac{1}{2} j_{max} t_2$。

在 t_3 时间内,汽车行驶的初速度为 v_2,末速度为 $v_3 = 0$,根据匀减速运动公式可得汽车行驶过的距离 s_3 为:

$$s_3 = \frac{v_2^2 - v_3^2}{2 j_{max}} \tag{9-9}$$

将 v_2 和 v_3 代入上式并进行整理可得:

$$s_3 = \frac{v_0^2}{2 j_{max}} - \frac{1}{2} v_0 t_2 + \frac{1}{8} j_{max} t_2^2 \tag{9-10}$$

2. 制动距离

我国《机动车运行安全技术条件》(GB 7258—2017)中规定的制动距离,是指机动车在规定的初速度下急踩制动踏板时,从脚接触制动踏板(或手触动制动手柄)时起至机动车停住时止机动车驶过的距离,即 $(s_1 + s_2 + s_3)$,用 s 表示制动距离,将各式代入并进行整理可得:

$$s = v_0 \left(t_1 + \frac{t_2}{2} \right) + \frac{v_0^2}{2 j_{max}} - \frac{1}{24} j_{max} t_2^2 \tag{9-11}$$

因为 t_2 很小(一般只有零点几秒),所以上式中第三项为一微量,在近似计算中可忽略不计。此外,以上公式中,汽车行驶速度的单位均为 m/s,如果行驶速度以 km/h 为单位,并将 $j_{max} = g\varphi$ 代入上式进行整理,可得汽车以初速度 v_0(km/h)在附着系数为 φ 的路面上紧急制动时的制动距离为:

$$s = \frac{v_0}{3.6} \left(t_1 + \frac{t_2}{2} \right) + \frac{v_0^2}{254} \tag{9-12}$$

《机动车运行安全技术条件》(GB 7258—2017)中规定:检验汽车的制动距离应在平坦、硬实、清洁、干燥且轮胎与地面间的附着系数不小于0.7的水泥或沥青路面上进行,检验时发动机应脱开。汽车在规定的初速度下的制动距离应符合规定。

3. 制动力

制动力必须在制动试验台上进行检验。我国《机动车制动检验规范》中规定:制造厂出厂的新车,制动力应符合设计要求;在用车辆,制动力应不低于原厂设计标准的 90%,且按同轴左、右轮制动力之差与其中较大制动力的比值,前轴左、右轮制动力之差不得大于 5%,后轴左、右轮制动力之差不得大于 10%。

(二)制动效能的恒定性

前述制动效能指标,是在冷制动下,即制动器温度在 100℃ 以下讨论的。汽车下长坡制动及汽车高速制动的情况下,制动器的工作温度常在 300℃ 以上,有时竟高达 600～700℃。这使制动器的摩擦力矩显著下降,汽车的制动效能会显著降低,这种现象称为制动效能的热衰退现象。

抵抗热衰退的能力,常用一系列连续制动后,制动效能较冷制动时下降的程度来表示。制动器的热衰退和制动器摩擦副材料以及制动器结构有关。

一般制动器是以铸铁作制动鼓,石棉摩擦材料作摩擦片组成的。制动鼓的合金成分、金相组织、硬度、工艺等要求合格的条件下,摩擦片对摩擦性能起决定作用。在一般情况下制动时,石棉摩擦片与制动鼓的摩擦系数为 0.3～0.4。此时摩擦系数是稳定的。在连续强烈制动及高速制动的情况下,摩擦片温度过高,其内含的有机物发生分解,产生了一些气体和液体。它们在两接触面间形成有润滑作用的薄膜,使摩擦系数下降,而出现了热衰退现象。

制动器的结构型式对抗热衰退的能力有较大的影响。常用制动器效能因数与摩擦系数的关系曲线来说明各种制动器的效能及其稳定程度。制动器效能因数 K_{ef} 是单位制动泵推力 F_p 所产生的制动器摩擦力 F_μ,即:

$$K_{ef}=\frac{F_\mu}{F_p} \tag{9-13}$$

图 9-7 是具有典型尺寸的各种型式制动器制动效能因数与摩擦系数的关系曲线。由图 9-7 可知,双向自动增力蹄及双增力蹄式制动器,由于结构上的几何力学关系产生增力作用,具有较大的制动效能因数。摩擦系数变大时,制动效能按非线性关系迅速增加。故摩擦系数的微小变化。能引起制动效能的大幅度改变,即制动器工作的稳定性差。双减力蹄式制动器因为有减力作用,制动效能因数低,但制动效能因数随摩擦系数变化而改变的量很小,即稳定性较好。增减力蹄式介于两者之间。这里特别要指出的是盘式制动器。盘式制动器的制功效能没有鼓式的大。但其稳定性最好。高强度制动时摩擦系数虽因热衰退而有所下降、但对制动效能的影响却不大。

汽车涉水后,由于制动器被水浸湿,制动效能也会降低,这种现象称为制动效能的水衰退现象。为缓解这种现象,汽车涉水后,应低速轻踩几脚制动踏板,使制动蹄与制动鼓间因摩擦而产生的热量,使制动器迅速干燥,使制动效能恢复正常。

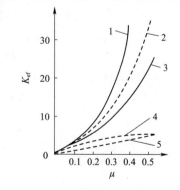

图 9-7 制动效能因数曲线
1-双向自动增力蹄制动器;2-双增力蹄制动器;3-增、减力蹄制动器;4-双减力蹄制动器;5-盘式制动器

三、制动时汽车的方向稳定性

制动时汽车的方向稳定性是指在制动过程中,汽车按

驾驶员给定轨迹行驶的能力,即保持直线行驶或按预定弯道行驶的能力。它直接影响行驶安全。影响制动时方向稳定性的因素主要是跑偏、侧滑和失去转向能力。

(一)制动跑偏

在汽车制动时,驾驶员本期望按直线方向减速停车,但有时会出现汽车自动向左或向右偏驶的现象。制动时汽车自动偏驶的现象称为制动跑偏。制动跑偏的程度可用横向位移或航向角来评价,横向位移是指汽车制动后车身最大的横向移动量,航向角是指制动后汽车的纵轴线与原定行驶方向的夹角。

制动时引起汽车跑偏的原因主要是左、右车轮制动器的制动力不等。如图9-8所示,设左前轮制动器制动力大于右前轮制动器制动力,则左前轮地面制动力 $F_{\tau1L}$ 大于右前轮地面制动力 $F_{\tau1R}$。由于 $F_{\tau1L}$ 绕主销形成的力矩大于 $F_{\tau1R}$ 绕主销形成的力矩,此时即使转向盘固定不动,也会因转向系存在间隙和弹性变形,转向轮向左偏转一定角度,使汽车向左偏驶。此外,由于 $F_{\tau1L}$ 大于 $F_{\tau1R}$,也会使汽车的前、后轴分别受到地面侧向反作用力 Y_1 和 Y_2,以保持汽车绕其质心的力矩平衡;因为主销存在后倾角,前轮所受的地面侧向反作用力 Y_1 绕主销形成力矩,也加剧前轮向左偏转。

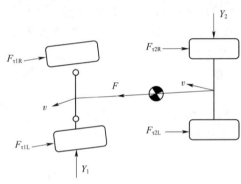

图9-8 汽车制动跑偏分析

用上述同样方法,可分析右前轮制动器制动力大于左前轮时或左、右后轮制动器制动力不等时的制动跑偏情况,可得如下结论:

(1)在汽车制动时,如果左、右车轮的制动器制动力不等,就会引起汽车跑偏,跑偏的方向总是制动力较大的一侧。

(2)左、右轮制动器制动力的差值越大,制动时间(或制动距离)越长,跑偏的程度会越严重(横向位移或航向角越大)。

(3)左、右轮制动器制动力不等时,将引起汽车制动跑偏。

为保证汽车制动时的方向稳定性,我国《机动车制动检验规范》中规定:在用制动力检验汽车的制动性能时,左、右前轮制动力差值应不超过5%,左、右后轮制动器制动力应不超过10%;用路试方法检验汽车的制动性能时,在紧急制动或点制动的过程中,不允许汽车有跑偏现象。制动规范中对左、右轮制动力的差值规定是由试验确定的,左、右轮制动力差值符合标准时,一般不会发生制动跑偏现象。

左、右轮制动器制动力不等,多是由于装配或调整误差等造成的,如:左、右轮制动器的间隙不同、磨损程度不同或某一侧制动器摩擦副有油污等。通过正确的调整或维修,一般可以排除制动跑偏故障。

(二)制动侧滑

制动侧滑是指制动时,汽车的某一轴车轮或全部车轮发生横向滑动的现象。制动侧滑影响汽车的操纵稳定性,尤其是高速行驶的汽车,如果后轴车轮侧滑会引起汽车剧烈的回转运动,严重时会使汽车掉头甚至翻车。

车轮侧滑是由于侧向力超过了侧向附着力。在汽车制动时,随车轮滑移率的增大,侧向附着系数减小,侧滑的可能性增大。当车轮被抱死拖滑(滑移率为100%)时,侧向附着系数几乎为零,稍有侧向力就会引起侧滑。

汽车制动时,如果前轴车轮发生侧滑,而后轴车轮不侧滑,则汽车前轴中点的速度方向偏离汽车的纵轴线,后轴中点的速度方向仍与汽车的纵轴线一致。如图9-9所示,作前、后轴中点速度向量v_A和v_B的垂线交于O点,O点即为前轴侧滑后使汽车做曲线运动的瞬时转向中心。由于作用在汽车重心上的离心力F_c在汽车侧向方向的分力与侧滑方向相反,具有抑制侧滑的作用,所以前轴侧滑时汽车行驶方向改变不大。

汽车制动时,如果后轴车轮发生侧滑,而前轴车轮不侧滑,如图9-10所示,作用在汽车重心上的离心力F_c在汽车侧向方向的分力与侧滑方向一致,具有加剧后轴侧滑的作用,而后轴侧滑的加剧又使离心力增大,所以后轴侧滑时汽车行驶方向改变很大,甚至发生汽车掉头或剧烈回转的现象。在实际使用中,若制动时后轴发生侧滑,驾驶员可向后轴侧滑的方向转动转向盘,以改变前轴中点的速度方向(图9-10中虚线),从而增大汽车回转半径,减小作用在汽车质心上的离心力,有利于减轻甚至迅速消除后轴侧滑。

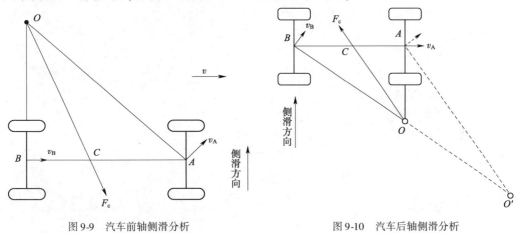

图9-9　汽车前轴侧滑分析　　　　　　图9-10　汽车后轴侧滑分析

(三)失去转向能力

失去转向能力是指汽车在弯道上制动时,转动转向盘也无法使汽车沿预定弯道转向制动停车的现象。

汽车转向行驶时,由于转向轮偏转,使车轴对转向轮的推力产生侧向分力,若侧向分力超过转向轮上的侧向附着力,就会引起转向轮侧滑,从而使汽车不能沿预定的方向行驶。汽车制动时,由于车轮滑移率的增大,侧向附着系数减小,因此汽车的转向能力下降;当转向轮抱死拖滑(滑移率为100%)时,侧向附着系数几乎为零,汽车将完全丧失转向能力。

四、制动时制动力的分配

一般汽车根据前后制动器制动力分配的比例、载荷情况及道路附着系数和坡度等因素,当制动器制动力足够时,制动过程中可能出现以下3种情况:

(1) 前轮先抱死拖滑,然后后轮抱死拖滑。

(2) 后轮先抱死拖滑,然后前轮抱死拖滑。

(3) 前、后轮同时抱死拖滑。

由前面分析可知,第一种情况是稳定工况,但在弯道行驶制动时,汽车失去转向能力;第二种情况是不稳定工况,使后轴产生侧滑;第三种情况可以避免后轴侧滑,同时前转向轮只有在最大制动强度下,才使汽车丧失转向能力。

所以,前、后制动器制动力分配的比例,将影响到汽车制动时的方向稳定性。

(一)制动时,前、后轮的地面法向反作用力

图9-11是汽车在水平路面制动时的受力情况分析。图9-11中忽略了汽车的滚动阻力偶矩、空气阻力,以及旋转质量减速时产生的惯性力偶矩。

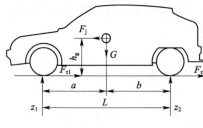

图9-11 制动时汽车受力

对图9-11中后轮接地点取力矩,得:

$$z_1 L = Gb + F_j h_g \tag{9-14}$$

式中:z_1——地面对前轮的法向反作用力;

L——汽车轴距;

G——汽车总重;

b——汽车重心至后轴线的距离;

F_j——汽车的惯性力;

h_g——汽车重心高度。

而
$$F_\tau = F_{\tau 1} + F_{\tau 2}$$

且
$$F_\tau = F_j$$

故同理
$$\left. \begin{array}{l} z_1 = \dfrac{Gb + F_\tau h_g}{L} \\[2mm] z_2 = \dfrac{Ga - F_\tau h_g}{L} \end{array} \right\} \tag{9-15}$$

式中:F_τ——地面总制动力;

$F_{\tau 1}$——前轮地面制动力;

$F_{\tau 2}$——后轮地面制动力。

a——重心至前轴线的距离;

z_2——地面对后轮的法向反作用力。

因为
$$F_j = \frac{G}{g} \frac{\mathrm{d}v}{\mathrm{d}t}$$

且
$$F_\tau = F_j$$

代入式(9-15)得:

$$\left. \begin{array}{l} z_1 = \dfrac{G}{L}\left(b + \dfrac{h_g}{g}\dfrac{\mathrm{d}v}{\mathrm{d}t}\right) \\[2mm] z_2 = \dfrac{G}{L}\left(a - \dfrac{h_g}{g}\dfrac{\mathrm{d}v}{\mathrm{d}t}\right) \end{array} \right\} \tag{9-16}$$

若在不同附着系数路面上制动,前、后车轮同时抱死拖滑,此时,$F_\tau = F_\varphi = \varphi G$ 或 $\dfrac{dv}{dt} = \varphi g$。前、后轮的地面法向反作用力为：

$$\left.\begin{aligned} z_1 &= \frac{G}{L}(b + \varphi h_g) \\ z_2 &= \frac{G}{L}(a - \varphi h_g) \end{aligned}\right\} \tag{9-17}$$

由式(9-16)和式(9-17)可见,当制动强度或附着系数改变时,前、后车轮的法向反作用力变化是很大的。

(二)理想的前、后轮制动器制动力分配曲线

所谓理想的前、后轮制动器制动力分配曲线,是指前、后车轮同时抱死拖滑时,制动器制动力 $F_{\mu 1}$ 和 $F_{\mu 2}$ 的关系曲线。

在任意附着系数值 φ 的路面上,前、后车轮同时抱死的条件是：前、后车轮制动器制动力之和,等于总附着力,并且前、后车轮制动器制动力分别等于各自的附着力。

即
$$\left.\begin{aligned} F_{\mu 1} + F_{\mu 2} &= \varphi G \\ F_{\mu 1} &= \varphi z_1 \\ F_{\mu 2} &= \varphi z_2 \end{aligned}\right\}$$

或
$$\left.\begin{aligned} F_{\mu 1} + F_{\mu 2} &= \varphi G \\ \frac{F_{\mu 1}}{F_{\mu 2}} &= \frac{z_1}{z_2} \end{aligned}\right\}$$

将式(9-17)代入上式,得：

$$\left.\begin{aligned} F_{\mu 1} + F_{\mu 2} &= \varphi G \\ \frac{F_{\mu 1}}{F_{\mu 2}} &= \frac{b + \varphi h_g}{a - \varphi h_g} \end{aligned}\right\} \tag{9-18}$$

由式(9-18)中消去变量 φ,即得：

$$F_{\mu 2} = I(F_{\mu 1}) \tag{9-19}$$

式(9-5)画成的曲线,即为前、后车轮同时抱死时,前、后车轮制动器制动力的关系曲线——理想的前、后车轮制动器制动力分配曲线,简称 I 曲线。

I 曲线可采用作图方法直接获得。方法如下：

(1)在已建立如图9-12所示的 $F_{\mu 1} - F_{\mu 2}$ 坐标系上,将式(9-18)中 $F_{\mu 1} + F_{\mu 2} = \varphi G$ 取不同 φ 值($\varphi = 0.1, 0.2, 0.3, \cdots, 1.0$)作图,得到一组与坐标轴成45°的平行线。每根直线上任意一点的纵坐标与横坐标读数之和——总制动力为一常数。因此总制动力产生的减速度也是常数。故此线组称为"等制动力线组"或"等减速度线组"。直线与纵坐标(或横坐标)的交点,即为在该附着系数路面上,汽车的最大制动器制动力 $F_{\mu \max}$。

(2)将式(9-18)中式 $\dfrac{F_{\mu 1}}{F_{\mu 2}} = \dfrac{b + \varphi h_g}{a - \varphi h_g}$ 取不同 φ 值($\varphi = 0.1, 0.2, 0.3, \cdots, 1.0$)代入,作图画在图9-12上,得到一组通过坐标原点但斜率不同的射线束。

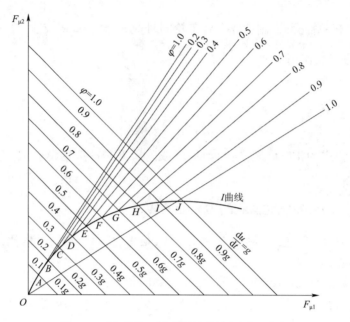

图 9-12　理想的前、后车轮制动器制动力分配曲线

（3）分别在上述两组直线中，找出对应于某一 φ 值的两条直线。这两条直线的交点，便是满足式（9-18）中两车轮的 $F_{\mu1}$ 和 $F_{\mu2}$ 值。把这两组直线对应于不同 φ 值的交点 A、B、C…连接起来，便得理想的前、后制动器制动力分配曲线（即"I"线）。

"I"线上任意一点的坐标，都代表相应附着系数路面上，前、后轮同时抱死时，所要求的理想前后轮制动器制动力数值。

（三）具有固定比值的前、后轮制动器制动力及同步附着系数

一般两轴汽车的前、后轮制动器制动力之比为一固定数值。常用前轮制动器制动力与汽车总制动器制动力之比——制动器制动力分配系数 β 来表明分配的比例，即：

$$\beta = \frac{F_{\mu1}}{F_\mu}$$

$$F_\mu = F_{\mu1} + F_{\mu2}$$

式中：$F_{\mu1}$——前制动器制动力；

　　　F_μ——汽车总制动器制动力；

　　　$F_{\mu2}$——后制动器制动力。

$$\frac{F_{\mu1}}{F_{\mu2}} = \frac{\beta}{1-\beta} \tag{9-20}$$

则 $F_{\mu2} = \beta(F_{\mu1})$ 为一直线，此直线通过坐标原点，且其斜率为：

$$\tan\theta = \frac{\beta}{1-\beta}$$

这条直线称为实际前、后制动器制动力分配线，简称 β 线。

图 9-13 示出某车的 β 线与 I 曲线，曲线交点对应的附着系数值为 0.39。将 β 线与 I 曲线交点处的附着系数，称为同步附着系数 φ_0。

同步附着系数说明:前后制动器制动力分配为固定比值的汽车,只有在同步附着系数的路面上制动时,才能使前后车轮同时抱死。

设汽车在同步附着系数为φ_o的路面上制动,此时前、后轮同时抱死拖滑,则由式(9-18)和式(9-20)得:

$$\frac{F_{\mu 1}}{F_{\mu 2}} = \frac{b + \varphi h_g}{a - \varphi h_g} = \frac{\beta}{1-\beta} \quad (9-21)$$

经整理,得:

$$\varphi_o = \frac{L\beta - b}{h_g} \quad (9-22)$$

或

$$\beta = \frac{\varphi_o h_g + b}{L} \quad (9-23)$$

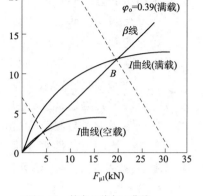

图9-13 某车β线与I曲线

可见,确定了制动器制动力分配系数β,就能确定同步附着系数φ_o;反过来如给出同步附着系数φ_o,就能得到制动器制动力在前、后轴上的分配。

(四)同步附着系数φ_o的选择

由以上分析可知,同步附着系数对汽车制动时的方向稳定性有着重要影响。

汽车的总重力及重心位置给定后,即可作出I曲线。β线则是由制动器制动力在前、后轴上的分配确定的。所以调整β值,可以得到β线与I曲线的恰当配合,保证合适的同步附着系数。

β线的斜率为$\tan\theta = \frac{1-\beta}{\beta}$,$\beta$值越大,$\beta$线的斜率越小,则同步附着系数$\varphi_o$越大。同步附着系数是根据车型和使用条件来选择的。

轿车的行驶车速较高,高速下后轴侧滑是十分危险的。因此一般采用较高的同步附着系数。

对货车而言,由于车速较低,制动时后轴侧滑的危险性较少,但在较滑的路面上制动时,汽车可能丧失转向能力。因此同步附着系数可能很低。但是由于道路条件的改善和汽车行驶速度的提高,货车同步附着系数呈现提高的趋势。

使用条件也影响φ_o的选择。在多雨的山区,坡路弯道多,下急弯坡制动时,如果汽车失去转向能力,将是十分危险的。因此,经常在山区使用的车辆,同步附着系数应取低值。

轻型越野汽车常选择较高的同步附着系数。这样,即使在很低的附着系数路面上制动,也不会发生后轴侧滑。但是在多数路面上制动时,前轮先抱死可能失去转向能力。

五、汽车制动性的提高措施

(一)结构措施

提高汽车制动性的结构措施可分3个方面:通过提高制动力来提高制动效能,通过改进摩擦材料和制动器的结构来提高制动效能的恒定性,通过合理分配前、后轮制动器制动力来提高制动时的方向稳定性。

1. 增大制动器的制动力矩

足够的制动力矩是产生最大的地面制动力的保障,否则有大的附着力也无法利用。为增大制动器的制动力矩,在制动器结构上可采取的具体措施有:选用摩擦系数较大的摩擦副材料,适当增大制动鼓(或制动盘)直径,适当增大制动压力(气压或液压),保证摩擦片与制动鼓贴合面大且均匀,使摩擦片半径略大于制动鼓半径等。

2. 提高制动器的抗热衰退性

制动效能的恒定性主要是指制动器的抗热衰退性。合理选择制动器的结构形式和摩擦副材料,是提高制动器抗热衰退性的主要措施。

3. 采用制动压力调节装置

采用普通制动系统(不装用 ABS)的汽车,在不同路面上制动时,不可能都达到理想的制动状态。为提高汽车制动时的方向稳定性,应尽量防止后轮抱死侧滑的可能性,并尽量保持转向轮的转向能力,这就要求汽车前、后轮制动器制动力的实际分配曲线(β 线)应总在理想分配曲线(I 线)下方,而且 β 线越接近 I 线越好。为此,在现代汽车的制动系统中装有各种压力调节装置,根据需要调节实际的前、后轮制动器制动力分配比值,以实现上述目的。

制动系常用的压力调节装置有限压阀、比例阀、感载限压阀、感载比例阀,采用不同压力调节装置时的 β 线和 I 线,如图 9-14 所示。由图 9-14 可见,采用任何一种压力调节装置都能使 β 线与 I 线接近,尤其采用感载比例阀或感载限压阀时,还能根据载荷的变化使 β 线接近该载荷下的 I 线。

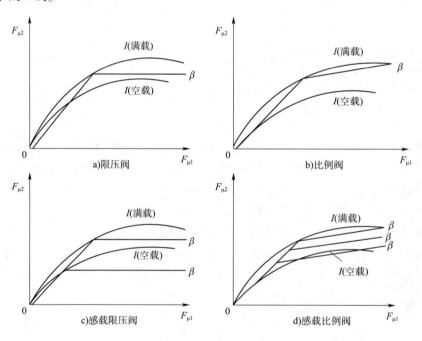

图 9-14　采用不同压力调节装置时的 β 线和 I 线

4. 采用防抱死制动系统

汽车制动过程中,车轮抱死是导致侧滑和失去转向能力的主要原因,而且车轮抱死使纵向附着系数也不能取得最大值,因此,制动时防止车轮抱死并控制车轮的滑移率,是提高汽车制动性的重要措施。在汽车紧急制动时,为防止车轮抱死,目前广泛应用防抱死制动系统,即ABS(Anti-Lock Brake System)。

ABS的功用就是在汽车制动过程中,根据车轮滑移率的变化,自动增大或减小制动系统的压力,使车轮滑移率始终保持在20%左右,以便获得最大纵向附着系数,提高汽车的制动效能。同时,也可在制动中保持较大的侧向附着系数,防止汽车侧滑或失去转向能力,提高汽车制动时的方向稳定性。

无论是气压制动系统还是液压制动系统,ABS均是在普通制动系统的基础上增加了传感器、ABS执行机构和ABS电脑三部分,如图9-15所示。

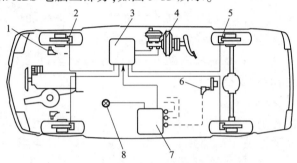

图9-15 ABS的组成

1、6-轮速传感器;2、5-制动轮缸;3-制动压力调节器;4-制动主缸;7-ABS电脑;8-警报灯

1) ABS传感器

包括轮速传感器、车速传感器和汽车减速度传感器。

轮速传感器是ABS中必不可少的传感器,它利用电磁感应原理(或霍尔原理)检测车轮速度,并把轮速转换成脉冲信号送至ABS电脑。一般轮速传感器都安装在车轮上,有些后轮驱动的车辆,检测后轮速度的传感器安装在差速器内,通过后轴转速来检测,又称之为轴速传感器。

车速传感器又称测速雷达,用在以车轮滑移率为控制参数的ABS中,它用来检测车速并向ABS电脑输送车速信号,此信号还同时用于速度表、里程表、自动变速器控制等。

汽车减速度传感器仅用在四轮驱动的控制系统中,它用来检测汽车制动时的减速度,以识别是否行驶在冰雪等易滑路面。

2) ABS执行机构

ABS执行机构主要由制动压力调节器和ABS警报灯组成。

制动压力调节器根据ABS电脑指令来调节各车轮制动器的制动压力。不同制动系统的ABS所采用的制动压力调节器也不同,可分为液压式、气压式和空气液压加力式。在目前应用广泛的液压制动系统中,制动压力调节器的主要元件是电动泵和液压控制阀。

ABS警报灯的功用是在ABS出现故障时,由ABS电脑控制使其点亮,向驾驶员报信号,并可由ABS电脑控制闪烁显示故障码。

3) ABS电脑

ABS电脑接收传感器信号,比较各轮转速和汽车行驶速度,判断各车轮的滑移情况后,向ABS执行机构下达指令来调节各车轮制动器的制动压力。当ABS出现故障时,ABS电脑使 ABS 警报灯点亮,同时切断通往执行机构的电源,使 ABS 停止工作。

(二)使用措施

1. 合理装载

在行驶速度一定时,汽车的行驶惯性随载质量的增加而增大,因此制动距离会增长。试验证明:载质量为 3t 的汽车,载质量每增加 1t,制动距离约增长 1m。此外,在汽车装载质量和装载方式不同时,由于汽车重心位置的变化,也会影响汽车制动时的方向稳定性。因此,在汽车使用中,应禁止超载,并保证装载均匀。

2. 控制行驶速度

由制动距离的计算公式可知,制动距离随制动初速度的提高而增长。此外,随制动初速度的提高,制动器需要将更多的汽车惯性能量通过摩擦转化为热量,由于摩擦副的温度升高使制动器的热衰退增加,也会导致制动效能下降。因此,在汽车行驶中,应根据道路条件和行驶环境等适当控制车速,严禁超速。

3. 充分利用发动机辅助制动

发动机的内部摩擦和泵气损失可用来消耗汽车行驶的惯性能量,起到辅助制动的作用。

发动机辅助制动通常在减速制动或下坡需保持车速不变时使用。汽车下长坡利用发动机辅助制动时,变速器一般应挂入较低的挡位。但应注意:在紧急制动时,应脱开发动机与传动系的连接(如踩下离合器或挂空挡),否则发动机旋转质量的惯性力会消耗部分制动力,反而对制动不利。

发动机作为辅助制动器,不仅能在较长的时间内发挥制动作用,减轻车轮制动器的负担,而且由于传动系中差速器的作用,可将制动力矩平均分配在左、右车轮上,使制动跑偏和侧滑的可能性减小,尤其在附着系数小的路面上,这种作用就显得更为重要。此外,充分利用发动机辅助制动,在行车中可显著地减少车轮制动器的使用次数,在减轻驾驶员劳动强度的同时,还能使车轮制动器经常保持较低的温度,有利于紧急制动时保持较高的制动效能。

为了加强发动机的制动效果,在有些发动机的排气歧管中安装有阀门,利用发动机辅助制动时将阀门关闭,可增大排气阻力,从而使发动机产生更大的制动作用。这种方法通常称为排气制动。

4. 改善道路条件

道路的附着系数不仅限制汽车最大地面制动力,而且在附着系数小的路面上制动时,汽车也容易发生侧滑或失去转向能力。因此,改善道路条件,提高其附着系数,是保证汽车制动效能充分发挥和提高制动时方向稳定性的有效措施。

5. 提高驾驶技术

驾驶技术对汽车制动性有很大影响。制动过程中,若能保持车轮接近抱死而未抱死的状态,便可获得最佳的制动效果。此外,在紧急制动时,驾驶员踩制动踏板的动作越快,制动系的协调时间越短,可缩短制动距离。尤其在滑溜路面上,采用发动机辅助制动并适当控制车速等,尽量少踩制动踏板,避免紧急制动,则可减小汽车制动侧滑或失去转向能力的可能性。

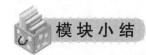

模块小结

汽车的制动性是指汽车行驶时,能在短距离内强制减速甚至停车并维持行驶方向稳定,以及在下长坡时能维持较低车速的能力。

汽车的制动性用3个指标来评价:制动效能;制动效能的恒定性;制动时的方向稳定性。

制动效能,包括制动减速度、制动距离、制动时间及制动力等。

制动效能的恒定性,包括抵抗制动器热衰退和水衰退的能力。

制动时的方向稳定性,指制动时汽车按照驾驶员给定方向行驶的能力,即是否发生制动跑偏、侧滑和失去转向能力等。

在轮胎周缘克服制动器摩擦力矩M_τ(N·m)所需施加的切向力。称为制动器制动力。

地面制动力是使汽车制动而减速行驶的外力,地面制动力取决于两个摩擦副的摩擦力:一个是制动器摩擦副间的摩擦力;另一个是轮胎与地面间的附着力。

制动效能可用汽车以一定初速度行驶时,用最大制动强度制动到停车所用的时间、行驶过的距离或制动过程中产生的制动力、制动减速度来表示。

制动时汽车自动偏驶的现象称为制动跑偏。制动跑偏的程度可用汽车横向位移或航向角来评价。

制动侧滑是指制动时,汽车的某一轴车轮或全部车轮发生横向滑动的现象。

失去转向能力是指汽车在弯道上制动时,转动转向盘也无法使汽车沿预定弯道转向制动停车的现象。

一般汽车根据前后制动器制动力分配的比例、载荷情况及道路附着系数和坡度等因素,当制动器制动力足够时,制动过程中可能出现以下3种情况:

①前轮先抱死拖滑,然后后轮抱死拖滑;

②后轮先抱死拖滑,然后前轮抱死拖滑;

③前、后轮同时抱死拖滑。

由上节分析可知,第一种情况是稳定工况,但在弯道行驶制动时,汽车易失去转向能力;第二种情况是不稳定工况,使后轴产生侧滑;第三种情况可以避免后轴侧滑,同时前转向轮只有在最大制动强度下,才使汽车丧失转向能力。

所以,前、后制动器制动力分配的比例,将影响到汽车制动时的方向稳定性。

"I"线上任意一点的坐标,都代表相应附着系数路面上,前、后轮同时抱死时,所要求的理想前后制动器制动力数值。

实际前、后制动器制动力分配线,简称β线。

β线与I曲线交点处的附着系数,称为同步附着系数φ_0。

同步附着系数说明:前后制动器制动力分配为固定比值的汽车,只有在同步附着系数的路面上制动时,才能使前后车轮同时抱死。

确定了制动器制动力分配系数β,就能确定同步附着系数φ_0;反过来如给出同步附着系数φ_0,就能得到制动器制动力在前、后轴上的分配。

 思考与练习

1. 解释以下名词：制动性；制动器制动力；地面制动力；附着力；附着系数；制动效能；制动效能的恒定性；制动时的方向稳定性。
2. 汽车制动时，真正使汽车减速直至停车的力是什么力？
3. 分析制动力的产生及其与附着力的关系。
4. 如何评价汽车的制动效能？
5. 影响汽车制动效能恒定性的因素有哪些？
6. 汽车制动时，跑偏、侧滑或失去转向能力的原因是什么？如何避免？
7. 制动器制动力的分配对汽车的制动性能有何影响？
8. 何谓汽车的同步附着系数 φ_0？应该怎样选择？
9. 如何提高汽车的制动性能？

模块十　汽车的操纵稳定性

学习目标

1. 能正确描述汽车的极限稳定性；
2. 能正确描述汽车转向时的操纵稳定性；
3. 能正确理解汽车直线行驶时的操纵稳定性；
4. 能正确理解汽车的操纵轻便性。

建议课时

6 课时。

操纵性和稳定性有紧密的关系。操纵性差，导致汽车侧滑、倾覆，汽车的稳定性就破坏了。如稳定性差，则会失去操纵性，因此，通常统称为汽车的操纵稳定性。

操纵性是指汽车能够正确地遵循驾驶员通过操纵机构所给定的方向行驶的能力；稳定性是指汽车在行驶过程中具有抵抗力图改变其行驶方向的各种干扰，并保持稳定行驶的能力。

汽车的操纵稳定性，是汽车的主要使用性能之一，随着汽车速度的提高，操纵稳定性越来越显得重要。它不仅影响着汽车的行驶安全，而且与运输生产效率与驾驶员的疲劳强度有关。

本模块重点介绍汽车的极限稳定性、转向稳定性、直线行驶稳定性和操纵轻便性。

一、汽车的极限稳定性

汽车的极限稳定性是指汽车抵抗外界干扰而不发生翻车事故的能力。汽车的翻倒可分为纵向翻倒和横向翻倒，汽车的极限稳定性也分纵向极限稳定性和横向极限稳定性。

（一）纵向极限稳定性

1. 纵向翻倒

汽车的纵向翻倒最容易发生在上坡或下坡时，以上坡为例，汽车的受力情况如图 10-1 所示。在实际使用中，当坡道较大时，汽车行驶速度比较低，空气阻力忽略不计，同时汽车的动力主要用来克服坡道阻力，在较大的坡道上加速能力有限，也不考虑加速阻力。

由受力图可求得汽车前、后轮的地面法向反作用力为：

$$Z_1 = \frac{bG\cos\alpha - h_g G\sin\alpha}{L} \quad (10\text{-}1)$$

$$Z_2 = \frac{aG\cos\alpha + h_g G\sin\alpha}{L} \quad (10\text{-}2)$$

式中：Z_1——前轮地面法向反作用力(N)；
　　　Z_2——后轮地面法向反作用力(N)；
　　　G——汽车的总重力(N)；
　　　a——汽车重心到前轴的距离(m)；
　　　b——汽车重心到后轴的距离(m)；
　　　h_g——汽车重心高度(m)；
　　　L——汽车前后轴距(m)；
　　　α——道路纵向坡道角度(°)。

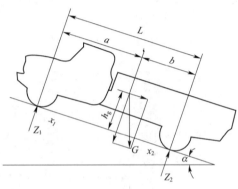

图 10-1　汽车上坡受力图

由以上公式可以看出，随着坡道角度 α 的增大，前轮的地面法向反作用力 Z_1 减小，当坡道角度增大到一定程度，前轮的地面法向反作用力 Z_1 为零时，前轮将失去转向操纵能力，并可能发生向后纵向翻倒。因此，汽车上坡时，不发生纵向翻倒的条件是：

$$Z_1 = \frac{bG\cos\alpha - h_g G\sin\alpha}{L} > 0 \quad (10\text{-}3)$$

整理式(10-3)可得：

$$\tan\alpha < \frac{b}{h_g} \quad (10\text{-}4)$$

由纵向翻倒的条件可知，汽车的重心到后轴的距离 b 越大，汽车的重心高度 h_g 越小，则汽车上坡时越不容易发生向后纵向翻倒，汽车的极限稳定性好。

2. 驱动轮滑转

汽车上坡时，坡道阻力也随坡道角度的增大而增加，当克服坡道阻力所需的驱动力超过附着力时，汽车的驱动轮就会产生滑转，汽车行驶的稳定性也会遭到破坏。汽车上坡时，后轮驱动的汽车不发生驱动轮滑转的条件是：

$$F_{t\max} = G\sin\alpha \leqslant Z_2 \varphi \quad (10\text{-}5)$$

式中：φ——纵向附着系数；
　　　$F_{t\max}$——最大驱动力。

将计算式代入式(10-5)，并整理可得：

$$\tan\alpha \leqslant \frac{a\varphi}{L - \varphi h_g} \quad (10\text{-}6)$$

3. 纵向极限稳定条件

在实际使用中，如果汽车遇有较大坡道时，因附着条件的限制，地面无法提供克服坡道阻力所需的驱动力,汽车也就无法上坡,也就不会发生向后纵向翻倒。因此,要保持汽车纵向的极限稳定性,就要保证汽车上坡时,随着坡道角度的增大,驱动轮的滑转先于向后纵向翻倒。对后轮驱动的汽车,上坡时保持纵向极限稳定性的条件为:

$$\frac{a\varphi}{L-\varphi h_g} < \frac{b}{h_g} \qquad (10\text{-}7)$$

整理式(10-7)可得:

$$\frac{b}{h_g} > \varphi \qquad (10\text{-}8)$$

式(10-8)称为后轮驱动汽车上坡时的纵向极限稳定条件,用同样的方法可求得后轮驱动汽车下坡时的纵向极限稳定条件,以及前轮驱动汽车、全轮驱动汽车上坡或下坡时的纵向极限稳定条件。对多数汽车而言,其重心位置都比较低,即重心高度 h_g 比较小,均能满足上述条件而有余,但越野汽车的重心一般较高,而且装用越野轮胎时附着系数也较大,失去纵向极限稳定性的危险增加。

(二)侧向极限稳定性

汽车行驶中,受到侧向力(如离心力、重力的侧向分力等)时,其左、右车轮的地面法向反作用力也随之改变,如果侧向力足够大,使某一侧车轮的地面法向反作用力为零时,汽车就可能发生侧向翻倒,而失去侧向极限稳定性。此外,侧向力超过侧向附着力时,汽车会在侧向力作用下侧滑。

1. 侧向翻倒

汽车高速转弯时,由于受到较大的离心力,最容易发生侧向翻倒。在道路转弯处,一般都有外高内低的横向坡度,汽车在横向坡道上等速转弯时的受力情况,如图10-2所示。

由受力图可求得汽车左、右车轮的地面法向反作用力为:

$$Z_L = \frac{1}{B}\left(\frac{B}{2}G\cos\beta - G h_g\sin\beta + F_c\frac{B}{2}\sin\beta + F_c h_g\cos\beta\right) \qquad (10\text{-}9)$$

$$Z_R = \frac{1}{B}\left(\frac{B}{2}G\cos\beta + G h_g\sin\beta + F_c\frac{B}{2}\sin\beta - F_c h_g\cos\beta\right) \qquad (10\text{-}10)$$

式中:Z_L——左侧车轮地面法向反作用力(N);

Z_R——右侧车轮地面法向反作用力(N);

F_c——汽车转弯时的离心力(N);

G——汽车的总重力(N);

h_g——汽车重心高度(m);

B——汽车左右轮距(m);

β——道路横向坡道角度(°)。

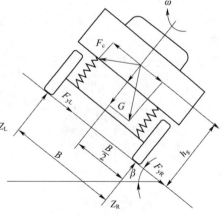

图10-2 汽车在横向坡道上等速转弯受力图

图 10-2 中 F_{yL} 为左侧车轮地面侧向反作用力,单位为 N;F_{yR} 为右侧车轮地面侧向反作用力,单位为 N。

汽车转弯时的离心力 F_c 作用在汽车重心上,其大小为:

$$F_c = \frac{G}{g} \frac{v^2}{R} \tag{10-11}$$

式中:G——汽车的总重力(N);
g——重力加速度(m/s^2);
v——汽车行驶速度(m/s);
R——转弯半径(m)。

由公式和受力图可知,随汽车转弯速度 v 的提高,离心力 F_c 增大,汽车右侧车轮的地面法向反作用力 Z_R 减小,当车速足够高使 $Z_R = 0$ 时,汽车就可能向外侧(图 10-2 中左侧)翻倒。汽车不向外侧翻倒的条件是 $Z_R > 0$,将 Z_R 和 F_c 计算式代入此条件并进行整理,可得汽车不向外侧翻倒而允许的转弯车速范围为:

$$v < \sqrt{\frac{gR(B + 2h_g\tan\beta)}{2h_g - B\tan\beta}} \tag{10-12}$$

由式(10-12)可见,当 $\tan\beta = \frac{2h_g}{B}$ 时,式中右侧分母为零,所以汽车在此横向坡道上,无论以多高的车速转弯行驶,均不会发生向外侧翻倒的现象。当 $\beta = 0$ 即汽车在平路上转弯时,汽车不发生向外侧翻倒的条件是:

$$v < \sqrt{\frac{gRB}{2h_g}} \tag{10-13}$$

实际在道路施工中,一般都在转弯处设有一定的横向坡度,目的就是提高汽车转弯时的稳定性。随坡道角度增大,汽车不发生向外侧翻倒而允许的转弯车速越高。应当注意:如果横向坡道角度过大,而汽车转弯速度又比较低时,汽车可能向内侧(图 10-2 中右侧)翻倒,按 $Z_L > 0$ 可求得汽车在较大的横向坡道上转弯时,不发生向内侧翻倒而允许的最低转弯车速,这种情况在实际中一般不会出现。

汽车在横向坡道上停车或直线行驶时,离心力 F_c,如果坡道角度过大,汽车就会向坡道下方(图 10-2 中右侧)翻倒,根据左侧车轮法向反作用力 Z_L 计算式,可求得汽车不发生翻倒允许的坡道角度 β 应满足式(10-14):

$$\tan\beta < \frac{B}{2h_g} \tag{10-14}$$

由以上各式不难看出,增大转弯半径、增大轮距和降低汽车重心高度,均可提高汽车侧向极限稳定性。

2. 侧滑

汽车转弯行驶时,随车速提高,汽车所受的侧向力增大,当侧向力超过侧向附着力时,汽车就会沿侧向力方向侧滑。由图 10-2 可得汽车不发生向外(左)侧滑的条件为:

$$F_c\cos\beta - G\sin\beta \leq (F_c\sin\beta + G\cos\beta)\varphi$$

式中:φ——侧向附着系数。

将离心力F_c计算式代入式(10-15),并整理可得汽车不发生向外侧滑的允许车速范围为:

$$v \leqslant \sqrt{\frac{gR(\varphi+\tan\beta)}{1-\varphi\tan\beta}} \tag{10-15}$$

由上式可知,当$\tan\beta=\frac{1}{\varphi}$时,$v_\varphi=\infty$,则以任何车速行驶也不发生侧滑。在$\beta=0$的水平道路上,汽车侧滑前所允许最大速度为:

$$u_{\varphi\max}=\sqrt{gR\varphi} \tag{10-16}$$

汽车在横向坡道上,停车或直线行驶时,离心力$F_c=0$,如果坡道角度过大,汽车就会向坡道下方(图10-2中右侧)侧滑,侧向力为$G\sin\beta$,汽车不发生侧滑的条件则为:

$$G\sin\beta \leqslant G\cos\beta\varphi$$

即

$$\tan\beta \leqslant \varphi \tag{10-17}$$

3. 侧向极限稳定条件

为确保行驶安全,汽车高速转弯时,侧滑应先于侧翻。因为驾驶员一旦发现侧滑后,可及时降低车速,便能避免事故发生。要保证侧滑先于侧翻,由不发生侧翻和侧滑的条件可得:

$$\sqrt{\frac{gR(\varphi+\tan\beta)}{1-\varphi\tan\beta}} < \sqrt{\frac{gR(B+2h_g\tan\beta)}{2h_g-B\tan\beta}} \tag{10-18}$$

整理可得:

$$\frac{B}{2h_g} > \varphi \tag{10-19}$$

式(10-19)即为侧向极限稳定条件,其中$\frac{B}{2h_g}$称为侧向稳定性系数。即使在侧向附着系数较高的良好的路面上,一般汽车也能满足侧向极限稳定条件。在车辆使用中,尤其应注意载货汽车的装载高度,汽车重心高度随货物装载高度提高,使侧向稳定系数下降,汽车发生侧翻的危险性增加。

(三)提高极限稳定性的措施

由汽车纵向和侧向极限稳定条件不难看出,汽车的极限稳定性主要取决于汽车本身的尺寸参数,影响最大的是汽车的重心高度,降低汽车的重心高度是提高汽车极限稳定性的有效措施。此外,增大汽车重心与驱动车轴之间的距离,增大汽车的轮距,对改善汽车的极限稳定性也具有一定意义。

二、汽车转向时的操纵稳定性

(一)轮胎的侧偏特性

汽车上装用的轮胎都是有弹性的充气轮胎,当车轮受到侧向力作用时,轮胎就会发生侧向变形,从而使车轮中心平面偏离轮胎接地印迹的长轴线,如图 10-3 所示。

装有弹性轮胎的车轮滚动轨迹,如图 10-4 所示。当车轮不受侧向力滚动时,如图 10-4a)所示,轮胎胎面中心点 a、b、c、d、e、f 各点依次落于地面上的 a、b_1、c_1、d_1、e_1、f_1 各点上,此时车轮沿直线滚动。当车轮受侧向力作用滚动时,如图 10-4b)所示,假定侧向力不足以使车轮侧滑,由于弹性轮胎的侧向变形,使胎面中心点 a、b、c、d、e、f 各点依次落于地面上的 a、b_1'、c_1'、d_1'、e_1'、f_1' 各点上,此时车轮的滚动轨迹偏离其直线行驶方向 α 角度。即装有弹性轮胎的车轮受侧向力作用时,由于轮胎的侧向变形,使车轮的滚动轨迹偏离其直线行驶方向,这种现象称为弹性轮胎的侧偏现象,α 角度称为侧偏角。

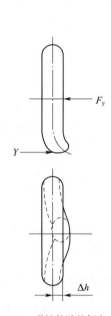

图 10-3 弹性轮胎的侧向变形

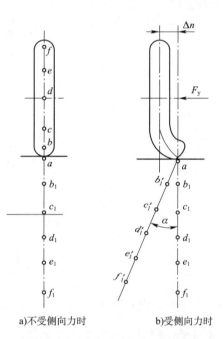

a)不受侧向力时　　b)受侧向力时

图 10-4 装有弹性轮胎的车轮滚动轨迹

对一定的轮胎而言,侧偏角随侧向力的增加而增大,侧偏角与侧向力之间的关系称为轮胎的侧偏特性。图 10-5 所示为试验测得的轮胎侧偏特性曲线,在侧偏角较小时,侧向力与侧偏角接近线性关系。侧向力增加,侧偏角也增大,当侧向力增加到接近附着极限时,由于轮胎接地部分局部滑移,侧偏角迅速增大。汽车正常行驶时,轮胎的侧偏角一般不超过 $3°\sim 4°$,因此可认为侧向力与侧偏角呈线性关系,即:

$$F_y = K\alpha \tag{10-20}$$

式中:K——侧偏刚度(N/°)。

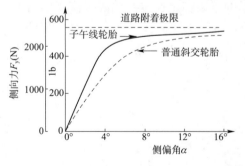

图 10-5 轮胎侧偏特性曲线

侧偏刚度是指产生每 1° 的侧偏角所需的侧向力。轮胎的侧偏刚度主要与外胎结构、轮胎气压、轮胎与路面之间的法向和切向作用力等有关,一般用试验方法确定。

(二)轮胎侧偏对转向操纵稳定性的影响

1. 无侧偏时的转向半径

在汽车转弯行驶时,为减小轮胎磨损和提高汽车行驶稳定性,最理想的状态是所有车轮都保持纯滚动,这就要求所有车轮都绕同一中心做圆周运动,该中心称为瞬时转向中心,如图10-6所示。从瞬时转向中心到汽车纵轴线之间的距离称为转向半径。

由图10-6可知,要保持理想的汽车转向,内、外转向车轮的转角必须保持一定的关系,此关系称为理论转角特性,即:

$$\cot\delta_1 - \cot\delta_2 = \frac{OG}{L} - \frac{OD}{L} = \frac{d}{L} \tag{10-21}$$

式中:δ_1、δ_2——左、右轮转角(°);

   d——左、右转向主销中心距(m);

   L——轴距(m)。

在实际的汽车转向时,内、外转向轮的转角关系是由转向梯形机构决定的。在汽车设计时,通过对转向梯形参数(转向梯形各边长度和底角)的合理选择,也只能使实际的内、外轮转角关系尽量接近理论转角特性,要完全符合理论转角特性是不可能的。

不考虑轮胎侧偏时,设汽车前轴中点的速度方向与汽车纵轴线之间的夹角为δ,由图10-6中各三角形关系可以证明,δ与左、右转向轮转角δ_1和δ_2的关系为:

$$\delta = \frac{\delta_1 + \delta_2}{2} \tag{10-22}$$

则由三角形ABO可得无侧偏时的转向半径为:

$$R_0 = \frac{L}{\tan\delta} \tag{10-23}$$

当汽车转向角度较小时,并用弧度表示δ的大小,则:

$$\tan\delta \approx \delta$$

$$R_0 = \frac{L}{\delta} \tag{10-24}$$

2. 有侧偏时的转向半径

汽车转向时的离心力会使弹性轮胎产生侧偏,轮胎的侧偏会影响实际的转向半径。如图10-7所示,为便于分析,假设在离心力作用下,同一轴车轮的侧偏角度相等,前轴车轮的侧偏角度为α_A,后轴车轮的侧偏角度为α_B。

汽车转向时,由于弹性轮胎的侧偏,使前、后轴中点速度方向和瞬时转向中心都发生改变。与无侧偏时相比,前、后轴中点的速度分别由v_A和v_B变为v'_A和v'_B,过前、后轴中点A和B分别作前、后轴中点实际速度v'_A和v'_B的垂线交于O'点,此点即有侧偏时的瞬时转向中心,可见瞬时转向中心也不再是原来的O点。过O'点作汽车纵轴线的垂线交于D点,$O'D$即为有侧偏时汽车的转向半径,用R来表示。

由图10-7中的三角关系可得:

$$\tan(\delta - \alpha_A) = \frac{AD}{O'D} \qquad (10\text{-}25)$$

$$\tan \alpha_B = \frac{BD}{O'D} \qquad (10\text{-}26)$$

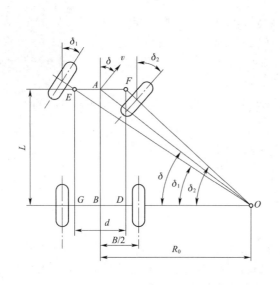

图 10-6 无侧偏时的汽车转向

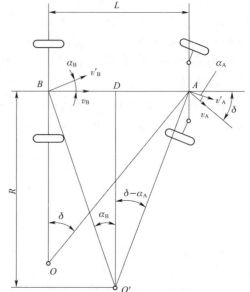

图 10-7 有侧偏时的汽车转向

将以上两式相加,并且 $AD+BD=L$,$O'D=R$,$\tan(\delta-\alpha_A)=\delta-\alpha_A$,$\tan \alpha_B = \alpha_B$,整理可得:

$$R \approx \frac{L}{\delta + \alpha_B - \alpha_A} \qquad (10\text{-}27)$$

比较有侧偏时和无侧偏时的转向半径公式即可得出如下结论:

(1)对一定汽车而言,当前轮转角(或转向盘转角)一定时,即 δ 一定,前、后轴车轮的侧偏角度影响转向半径。当前、后轴车轮的侧偏角度相等时,有侧偏时的转向半径与无侧偏时的转向半径也相等,称汽车具有中性转向特性;当后轴车轮的侧偏角度大于前轴车轮的侧偏角度时,有侧偏时的转向半径小于无侧偏时的转向半径,称汽车具有过多转向特性;当后轴车轮的侧偏角度小于前轴车轮的侧偏角度时,有侧偏时的转向半径大于无侧偏时的转向半径,称汽车具有不足转向特性。

(2)当汽车沿给定的弯道转向行驶时,即转向半径 R 一定,前、后轴车轮的侧偏角度影响汽车转向所需的前轮转角(或转向盘转角)。当前、后轴车轮的侧偏角度相等时,具有中性转向特性的汽车,转向所需的前轮转角与无侧偏时相等;当后轴车轮的侧偏角度大于前轴车轮的侧偏角度时,具有过多转向特性的汽车,转向所需的前轮转角比无侧偏时小;当后轴车轮的侧偏角度小于前轴车轮的侧偏角度时,具有不足转向特性的汽车,转向所需的前轮转角比无侧偏时大。

(三)提高转向操纵稳定性的措施

在实际汽车转向行驶时,车速是影响前、后轴车轮侧偏角度的重要因素。当汽车沿给定的弯道转向行驶时,具有中性转向特性的汽车,转向所需的前轮转角是固定的,与车速无关;具有过多转向特性的汽车,由于随车速的提高,后轮与前轮侧偏角度的差值增大,所以转向所需的前轮转角必须减小;具有不足转向特性的汽车,由于随车速的提高,后轮与前轮侧偏角度的差值减小,所以转向所需的前轮转角必须增大。

具有过多转向特性的汽车在给定的弯道上转向时,所需的前轮转角必须随车速的提高而减小,当车速达到某一临界车速时,所需的前轮转角就会减小到零,这意味着汽车以临界车速行驶时,前轮只要有微小的转角,汽车就会以很小的半径绕瞬时转向中心高速转向,而且如果前轮不能及时回正,转向半径会越来越小,将导致汽车失去稳定性。具有中性转向特性的汽车转向时对车速不敏感,具有适度不足转向特性的汽车才有良好的操纵稳定性。

为提高汽车转向时的操纵稳定性,使汽车具有适度的不足转向特性,一般通过合理选择汽车的重心位置和轮胎充气压力来实现。在汽车总布置设计时,确定的汽车重心到前、后轴的距离,决定了汽车转向时离心力在前、后轴上的分配,直接影响前、后轮的侧偏角度,重心位置的确定应保证前轮侧偏角比后轮大。在使用中,轮胎的充气压力是影响其侧偏刚度的重要因素,气压越高,侧偏刚度越大,所以汽车前轮的充气压力一般比后轮低,以保证前轮侧偏角比后轮大。

三、汽车直线行驶时的操纵稳定性

影响汽车直线行驶操纵稳定性的因素主要有转向轮的振动、转向轮的定位和轮胎侧偏。

(一)转向轮振动的影响

汽车的转向轮通过悬架和转向传动机构与车架相连,这些互相联系的机件组成了弹性振动系统。在汽车行驶过程中,由于路面不平等因素的影响,就会使转向轮出现左右摆动或上下跳动的现象,如图10-8所示。转向轮的振动不仅会使行驶阻力、轮胎磨损、行驶系和转向系零件动载荷增加,而且严重影响汽车的操纵稳定性,使汽车行驶速度的发挥受到限制。

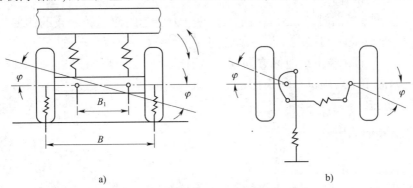

图 10-8 转向轮的振动

转向轮的上下跳动可看作绕汽车纵轴线的角振动,它一般是由路面不平或车轮不平衡引起的。汽车直线行驶中,由于路面不平或车轮不平衡等使转向轮绕汽车纵轴线产生角振动时,由于陀螺效应(详见理论力学相关内容)会使转向轮绕主销偏转,如果左轮升高,车轮将向右偏转;如果左轮下落,车轮将向左偏转,即转向轮绕汽车纵轴线的角振动激发了转向轮绕主销的角振动。同样由于陀螺效应,转向轮绕主销的角振动会反过来加剧转向轮绕汽车纵轴线的角振动,如此反复,将严重影响汽车直线行驶的稳定性。

转向轮的左右摆动就是绕主销的角振动。无论是由于路面不平、车轮不平衡或侧向风等直接引起转向轮绕主销的角振动,还是转向轮绕汽车纵轴线的角振动间接引起转向轮绕主销的角振动,都会影响汽车直线行驶时的方向稳定性。

(二)转向轮定位的影响

转向轮的定位参数中,主销内倾和主销后倾对操纵稳定性影响较大。

1. 主销内倾的影响

主销内倾角是指在汽车横向垂直平面内,转向主销中心线与铅垂线之间的角度,如图 10-9 所示。当汽车转向时,转向轮绕主销偏转,假设前轴(转向轴)的空间位置不变,且转向轮绕主销偏转 180°,则转向轮由图 10-9 中实线所示位置转到虚线所示位置,转向轮的接地点 A 深入到地面以下的 A' 点,但实际转向轮不可能进入地面以下,而是将转向轮连同汽车前轴被抬高一定距离 h,驾驶员施加在转向盘上的运动能量部分转化为前轴升高的势能而储存起来。虽然汽车实际转向时,转向轮的偏转角度一般只有 35°,不可能达到 180°,但由此可能推论,由于主销内倾角的影响,使转向轮绕主销偏转时,前轴被抬高而势能增大,储存起来的势能与转向轮的偏转角度成正比。汽车转向后,驾驶员松开转向盘,在前轴重力作用下,被储存的势能便释放出来,从而使转向轮自动回正。这种自动回正作用,有利于保持汽车直线行驶的稳定性,但主销内

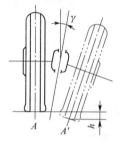

图 10-9 主销内倾的自动回正作用

倾角过大,会使转向沉重。

2. 主销后倾的影响

主销后倾角是指在汽车纵向垂直平面内,转向主销中心线与铅垂线之间的角度,如图 10-10 所示。汽车转向时,离心力在前轴上的分力引起路面对转向轮的侧向反作用力 Y_1。由于主销的后倾,使轮胎的接地点与主销之间存在一定的垂直距离,则侧向反作用力绕主销形成力矩。无论转向轮绕主销向何方向偏转,侧向反作用力绕主销形成力矩都会促使转向轮自动回正,因此主销后倾也有利于保持汽车直线行驶时的稳定性,但主销后倾角过大,同样也会使转向沉重。

(三)轮胎侧偏的影响

1. 前轮侧偏的影响

弹性轮胎与路面的接触不是点接触,而是面接触。转向轮接地印迹内侧向反作用力的分布,影响汽车直线行驶时的操纵稳定性。当车轮静止时,受到侧向力作用后,由于接地印迹长轴方向各点的侧向变形量相等,所以地面侧向反作用力均匀分布。但滚动的车轮受到侧向力作用时,由于弹性轮胎的侧偏使接地印迹扭曲,接地印迹前端离车轮平面近,后端则离车轮平面远,轮胎的侧向变形量沿接地印迹长轴方向由前到后逐渐增大。由于侧向反作用力的大小与侧向变形量成正比,所以转向轮接地印迹内侧向反作用力的合力向后偏移,如

图 10-11 所示,侧向力 F_{JY} 与侧向反作用力 Y_1 形成的力偶矩迫使转向轮回到直线行驶位置。由此可见,转向轮的侧偏有利于汽车转向后转向轮的自动回正,同样有利于保持汽车直线行驶时的稳定性。

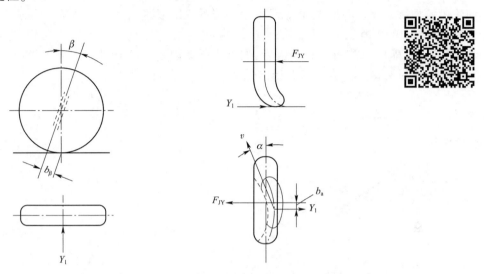

图 10-10 主销后倾的自动回正作用　　图 10-11 轮胎侧偏的自动回正作用

转向轮的侧偏刚度越小,受到侧向力作用时的侧偏角度就越大,自动回正作用也随之增大。目前轿车上广泛采用低压胎以提高其附着性能,也增大了转向轮的自动回正作用,但为了防止转向沉重,因此采用低压胎的汽车不得不减小其主销后倾角,有些甚至出现负值。

2. 前、后轮侧偏的综合影响

前、后轮的侧偏角度影响汽车的转向特性,而具有不同转向特性的汽车,其直线行驶时的稳定性也不同。

具有中性转向的汽车沿 xx 方向直线行驶时,如果有偶然的侧向力 R_y 作用在汽车重心上,由于前、后车轮的侧偏角度相等,汽车将沿与 xx 方向成 $\alpha = \alpha_A = \alpha_B$ 角的 mm 方向直线行驶,如图 10-12a) 所示。要想维持原来的行驶方向,只要向侧向力相反一侧转动转向盘,使汽车纵轴线与原行驶方向成 α 角,然后再将转向盘转回直线行驶位置,如图 10-12b) 所示。

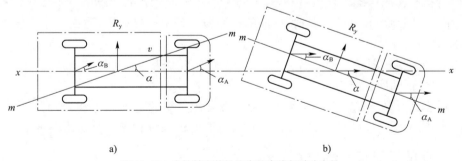

图 10-12 中性转向特性汽车的直线行驶稳定性

具有过多转向特性的汽车直线行驶时,如果有偶然的侧向力 R_Y 作用在汽车重心上,由于前轮侧偏角度 α_A 比后轮侧偏角度 α_B 小,汽车将向侧向力方向相反的一侧转弯行驶,并产生离心力 F_c,如图 10-13 所示。由于离心力 F_c 的侧向分力 F_{cY} 与侧向力 R_Y 的方向相同,会加剧轮胎的侧偏,从而使转向半径减小,离心力进一步增大,尤其车速较高时,如此恶性循环,最终将导致汽车失去操纵稳定性。

具有不足转向特性的汽车直线行驶时,如果有偶然的侧向力R_Y作用在汽车重心上,由于前轮侧偏角度α_A比后轮侧偏角度α_B大,汽车将向侧向力作用方向一侧转弯行驶,并产生离心力F_c,如图10-14所示。由于离心力F_c的侧向分力F_{cY}与侧向力R_Y的方向相反,有抑制侧向力R_Y的作用,所以当侧向力R_Y消失后,汽车能自动回复直线行驶。由此可见,具有不足转向特性的汽车具有良好的直线行驶稳定性。

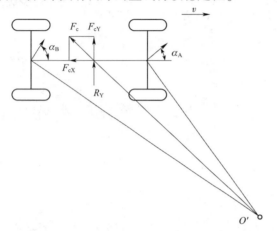

图10-13　过多转向特性汽车的直线行驶稳定性　　图10-14　不足转向特性汽车的直线行驶稳定性

(四) 提高直线行驶操纵稳定性的措施

提高汽车直线行驶时的操纵稳定性,主要应采取以下措施:

(1) 转向轮振动的产生原因主要是路面不平和车轮不平衡等,改善道路条件、保持车轮动平衡是防止车轮振动的有效措施。在使用中,应特别注意车轮的平衡问题,必要时应对车轮进行动平衡试验,消除不平衡因素。

(2) 在汽车设计中,合理选择悬架结构,如采用独立悬架取代非独立悬架,可避免或减轻由于陀螺效应引起的转向轮左右摆动。

(3) 悬架与转向传动机构的运动干涉,也是引起转向轮左右摆动的一个重要因素。在汽车设计时,应尽量使转向垂臂与直拉杆连接球头接近悬架铰接点,以协调悬架与转向传动机构的运动关系。

(4) 合理选择转向轮定位参数,在充分考虑转向轻便和轮胎侧偏影响的前提下,保证转向轮有足够的自动回正能力。

(5) 适当减小转向轮的侧偏刚度,不仅可增强转向轮的自动回正能力,而且有利于使汽车具有适度的不足转向特性,对提高汽车直线行驶时的操纵稳定性具有重要意义。

四、汽车的操纵轻便性

(一) 操纵轻便性的评价指标

操纵轻便性主要影响驾驶员在工作中的疲劳强度,它取决于单位行驶里程内的操纵作业次数、所需的操纵力和操纵行程。

驾驶员在工作中的主要操纵作业包括离合器踏板操纵、制动踏板和手柄操纵、加速踏板操纵、换挡杆操纵和转向盘操纵。

驾驶员在单位行驶里程(100km)内完成各项操纵作业的次数,受汽车结构、道路条件、行驶环境等因素的影响很大,难以用统计数字进行比较,一般根据汽车相关装置的结构进行分析评价,如带同步器的变速器比无同步器的变速器换挡时踩离合器踏板的次数少等。

驾驶员完成各项操纵作业所需的操纵力和操纵行程主要取决于操纵机构的结构,具体的操纵力和操纵行程可用仪器测量。对离合器踏板操纵、制动踏板和手柄操纵、转向盘操纵一般要求如下:

1) 离合器踏板操纵

轿车离合器踏板操纵力一般为80~150N,其他车辆操纵力为50~250N;离合器踏板行程一般为80~150mm,最大不超过180mm。

2) 制动踏板和手柄操纵

紧急制动的次数约占制动总次数的5%~10%,所以紧急制动时所需的最大操纵力允许值较大,各国法规规定的最大操纵力一般为500~700N;实际车辆紧急制动时的最大操纵力,轿车一般为200~350N,其他车辆一般为350~550N;紧急制动踏板行程,轿车一般为100~150mm,其他车辆一般为150~200mm;驻车制动手柄的最大操纵力一般为400~500N,最大行程一般为160~200mm。

3) 转向盘操纵

汽车转向时,施加在转向盘上的操纵力,轿车一般不大于200N,中型载货汽车和客车一般不大于360N,重型载货汽车一般不大于450N;转向盘转动总圈数,轿车一般不大于3.6圈,不装动力转向的重型载货汽车一般不大于7圈。

(二) 提高操纵轻便性的措施

提高汽车的操纵轻便性的措施主要是改进汽车结构,包括以下几个方面:

1) 提高汽车动力性,完善传动系结构

通过对发动机和传动系的改进和优化,提高汽车的动力性,从而提高汽车的通过能力和克服各种行驶阻力的能力,在机械变速器上装用同步器,用自动变速器取代机械变速器,均可在相同的使用条件下,有效减少对离合器和换挡的操纵次数,从而减轻驾驶员的疲劳强度。

2) 用液压或气压传动取代机械传动

用液压传动或气压传动代替机械传动,不仅可减少传动损失,而且在转向、制动和离合器传动机构中采用的液压或气压传动装置,均有助力作用,使驾驶员能轻松地完成各项操纵作业。

3) 电控技术的应用

近年来,电子控制技术在汽车上的广泛应用,对提高汽车的操纵轻便性也起到了积极作用,如:巡航控制系统、电控节气门系统的应用,使驾驶员在长途行驶中,只要道路条件和交通条件允许,即可通过简单的操纵使汽车进入巡航控制模式,驾驶员只需控制汽车的行驶方向,而不需操纵加速踏板和制动踏板,汽车就能以设定车速自动行驶。此外 ABS 系统在汽车上的应用,不仅提高了汽车的制动安全性,同时由于相同条件下的制动距离和时间缩短,也减轻了驾驶员制动操纵的疲劳强度。无人驾驶技术也在快速发展。

应当注意:不能为提高汽车的操纵轻便性,过分减小驾驶操纵所需的力,否则会使驾驶员失去踏板感,又称路感。

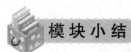

模块小结

操纵性是指汽车能够正确地遵循驾驶员通过操纵机构所给定的方向行驶的能力;稳定性是指汽车在行驶过程中具有抵抗力图改变其行驶方向的各种干扰、并保持稳定行驶的能力。

汽车的极限稳定性是指汽车抵抗外界干扰而不发生翻车事故的能力。

由纵向翻倒的条件可知,汽车的重心到后轴的距离 b 越大,汽车的重心高度 h_g 越小,则汽车上坡时越不容易发生向后纵向翻倒,汽车的极限稳定性好。

汽车的极限稳定性主要取决于汽车本身的尺寸参数,影响最大的是汽车的重心高度,降低汽车的重心高度是提高汽车极限稳定性的有效措施。此外,增大汽车重心与驱动车轴之间的距离,增大汽车的轮距,对改善汽车的极限稳定性也具有一定意义。

侧偏角与侧向力之间的关系称为轮胎的侧偏特性。

当后轴车轮的侧偏角度小于前轴车轮的侧偏角度时,有侧偏时的转向半径大于无侧偏时的转向半径,称汽车具有不足转向特性。

具有不足转向特性的汽车,转向所需的前轮转角比无侧偏时大。

提高汽车直线行驶时的操纵稳定性,主要应采取以下措施:

(1)改善道路条件、保持车轮动平衡是防止车轮振动的有效措施。

(2)合理选择悬架结构,可避免或减轻由于陀螺效应引起的转向轮左右摆动。

(3)尽量使转向垂臂与直拉杆连接球头接近悬架铰接点,以协调悬架与转向传动机构的运动关系。

(4)保证转向轮有足够的自动回正能力。

(5)适当减小转向轮的侧偏刚度。

提高汽车操纵轻便性的主要措施:

(1)提高汽车动力性,完善传动系结构。

(2)用液压或气压传动取代机械传动。

(3)电控技术的应用。

应当注意:不能为提高汽车的操纵轻便性,过分减小驾驶操纵所需的力,否则会使驾驶员失去踏板感,又称路感。

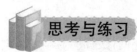

思考与练习

1. 什么是汽车操纵稳定性?

2. 汽车纵翻、侧翻的原因是什么？怎样才能避免翻车事故的发生？
3. 什么是轮胎的侧偏特性？对汽车的操纵稳定性有何影响？
4. 如何提高汽车转弯时的操纵稳定性？
5. 汽车直线行驶时影响其操纵稳定性的因素有哪些？
6. 如何提高汽车直线行驶时的操纵稳定性？

模块十一　汽车的通过性和舒适性

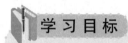

1. 正确理解并掌握汽车的通过性；
2. 正确理解并掌握汽车的行驶平顺性；
3. 正确了解汽车的内部环境。

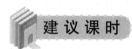

3 课时。

一、汽车的通过性

汽车的通过性是指汽车在一定载重下，能以足够高的平均车速，通过各种坏路和无路地带（如松软的土壤、沙漠、雪地、沼泽及坎坷不平地段），以及克服各种障碍（陡坡、侧坡、台阶、壕沟等）的能力。汽车的通过性可分为轮廓通过性和牵引支承通过性。

轮廓通过性是表征车辆通过坎坷不平路段和障碍的能力。

牵引支承通过性是指车辆顺利通过松软土壤、沙漠、雪地、冰面、沼泽等地面的能力。

山区、矿区、建设工地等使用的车辆和军用车辆，经常行驶在坏路和无路地面上。因此，要求这些汽车应具有良好的通过性。

（一）轮廓通过性

在越野行驶时，由于汽车与不规则地面的间隙不足，可能出现汽车被托住而无法通过的现象，称为间隙失效。间隙失效主要有顶起失效、触头失效（或托尾失效）两种形式。顶起失效是车辆中间底部的零件碰到地面，而被顶住的间隙失效。触头失效（或托尾失效）是汽车前端（或车底）触及地面的间隙失效。

汽车通过性的几何参数如图 11-1 所示，这是与防止间隙失效有关的汽车本身的几何参数，主要包括最小离地间隙、接近角、离去角、纵向通过角。

另外，汽车的最小转弯直径、最大通道宽度等，也是汽车通过性的重要轮廓参数。

1. 最小离地间隙 C

最小离地间隙 C 是汽车除车轮外的最低点与路面间的距离。它表征汽车无碰撞地越过石块、树桩等障碍物的能力。汽车的前桥、飞轮壳、变速器壳、消声器和主减速器外壳等,通常有较小的离地间隙。在设计越野汽车时,应保证有较大的最小离地间隙。

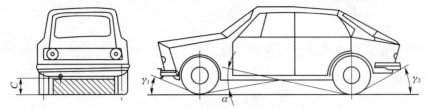

图 11-1 汽车通过性的几何参数

2. 接近角 γ_1 与离去角 γ_2

接近角 γ_1 与离去角 γ_2 是指自车身前、后突出点,向前、后车轮引切线时,切线与路面之间的夹角。它表征了汽车接近或离开障碍物时,不发生碰撞的能力。接近角和离去角越大,则汽车的通过性越好。

3. 纵向通过角 α

当分别切于静载车轮前、后轮胎外缘。且垂直于纵向对称平面的两平面,交于车体下部较低部位时,车轮外缘两切面之间所夹的最小锐角,为车辆可以超越的最大角度。它表征汽车可无碰撞地通过小丘、拱桥等障碍物的轮廓尺寸。纵向通过角越大,汽车的通过性越好。

4. 最小转弯直径和最大通道宽度

汽车前轮处于最大转角状态行驶时,汽车前轴离转向中心最远车轮胎面中心,在地面上形成的轨迹圆直径,表征车辆在最小面积内的回转能力和通过狭窄弯曲地带或绕过障碍物的能力。

最大通道宽度是指汽车最远点最小转弯直径,与最近点最小转弯直径之差的一半。车辆所需的通道宽度越窄,通过性越好。

(二)汽车的倾覆失效

越野汽车在通过如图 11-2 所示的大的侧坡或纵坡,可能导致汽车的倾覆失效。

在侧坡上直线行驶时,当坡度大到汽车重力通过一侧车轮中心,而另一侧车轮的地面法向反作用力等于零时,则车辆将发生侧翻。此时:

$$\tan\beta = \frac{B}{2h_g} \quad (11\text{-}1)$$

式中:β——汽车不发生侧翻的侧坡极限角。

为了防止汽车侧翻,汽车的重心应低,轮距应宽。

在侧坡角度 β' 的坡道上,也可能发生侧滑,此时:

$$\phi G\cos\beta' = G\sin\beta'$$
$$\tan\beta' = \phi \quad (11\text{-}2)$$

式中:ϕ——侧向附着系数。

当侧坡角的正切值,等于侧向附着系数时,

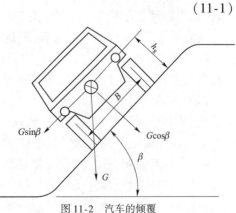

图 11-2 汽车的倾覆

汽车发生整车侧滑。通常认为,与其发生侧翻,不如发生侧滑。即应满足:

$$\tan\beta > \tan\beta'$$

$$\frac{B}{2h_g} > \phi \tag{11-3}$$

同理,可导出纵向倾覆的条件。它也取决于重心高度与重心至前轴或后轴的距离。

(三)通过性的影响因素

1. 行驶速度

当汽车的行驶速度降低时,土壤的剪切和车轮滑转的倾向减少。因此,用低速行驶克服困难地段,也可改善汽车的通过性,为此,越野汽车传动系最大总传动比一般较大。越野汽车最低稳定车速可按表 11-1 选取,其值随汽车总质量而定。

越野汽车的最低稳定车速　　　　表 11-1

汽车总质量(kg)	<2000	<6500	<8000	>8000
最低稳定车速(km/h)	≤5	≤2~3	≤1.5~2.5	≤0.5~1

也可根据下式求得汽车的最低稳定行驶速度

$$v_{a\min} = 0.377 \frac{n_{e\min} r_r}{i_g i'_g i_o} \tag{11-4}$$

式中:$n_{e\min}$——发动机的最低稳定转速(r/min);

i'_g——分动器的传动比。

2. 汽车车轮

车轮对汽车通过性有着决定性的影响,为了提高汽车的通过性,必须正确选择轮胎的花纹尺寸、结构参数、气压等,使汽车行驶滚动阻力较小,附着能力较大。

(1)轮胎花纹。轮胎花纹对附着系数有很大影响。正确地选择轮胎花纹,对提高汽车在一定类型地面上的通过性有很大作用。越野汽车的轮胎具有宽而深的花纹;当汽车在湿路面上行驶时,由于只有花纹的凸起部分与地面接触,使轮胎对地面有较高的单位压力,足以挤出路面积水;而在松软地面上行驶时,轮胎下陷,嵌入土壤的花纹凸起的数目增加,与地面接触面积及土壤剪切面积都迅速增加,因而,同样能保证有较好的附着性能。

在表面滑溜泥泞而底层坚实的道路上,提高通过性的最简单办法,是在轮胎上安防滑链(或使用带防滑钉的轮胎)。它相当于在轮胎上增加了一层高而稀的花纹。这时,防滑链能挤出表面的水层,直接与地面接触,有的还会增加土壤剪切面积,从而提高附着能力。

(2)轮胎直径和宽度。增大轮胎直径和宽度,都能降低轮胎的接地比压。用增加车轮直径的方法来减小接地比压,增加接触面积以减少土壤阻力和减少滑转,要比增加宽度更为有效。但增大轮胎直径会使惯性增大,汽车重心升高,轮胎成本增加,并要采用大传动比的传动系统。因此,大直径轮胎的推广使用受到了限制。

加大轮胎宽度不仅直接降低了轮胎的接地面比压,而且轮胎较宽,允许胎体有较大的变形,而不降低其使用寿命,因而可使轮胎气压取得低些,使汽车在沙漠、雪地、沼泽地面上行驶时,具有良好的通过性。但这种专用于松软地面的特种轮胎,由于花纹较大,气压过低,不应在硬路面上工作,否则将过早损坏和迅速磨损。

(3)轮胎的气压。在松软地面上行驶的汽车,应相应降低轮胎的气压,以增大轮胎与地面的接触面积,降低接地比压,提高土壤推力。轮胎气压降低时,虽然土壤的压实阻力随着减小,但轮胎本身的迟滞损失却逐渐增加。为了提高越野汽车通过松软地面的能力;在硬路面上行驶时又不致引起过大的滚动阻力和影响轮胎寿命,可装用轮胎的中央充气系统,使驾驶员能根据道路情况,随时调节轮胎气压。

(4)前轮距和后轮距。当汽车在松软地面上行驶时,各车轮都需克服形成轮辙的阻力(滚动阻力)。如果汽车前轮距与后轮距相等,并有相同的轮胎宽度,则前轮辙与后轮辙重合,后轮就可沿被前轮压实的轮辙行驶,使汽车总滚动阻力减少,提高汽车通过性。所以,多数越野汽车的前轮距与后轮距相等。

(5)前轮与后轮的接地比压。试验证明,前轮距与后轮距相等的汽车行驶于松软地面时,当前轮对地面的单位压力,比后轮的小20%~30%时,汽车滚动阻力最小。为此,除在设计汽车时,可将负荷按此要求分配于前、后轴,也可以使前、后轮的轮胎气压不同,以产生不同的接地比压。

3. 差速器

为了保证各驱动车轮能以不同的角度旋转,在传动系统装有差速器。但普通的齿轮差速器,由于它有使驱动车轮之间转矩平均分配的特性,当某一驱动车轮陷入泥泞或冰雪路面上时,得到较小的附着力,则与之对应的另一驱动车轮,也只能以同样小的附着力限制其驱动力。为了避免这种情况的发生,某些越野汽车上装有差速锁,以便必要时能锁止差速器。

差速器的内摩擦,能使左右车轮传递的转矩不等。设传给差速器的转矩为M,差速器的内摩擦力矩为M_r,则旋转较慢和旋转较快的驱动轮上的转矩分别为:

$$M_1 = 0.5(M + M_r) \tag{11-5}$$

$$M_2 = 0.5(M - M_r) \tag{11-6}$$

可见,由于差速器的内摩擦,使汽车的驱动力增加了$\dfrac{M_r}{r}$。但是,一般齿轮式差速器的内摩擦不大,为了增加差速器的内摩擦,越野汽车常采用高摩擦式差速器,提高了汽车通过性。

4. 驾驶方法

驾驶方法对提高汽车通过性有很大影响。在通过沙地、泥泞、雪地等松软地面时,应该用低速挡,以保证车辆有较大的驱动力和较低的行驶速度。在行驶中应避免换挡和加速,并保持直线行驶,因为转弯时将引起前后轮辙不重合,增加滚动阻力。

后轮是双胎的汽车,常会在两胎间夹杂泥石,或使车轮表面粘附一层很厚的泥,因而使附着系数降低,增加车轮滑转趋势。遇到这种情况,驾驶员适当提高车速。将车轮上的泥甩掉。当汽车传动系统装有差速锁时,驾驶员应该在估计有可能使车轮滑转的地区前,就将差速器锁住。因为车轮一旦滑移后,土壤表面就会被破坏,附着系数下降,再锁住差速锁不会起显著作用。

此外,为了提高越野汽车的涉水能力,应注意发动机的分电器总成、火花塞、曲轴箱通气口等的密封问题,并提高空气滤清器的位置,不得浸入水中。普通汽车一般能通过深度为0.5~0.6m的硬底浅水滩。

二、汽车的行驶平顺性

汽车行驶平顺性,是指汽车在一般行驶速度范围内行驶时,避免因汽车在行驶过程中所产生的振动和冲击,使人感到不舒服、疲劳,甚至损害健康,或者使货物损坏的性能。由于行驶平顺性主要是根据乘员的舒适程度来评价,所以又称为乘坐舒适性。

汽车是一个复杂的多质量振动系统,其车身通过悬架的弹性元件与车桥连接,而车桥又通过弹性轮胎与道路接触,其他如发动机、驾驶室等,也是以橡皮垫固定于车架。在激振力作用下,如道路不平而引起的冲击和加速、减速时的惯性力,以及发动机与传动轴振动等,系统将发生复杂的振动,对乘员的生理反应和所运货物的完整性,均会产生不利的影响。在坏路上,汽车的允许行驶速度受动力性的影响不大,主要取决于行驶平顺性,而被迫降低行车速度,因而使汽车的平均技术速度减低,运输生产率下降。其次,振动产生的动载荷,加速了零件的磨损,乃至引起损坏,降低了汽车使用寿命。此外,振动还引起能量的消耗,使燃料经济性变坏。因此,减少汽车本身的振动,不仅关系到乘坐的舒适和所运货物的完整,而且关系到汽车的运输生产率、燃料经济性、使用寿命和工作可靠性等。

(一)汽车行驶平顺性的评价指标

汽车行驶平顺性的评价方法,通常是根据人体对振动的生理反应,及对保持货物完整性的影响制定的,并用振动的物理量,如频率、振幅、加速度等作为行驶平顺性的评价指标。

目前常用汽车车身振动的固有频率和振动加速度均方根值,评价汽车的行驶平顺性。试验表明,为了保持汽车具有良好的行驶平顺性,车身振动的固有频率应为人体所习惯的,步行时,身体上、下运动的频率,它为 60~80 次/min,振动加速度的极限值为 $0.2g \sim 0.3g$。为了保证运输货物的完整性,车身振动加速度也不宜过大。如果车身加速度达到 $1g$,未经固定的货物,就有可能离开车厢底板,所以,车身振动加速度的极限值应低于 $0.6g \sim 0.7g$。

ISO 2631—1978E《人体承受全身振动的评价指南》,用加速度的均方根值,给出了在 1~80Hz 振动频率范围内,人体对振动反应的 3 个不同的感觉界限。它们分别是暴露极限、疲劳—降低工作效率界限和舒适降低界限。

1. 暴露极限

当人体承受的振动强度在这个极限之内,将保持健康或安全。通常把此极限作为人体可以承受振动量的上限。

2. 疲劳—降低工作效率界限

这个界限与保持工作效率有关。当驾驶员承受的振动在此界限内时,能保持正常地进行驾驶。

3. 舒适降低界限

此界限与保持舒适有关,它影响人在车上进行吃、读、写等动作。

这 3 个界限只是容许的振动加速度值不同,暴露极限的值为疲劳—降低效率界限的 2 倍,舒适降低界限为疲劳—降低工作效率界限的 1/3.15。各界限容许加速度值,随频率的变化趋势完全一样。

图 11-3 示出垂直和水平方向振动时,对人体影响的疲劳—降低效率界限。由图 11-3 可

以看出,随着暴露时间(承受振动的时间)的加长,感觉界限容许的加速度值下降。图上注明的暴露时间,是指常年累月每天重复在振动环境中持续的时间、对于偶尔乘车的人,加速度的容许值可以高很多。

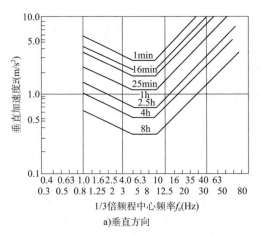
a)垂直方向

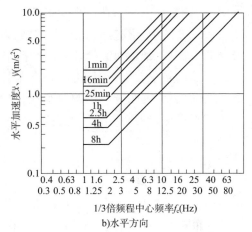
b)水平方向

图 11-3　ISO2631 人体对振动反应的疲劳—降低效率界限

由图 11-3 上还可以看出,人员敏感的频率范围,对于垂直振动是 4~8Hz,对于水平振动是 2Hz 以下。而且在 2.8Hz 以下同样暴露时间,水平振动容许的加速度值,低于垂直振动;在 2.8Hz 以上则相反。

(二)影响汽车行驶平顺性的因素

汽车是由多质量组成的复杂振动系统。为了便于分析,需要进行简化。在研究振动时,常将汽车视为由彼此相联系的悬挂质量与非悬挂质量所组成。

汽车的悬挂质量由车身、车架及其上的总成所构成。该质量由减振器和悬架弹簧与车轴、车轮相连。车轮、车轴构成非悬挂质量,车轮再经过具有一定弹性和阻尼的轮胎支承路面上。

悬架结构、轮胎、悬挂质量和非悬挂质量是影响汽车平顺性的重要因素。

1. 悬架结构

悬架结构主要指弹性元件、导向装置与减振装置,其中弹性元件与悬架系统中阻尼对平顺性影响较大。

1)弹性元件

将汽车车身看成一个在弹性悬架上作单自由度振动的质量时,减少悬架刚度,可降低车身的固有频率,提高汽车行驶的平顺性。但是,如果增加高频的非悬挂质量的振动位移,大幅度的车轮振动,有时会使车轮离开地面,在紧急制动时,会产生严重的汽车"点头"现象。为解决这一问题,可采取一些相应措施,如采用具有非线性特性的变刚度悬架,即悬架的刚度随载荷而变,这样可以使得在载荷变化时,保持车身振动的固有频率不变,从而获得良好的平顺性。悬挂的非线性弹性特性,可以通过下述办法来实现:

(1)在线性悬架中,加入辅助弹簧、复合弹簧,采用适当的导向机构,以及与车架的支承方式等。

(2)选用具有非线性特性的弹性元件,如空气弹簧、油气弹簧、橡胶弹簧和硅油弹簧。

2)阻尼系统的阻尼

为了衰减车身自由振动和抑制车身、车轮的共振,以减小车身的垂直振动加速度和车轮的振幅,悬架系统中应具有适当的阻尼。

在悬架系统中,引起振动衰减的阻尼来源很多。如轮胎变形时,橡胶分子间产生摩擦、系统中的减振器、钢板弹簧叶片间的摩擦等。

减振器的阻尼效果最好,可提高汽车行驶平顺性,改善车轮与道路的接触条件,防止车轮离开路面,因而可改善汽车的稳定性,提高汽车的行驶安全性。改进减振器的性能,对提高汽车在不平道路上的行驶速度有很大的作用。

2. 轮胎

轮胎由于本身的弹性,在很大程度上吸收了因路面不平所产生的振动,因此它和悬挂共同保证了汽车的平顺性。

轮胎性能的好坏,是用轮胎在标准气压和载荷下,压缩系数的大小(轮胎被压下的高度与充气断面高度的百分比)来表示的。在最大允许负荷作用下,普通轮胎的压缩系数为10%~12%,为了乘坐舒适,客车轮胎的压缩系数稍大些,为12%~14%。

近几年来,随着车速的提高,希望轮胎的缓冲性能越来越好。目前,提高轮胎缓冲性能的方法如下:

(1)增大轮胎断面、轮辐宽度和空气容量,并相应降低轮胎气压。

(2)改变轮胎结构型式,如采用子午线轮胎。它因轮胎径向弹性大,可以缓和不平路面的冲击,并吸收大部分冲击能量,使汽车平顺性得到改善。

(3)提高帘线和橡胶的弹性,要用较柔软的胎冠。

车轮旋转质量的不平衡,对汽车的行驶平顺性和稳定性都有影响。为了避免因转向轮不平衡而引起振动,必须对每一车轮进行静平衡和动平衡。越是车速高的轿车,对平衡的要求就越高。

3. 悬挂质量

悬挂质量分配系数为:

$$\varepsilon = \frac{\rho_y^2}{L_1 L_2} \tag{11-7}$$

式中:ρ_y——绕横轴 y 的回转半径。

L_1, L_2——车身质心至前、后轴的距离。

ε 是评价汽车平顺性极其重要的参数。它取决于悬挂质量的分布情况 悬挂质量的布置应使 $\varepsilon \approx 1$。当 $\varepsilon \approx 1$ 时,前、后悬挂质量的振动彼此互不影响。

(三)非悬挂质量

减少非悬挂质量,可以减少传给车身上的冲击力。非悬挂质量的振动,对悬挂质量振动加速度有较显著的影响,会使其数据值加大。因此,为了提高汽车的平顺性,采用非悬挂质量较小的独立悬挂更为有利。

非悬挂质量对行驶平顺性的影响,常用非悬挂质量与悬挂质量之比 m/M 进行评价。比质量越小,则行驶平顺性越好。

总之,影响行驶平顺性的结构参数是很多,并且彼此间的关系较复杂,必须对这些参数进行综合分析,以便正确地选择参数,提高汽车行驶的平顺性。

三、汽车的内部环境

驾乘人员的乘坐舒适性可由人对车内环境的感觉和反应来评价,汽车的内部环境是影响汽车舒适性的直接因素,也是重要因素。

汽车内部环境是汽车豪华程度的重要标志之一。改善车内环境,不仅是提高驾乘人员乘坐舒适性的手段,也是提高市场竞争力的重要手段,但也会使汽车的成本和价格升高。

汽车的内部环境主要包括空气环境、噪声环境和车内设施。

(一) 车内空气环境

保持车内空气适宜的温度、湿度和清新度,是改善汽车内部环境、提高乘坐舒适性的重要措施。目前,改善车内空气环境的主要手段就是装用汽车空调。

汽车空调的基本功能就是为改善车内驾乘人员的舒适性,将车内封闭空间的空气环境调整到人体最适宜的状态,具体功能包括:

(1) 利用暖风和冷气装置,使车内保持适宜的温度。
(2) 利用除湿和加湿装置,使车内保持适宜的湿度。
(3) 利用送风装置,使车内保持适宜的气体流动。
(4) 利用通风装置和空气净化装置,保持车内空气的清洁。
(5) 利用除霜(除雾)装置,防止车窗玻璃结霜,保证驾乘人员视野清晰。

(二) 车内噪声环境

车内噪声也是影响车内驾乘人员舒适性的重要因素之一。控制车内噪声首先应控制发动机噪声、传动系噪声、轮胎噪声和车身噪声,此外,采取隔振、隔声和密封等措施隔绝噪声传播途径,选用吸声性能好的汽车内部装饰材料,对降低车身内部噪声、改善汽车内部环境也非常重要。

(三) 车内设施

汽车内部设施主要包括座椅、装饰和日常生活设施。

驾乘人员的乘坐舒适性在很大程度上取决于座椅的布置和结构。座椅的高度、宽度、深度、倾斜度和座间距等应符合人体工程学的要求,采用可调座椅能满足不同驾乘人员的需求,是提高乘坐舒适性的有效措施。

汽车的内部装饰会影响驾乘人员乘车时的心理反应,颜色协调、布置典雅的内部装饰,给人以美感,对改观车内驾乘人员的感觉评价有积极作用。

齐全的日常生活设施,也是改善汽车内部环境、提高汽车舒适性的重要途径。提高舒适性的日常生活设施主要有:钟表、音响、电视、通信设备、烟灰盒、点烟器、卧具、餐具和厕所等。

 **模块小结**

汽车的通过性是指汽车在一定载质量下,能以足够高的平均车速,通过各种坏路和无路地带(如松软的土壤、沙漠、雪地、沼泽及坎坷不平地段),以及克服各种障碍(陡坡、侧坡、台阶、壕沟等)的能力。

汽车的通过性可分为轮廓通过性和牵引支承通过性。轮廓通过性是表征车辆通过坎坷不平路段和障碍的能力。

汽车通过性的几何参数主要包括最小离地间隙、接近角、离去角、纵向通过角。

为了防止倾翻,汽车的重心应低,轮距应宽。

与其发生侧翻,不如发生侧滑。

纵向倾覆取决于重心高度与重心至前轴或后轴的距离。

通过性的影响因素:行驶速度;汽车车轮;差速器;驾驶方法。

汽车行驶平顺性的评价方法,通常是根据人体对振动的生理反应,及对保持货物完整性的影响制定的,并用振动的物理量,如频率、振幅、加速度等作为行驶平顺性的评价指标。

人体对振动反应的3个不同的感觉界限。它们分别是暴露极限、疲劳—降低工作效率界限和舒适降低界限。

悬架结构、轮胎、悬挂质量和非悬挂质量是影响汽车平顺性的重要因素。

汽车的内部环境主要包括空气环境、噪声环境和车内设施。

改善车内空气环境的主要手段就是装用汽车空调。

控制车内噪声首先应控制发动机噪声、传动系噪声、轮胎噪声和车身噪声,采取隔振、隔声和密封等措施隔绝噪声传播途径,选用吸声性能好的汽车内部装饰材料,对降低车身内部噪声、改善汽车内部环境也非常重要。

汽车内部设施主要包括座椅、装饰和日常生活设施。应符合人体工程学的要求,采用可调座椅能满足不同驾乘人员的需求,是提高乘坐舒适性的有效措施。

 思考与练习

1. 评价汽车通过性的几何参数有哪些?
2. 影响汽车通过性的因素有哪些?
3. 评价汽车行驶平顺性的方法有哪些?
4. 在什么情况下易于采用变刚度悬挂?为什么?
5. 人对振动的3种不同的感觉界限是如何划分的?
6. 汽车的内部环境主要包括哪些方面?如何改善汽车的内部环境?

模块十二 汽车的燃油经济性

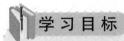

1. 能正确描述汽车的燃油经济性；
2. 能正确计算汽车的油耗；
3. 了解汽车燃油经济性的影响因素。

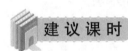

2课时。

石油是现代工业和交通运输的重要能源,汽车的燃料在当前和今后相当长的一段时间仍然是石油产品。随着工业的发展,车辆的增多,使用石油产品越来越多。现在各国都把节约汽车用油作为汽车制造业和汽车运输业中的一个重大问题。

一、汽车燃油经济性的评价指标

汽车的燃油经济性,是指以最小的燃油消耗量完成单位运输工作量的能力。燃油消耗已占运输成本的40%左右,所以节约用油是降低运输成本的重要措施之一。下面介绍3种汽车燃油经济性的评价指标。

(一)单位行驶里程的燃油消耗量

当燃油按质量计算时,用符号Q_m表示燃油消耗量,其单位为kg/100km。当燃油按容积计算时,用符号Q_v表示燃料消耗量,其单位为L/100km。

单位行驶里程的燃油消耗量只考虑了行驶里程,没有考虑车型与载质量的差别,所以只能用于比较同类型汽车或同一辆汽车的燃料经济性,也可用于分析不同部件(如发动机、传动系等)装在同一汽车上,对燃料经济性的影响。

(二)单位运输工作量的燃油消耗量

若燃油以质量计算时,载货汽车燃油消耗单位为kg/(100t·km),载客汽车为kg/(1000人·km)。

若燃油以容积计算时,其单位为L/100t·km,客车为L/(1000人·km)。

这种指标可以用来比较不同类型、不同装载质量汽车的燃料经济性。

(三) 消耗单位燃油所行驶的里程

消耗单位燃油所行驶的里程的评价方法,主要是美国采用的,其单位是 MPG 或 mile/USgal,指的是每消耗一加仑燃油能行驶的英里数(1mile = 1.61km,1USgal = 4.55L)。其数值越大,汽车燃油经济性越好。

二、汽车燃油经济性的计算

在汽车设计时,常需要在实际的试验样车制成之前,先根据所选用的发动机台架试验得到的油耗曲线与汽车功率平衡图,对汽车进行燃油经济性的估算。其中包括汽车等速百公里油耗的计算,等速、加速、减速和停车整个行驶过程的油耗的计算。

(一) 汽车等速百公里油耗的计算

汽车以等速 v_a 在公路上行驶时,发动机相应工况的有效燃油消耗率为 g_e(也称 b_e)[g/(kW·h)],而此时汽车行驶 100km 所消耗的功率为 P'(kW),则等速百公里油耗 Q_v(L/100km)为:

$$Q_v = \frac{P' g_e}{1.02 \gamma v_a} \tag{12-1}$$

式中:γ——燃料的重度(N/L),汽油取 6.96~7.15 N/L,柴油取 7.94~8.13 N/L;

g_e——有效油耗率[g/(kW·h)]。

有效燃油消耗率 g_e(b_e) 与发动机的负荷率 U 有关,所谓负荷率,是指在某一转速下,节气门部分打开时,所发出的功率与该转速下节气门全开时最大功率之比。有效燃油消耗率 g_e 与负荷率 U 的关系曲线,即为负荷特性曲线。发动机负荷特性是从台架试验上获得的,因此,由功率平衡图与负荷特性,可找出行驶时发动机的油耗量。

图 12-1 所示为计算汽车等速百公里油耗的功率平衡图和负荷特性图,以及计算得到等速百公里油耗曲线。图 12-1a)中,若汽车以 v'_a 车速在水平路上行驶,发动机应提供的功率即为汽车阻力功率 P',即 $\overline{bc}$,此时发动机的负荷率为:

$$U' = \frac{\overline{bc}}{\overline{ac}} \tag{12-2}$$

与车速 v'_a 相对应的发动机转速为 n'_e $\left(n_e = \frac{v_a i_g i_o}{0.377 r_r}\right)$,根据 n'_e、U' 便能在负荷特性曲线上找出有效燃油消耗率 g'_e(图 12-1b)。

发动机在汽车行驶 100km 当中应做的功为:

$$W' = P' \frac{100}{v'_a} \tag{12-3}$$

若每隔 10km/h 速度求出相应的百公里油耗 Q,便可作出汽车等速百公里油耗曲线 Q—v_a。

按同样的程序,也可算出在有坡度的道路上行驶时的等速油耗曲线,如图 12-1c) 所示。

在曲线上找出燃油消耗量最低的点,该点所对应的行驶速度通常称为该车在该道路上的经济车速。

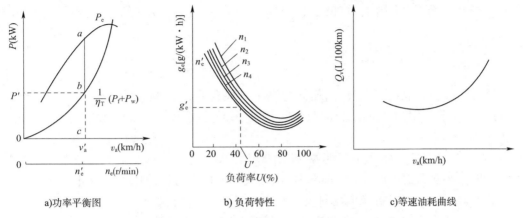

a) 功率平衡图 b) 负荷特性 c) 等速油耗曲线

图 12-1 用功率平衡与负荷特性计算汽车等速百公里油耗

(二) 汽车等加速行驶时油耗的计算方法

在分析汽车燃油经济性时,除等速百公里油耗曲线外,还常用计算法确定按某试验循环行驶时的总平均百公里耗油量。为此必须进行加速、减速及停车怠速的耗油量计算。减速及停车怠速时的油耗量,可根据试验得到的怠速油耗量来估算。下面具体介绍一种确定加速时油耗的近似计算法。

由前面讨论知道汽车行驶的油耗 Q_v(L/100km)为:

$$Q_v = \frac{P_e g_e}{1.02 \gamma v_a} \tag{12-4}$$

当该式中的 P_e、g_e、v_a 为变量时,同样也适合于计算加速过程,此时:

$$Q_v = \frac{g_e}{3672 \eta_T \gamma} \left(G\Psi + \frac{C_D A v_a^2}{21.15} + \frac{\delta G}{g} \frac{dv}{dt} \right) \tag{12-5}$$

令

$$\Psi' = \Psi + \frac{\delta}{g} \frac{dv}{dt}$$

则:

$$Q_v = \frac{g_e}{3672 \eta_T \gamma} \left(G\Psi' + \frac{C_D A v_a^2}{21.15} \right) \tag{12-6}$$

式中:Ψ'——汽车的当量道路阻力系数,即将加速行驶时的惯性力,相当于某一道路阻力来考虑。

这样加速过程的燃料经济性,可用等速行驶的燃料经济性的分析方法进行分析。

三、汽车燃油经济性的影响因素

通过分析汽车燃油消耗的方程式:

$$Q_v = \frac{g_e}{3672 \eta_T \gamma} \left(G\Psi + \frac{C_D A v_a^2}{21.15} + \frac{\delta G}{g} \frac{dv}{dt} \right) \tag{12-7}$$

可以得出，汽车的燃油经济性主要受到汽车行驶时遇到的阻力 F、发动机有效燃油消耗率 g_e 和机械效率的影响。它们又分别取决于汽车结构方面和使用条件。下面分别从汽车结构和使用两个方面，讨论影响燃油经济性的因素，从而可以看出提高燃油经济性的一些途径。

（一）汽车结构方面

设计与制造出性能良好，燃油消耗低的汽车是很重要的。通过对汽车各个主要部件的改进，可以大大节约用油。下面介绍发动机、传动系、汽车外形等方面与燃料经济性的关系。

1. 发动机方面

（1）发动机的种类。为了节省能源，控制排气污染。充分发挥燃料的热效率，近年来对于发动机进行了多方面的研究。目前来看，比较成熟的技术有汽油喷射发动机。

汽油喷射发动机可以精确地控制混合气的浓度；保证各缸供应混合气的均匀性；由于汽油是以一定压力喷入进油管中，所以雾化效果较好，燃油利用率高。

柴油机的压缩比较汽油机的大，所以热效率高，特别是在部分负荷时，柴油机的有效燃油消耗率 g_e 较低。柴油机的燃油消耗（按容量计算），比汽油机要节省 20%~40%，而且柴油价格较汽油低。但是，柴油机排量大，质量大，噪声、振动较大，因此，柴油机的性能不断改善之后，扩大柴油机的使用范围是当前的发展趋势。

（2）发动机的压缩比。发动机的压缩比提高时，热效率增加，使发动机动力性、经济性得以改善，发动机油耗率有所降低。

汽油机压缩比提高到一定程度后，会产生爆燃，并且会增加 NO_X 的排放量。所以压缩比的提高是有一定的限度，提高汽油机压缩比的措施主要有：

①改进燃烧室和进气系统，提高发动机结构的爆燃极限。

②使用爆燃传感器，自动延迟产生爆燃时的点火提前角。

③喷水抗爆。

④开发高辛烷值汽油。

（3）选用小排量发动机，提高发动机的负荷率。由发动机的负荷特性可知，在转速一定的条件下，负荷率在 80%~90% 时，有效燃油消耗率最低。发动机在中等转速较高负荷率下工作时，其燃料经济性较好。一般汽车在水平良好路面上，以常用速度行驶时，只利用到相应转速下发动机最大功率的 20% 左右。由此可见，在汽车大部分使用中，发动机的负荷率都是较低的，因此，在保证动力性足够的前提下，汽车上不宜装用大功率的发动机，以提高发动机的功率利用率，降低汽车的耗油量。

2. 变速器挡数的影响

在一定的行驶条件下，变速器应尽量用较高挡位，这样发动机的负荷率较高，有效燃油消耗率较低，所以汽车燃油消耗量较低。

变速器挡位增多以后，选择恰当的挡位机会增多，这样使汽车处于燃油消耗量较低的机会增多，但挡数增多，会使结构复杂，操作不便。

3. 汽车质量

汽车质量影响到滚动阻力、上坡阻力和加速阻力，因此影响燃料经济性。减小汽车质量是降低油耗最有效的措施之一。

减小汽车质量方面采取的措施主要有:采用高强度轻材料,如高强度低合金钢、铝合金、塑料和各种纤维强化等材料制造汽车零件;改进汽车结构,如采用前轮驱动、承载式车身等,以从各种零件的薄壁化和小型化。

4. 汽车外形与轮胎

改善汽车外形,减小空气阻力系数,可以减少中高速行驶时的空气阻力,有显著的节油效果。轿车空气阻力系数由 0.5 下降到 0.3,可使油耗降低 22%。

汽车轮胎的选用,主要影响动力性和经济性。公认子午线轮胎综合性能好,尤其滚动阻力小,与一般斜交胎相比可节油 6%~8%。

(二) 汽车使用因素

1. 发动机的起动升温

油路、电路、怠速和点火提前角的正确调整及发动机预热,是顺利起动的前提。常温起动发动机时,完全开启阻风门,轻踩加速踏板,尽量一次起动成功。再次起动时间不得超过 5s,两次起动间隔不得超过 10s。三次起动不成功时,必须进行检查,排除故障。起动后应迅速转入怠速。起动时应忌重踏和反复踏加速踏板。

冬季在户外停放的车辆冷起动前,应注意发动机的充分预热。关闭百叶窗,根据温度适当关闭阻风门,轻踏几次加速踏板,起动发动机。起动后,以稍高的转速运转 1~2min 后,逐渐推开阻风门,抬起离合器踏板、继续运转 1min 左右,再缓慢减速到怠速运转升温。

汽车行驶过程中,经常遇到停车熄火后重新起动(热起动)的情况。此时,发动机的温度较高,起动时轻踏加速踏板,然后马上转入怠速运转。

2. 汽车起步加速

试验表明,发动机水温上升到 40℃ 以上起步,具有较好的节油效果。机体温度低时,燃料雾化不良,燃烧不完全;另外机油黏度大,摩擦损失功率增加,因而费油。冬季汽车起步后 10km 以内,车速不要超过 30 km/h~40km/h,并根据气温适当延长低挡行驶时间,直到水温和各总成温度上升至正常后,再进入正常行驶。

满载车在良好路面上起步时,使用二挡,阻力较大时或拖带挂车及半挂车时,用一挡起步。

汽车坡道起步时,加速踏板、离合器、驻车制动器的操作配合应协调,不使车辆倒退、熄火,达到平稳地顺利起步。

3. 挡位的选择和变换

汽车在良好路面上行驶,在一定的行驶状态下,即可使用次高挡,也可用最高挡,但用最高挡时较节约燃料。为了节约燃料,在节气门开度不超过 90% 的条件下,应尽可能使用最高挡。

汽车上坡行驶时,应及时减挡。减挡过早、不能充分利用汽车惯性爬坡;减挡过晚,车速降低过多,常需要多换一次挡,增加油耗。

4. 汽车行驶速度

汽车满载在良好路面上行驶时,存在一个使得等速燃料消耗最小的车速,即技术经济车速。高于或低于经济车速,汽车等速油耗均上升。不同车型的经济车速可通过试验得到。

5. 离合器的运用

两脚离合器换挡是规范化操作,而经验丰富的驾驶员常采用一脚离合器换挡法。试验表明,良好道路起步连续换挡至 40 km/h,一脚离合器换挡法可节约燃料 0.4mL,时间缩短 1s;在坡道减挡,一脚离合器换挡法由五挡到四挡,节约燃料 1.65mL,缩短时间 0.56s。

6. 加速踏板的使用

汽车行驶时,加速踏板要轻踏、柔和控制,减少加速泵供油的机会。避免空轰加速踏板。某车试验表明,每空轰一次加速踏板,就要耗油 3~5mL。节气门开度不宜过大,以避免加浓装置参加工作而增加油耗。

7. 行车温度的控制

汽车行车温度,包括发动机冷却水温度、机油温度、发动机罩内气温、变速器和驱动桥齿轮油温度等。

水温过低,会使燃料不易雾化,各缸进气不均,燃烧室壁散热损失增加,燃烧速度下降,造成发动机功率和转矩下降,油耗增加;另外,机油的流动性和飞溅润滑能力下降,增加了机械损失。

水温过高,会使机体过热,充气量下降,容易出现爆燃、早燃等异常燃烧现象;供油系容易发生气阻,造成功率下降,油耗增加,且在高温下机油压力和黏度下降;并加速机油因氧化和热分解而发生的变质,加快发动机的磨损。

正常发动机的水温,有利于燃料的雾化和混合气的分配均匀,使得发动机有良好的燃料经济性和动力性,并保证机油的黏度和润滑能力,减少发动机的磨损。

8. 合理利用滑行

汽车滑行可分为减速滑行、加速滑行和下坡滑行。

汽车行驶中,当前方遇障碍,以及预见性停车和到达停车场时,预先将变速器置空挡滑行,称为减速滑行。当车辆接近上述障碍时,车速已降低,可不采取制动而顺利通过或停车,这样就可达到节约燃料和保证安全的目的。

汽车以高挡加速至较高车速后,空挡滑行至较低的车速,然后再挂高挡加速,这种加速和空挡滑行交替进行的方法,称为加速滑行方法。试验结果表明,在平均车速相同的情况下,采用最佳的加速滑行模式与等速相比,满载时的节油率达 16.7%~11.8%。空载时的节油率达 23.4%~21.3%。

一般加速滑行不适合拖带挂车的汽车列车,因汽车列车的负荷率已较高,采用加速滑行方法加速时,负荷率很高,比油耗高,节油效果不明显,甚至油耗增加。此外,加速滑行操作法,使驾驶员的劳动强度增加,对安全不利。

汽车加速滑行只能在道路宽直、无视线遮挡、行人和车辆稀少的条件下采用;要求汽车的技术状况良好,滑行距离应达加速距离的 1.5 倍以上;加速滑行的最大车速,不应超过经济车速范围的上限;加速时应缓慢踏加速踏板,至节气门全开的 80%~90%,以免混合气加浓装置起作用。在高速公路行驶时不能使用加速滑行法。

在坡度小于 5% 的缓直坡道或陡坡接近坡尾,可空挡滑行;在路况熟悉的波状起伏微丘地带,可在临近坡顶时空挡滑行过坡顶,至临近坡尾再挂挡加速冲过第二个坡道。但在这种道路滑行时,发动机不得熄火。

在长而陡的坡道上,严禁熄火空挡滑行。应在高挡不熄火滑行,利用发动机阻力,并施加间歇制动,控制车速。如果熄火空挡滑行,长时间用行车制动器控制车速,制动器容易发热使制动效能下降,甚至失效或烧毁制动摩擦片。

9.汽车底盘技术状况

常用滑行性能检查底盘的综合技术状况,它对汽车运行油耗的影响很大。汽车的滑行性能常用滑行距离表示。

某车的试验表明,当底盘调整良好时,30km/h 的滑行距离为 254m,油耗为 15.5L/100km;而当前束不合乎规定、轮毂轴承调整不佳时,滑行距离降低至 173m,油耗为 19.5L/100km,比底盘调整良好时的燃油消耗增加 25.8%。

模块小结

汽车的燃油经济性,是指以最小的燃油消耗量完成单位运输工作量的能力。

汽车燃油经济性的评价指标有 3 种:单位行驶里程的燃油消耗量;单位运输工作量的燃油消耗量;消耗单位燃油所行驶的里程。

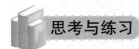

思考与练习

1.何谓汽车的燃油经济性?评价指标是什么?

2.何谓等速行驶燃料经济特性?

参考文献

[1] 严家禄.工程热力学[M].2版.北京:高等教育出版社,1989.
[2] 张西振.汽车发动机原理[M].3版.北京:人民交通出版社,2013.
[3] 仲维东,付晓光.汽车理论[M].哈尔滨:黑龙江科学技术出版社,1993.
[4] 余志生.汽车理论[M].3版.北京:机械工业出版社,2000.
[5] 高延令.汽车运用工程[M].2版.北京:人民交通出版社,1999.
[6] 杨玉如.发动机原理与汽车理论[M].北京:人民交通出版社,1988.
[7] 董敬.汽车拖拉机发动机[M].北京:机械工业出版社,1999.
[8] 孙风英.汽车性能与使用技术[M].北京:机械工业出版社,2002.
[9] 海波.燃气汽车结构原理与维修[M].北京:机械工业出版社,2002.
[10] 王秉刚.汽车可靠性工程方法[M].北京:机械工业出版社,1991.
[11] 浦维达.汽车可靠性工程[M].北京:机械工业出版社,1998.
[12] 中华人民共和国国家标准.GB 7258—2017 机动车运行安全技术条件[S].北京:中国标准出版社,2017.

人民交通出版社汽车类高职教材部分书目

书号	书名	作者	定价（元）	出版时间	课件
一、全国交通运输职业教育教学指导委员会规划教材　新能源汽车运用与维修专业					
978-7-114-14405-9	新能源汽车储能装置与管理系统	钱锦武	23.00	2018.02	有
978-7-114-14402-8	新能源汽车高压安全及防护	官海兵	19.00	2018.02	有
978-7-114-14499-8	新能源汽车电子电力辅助系统	李丕毅	15.00	2018.03	有
978-7-114-14490-5	新能源汽车驱动电机与控制技术	张利、缑庆伟	28.00	2018.03	有
978-7-114-14465-3	新能源汽车维护与检测诊断	夏令伟	28.00	2018.03	有
978-7-114-14442-4	纯电动汽车结构与检修	侯涛	30.00	2018.03	有
978-7-114-14487-5	混合动力汽车结构与检修	朱学军	26.00	2018.03	有
二、高职汽车检测与维修技术专业立体化教材					
978-7-114-14826-2	汽车文化	贾东明、梅丽鸽	39.00	2018.08	有
978-7-114-14744-9	汽车维修服务实务	杨朝、李洪亮	22.00	2018.07	有
978-7-114-14808-8	汽车检测技术	李军、黄志永	29.00	2018.07	有
978-7-114-14777-7	旧机动车鉴定与评估	吴丹、吴飞	33.00	2018.07	有
978-7-114-14792-0	汽车底盘故障诊断与修复	侯红宾、缑庆伟	43.00	2018.07	有
978-7-114-13154-7	汽车保险与理赔	吴冬梅	32.00	2018.05	有
978-7-114-13155-4	汽车维护技术	蔺宏良、黄晓鹏	33.00	2018.05	有
978-7-114-14731-9	汽车电气故障诊断与修复	张光磊、周羽皓	45.00	2018.07	有
978-7-114-14765-4	汽车发动机故障诊断与修复	赵宏、刘新宇	45.00	2018.07	有
三、交通运输职业教育教学指导委员会推荐教材、高等职业教育规划教材					
1. 汽车运用与维修技术专业					
978-7-114-11263-8	■汽车电工与电子基础（第三版）	任成尧	46.00	2017.06	有
978-7-114-11218-8	■汽车机械基础（第三版）	凤勇	46.00	2018.05	有
978-7-114-11495-3	汽车发动机构造与维修（第三版）	汤定国、左适够	39.00	2018.05	有
978-7-114-11245-4	■汽车底盘构造与维修（第三版）	周林福	59.00	2018.05	有
978-7-114-11422-9	■汽车电气设备构造与维修（第三版）	周建平	59.00	2018.05	有
978-7-114-11216-4	■汽车典型电控系统构造与维修（第三版）	解福泉	45.00	2016.1	有
978-7-114-11580-6	汽车运用基础（第三版）	杨宏进	28.00	2018.03	有
978-7-114-11239-3	■汽车实用英语（第二版）	马林才	38.00	2018.08	有
978-7-114-05790-3	汽车及配件营销	陈文华	33.00	2015.08	
978-7-114-05690-7	汽车车损与定损	程玉光	30.00	2013.06	
978-7-114-13916-1	汽车专业资料检索（第二版）	张琴友	32.00	2017.08	
978-7-114-11215-7	■汽车文化（第三版）	屠卫星	48.00	2016.09	有
978-7-114-11349-9	■汽车维修业务管理（第三版）	鲍贤俊	27.00	2016.12	有
978-7-114-11238-6	■汽车故障诊断技术（第三版）	崔选盟	30.00	2017.11	有
978-7-114-14078-5	汽车维修技术（第二版）	刘振楼	25.00	2017.08	有
978-7-114-14098-3	汽车检测诊断技术（第二版）	官海兵	27.00	2017.09	有
978-7-114-14077-8	汽车运行材料（第二版）	崔选盟	25.00	2017.09	有
978-7-114-05662-1	汽车检测设备与维修	杨益明	26.00	2018.05	
978-7-114-13496-8	汽车单片机及局域网技术（第二版）	方文	20.00	2018.05	
978-7-114-05655-9	汽车车身电气及附属电气设备维修	郭远辉	26.00	2013.08	
978-7-114-10520-3	汽车概论	巩航军	29.00	2016.12	有
978-7-114-10722-1	发动机原理与汽车理论（第三版）	张西振	29.00	2017.08	有
978-7-114-10333-9	汽车维修企业管理（第三版）	沈树盛	36.00	2016.05	
978-7-114-13831-7	汽车空调构造与维修（第二版）	杨柳青	30.00	2017.08	有
978-7-114-12421-1	汽车柴油机电控技术（第二版）	沈仲贤	26.00	2018.05	有
978-7-114-11428-1	汽车使用与技术管理（第二版）	雷琼红	33.00	2016.01	有
978-7-114-14091-4	汽车使用性能与检测技术（第二版）	巩航军	30.00	2017.09	有
978-7-114-11729-9	汽车保险与理赔（第四版）	梁军	32.00	2018.02	有

书　号	书　名	作　者	定价（元）	出版时间	课　件
978-7-114-14306-9	汽车装潢与美容技术（第二版）	全华科友	33.00	2018.05	有
2. 汽车营销与服务专业					
978-7-114-11217-1	■旧机动车鉴定与评估（第二版）	屠卫星	33.00	2018.05	有
978-7-114-14102-7	汽车保险与公估（第二版）	荆叶平	36.00	2017.09	有
978-7-114-08196-5	汽车备件管理	彭朝晖、倪红	22.00	2018.07	
978-7-114-11220-1	■汽车结构与拆装（第二版）	潘伟荣	59.00	2016.04	有
978-7-114-07952-8	汽车使用与维修	秦兴顺	40.00	2017.08	
978-7-114-08084-5	汽车维修服务	戚叔林、刘焰	23.00	2015.08	
978-7-114-11247-8	■汽车营销（第二版）	叶志斌	35.00	2018.03	有
978-7-114-11741-1	汽车使用与维护	王福忠	38.00	2018.05	有
978-7-114-14028-0	汽车保险与理赔（第二版）	陈文均、刘资媛	22.00	2017.08	
978-7-114-14869-9	汽车维修服务接待（第2版）	王彦峰、杨柳青	28.00	2018.08	
978-7-114-14015-0	客户沟通技巧与投诉处理（第二版）	韦峰、罗双	24.00	2017.09	有
978-7-114-13667-2	服务礼仪（第二版）	刘建伟	24.00	2017.05	有
978-7-114-14438-7	汽车电子商务（第三版）	张露	29.00	2018.02	有
978-7-114-07593-3	汽车租赁	张一兵	26.00	2016.06	
3. 汽车车身维修技术专业					
978-7-114-11377-2	■汽车材料（第二版）	周燕	40.00	2016.04	有
978-7-114-12544-7	汽车钣金工艺	郭建明	22.00	2015.11	
978-7-114-12311-5	汽车涂装技术（第二版）	陈纪民、李扬	33.00	2016.11	有
978-7-114-09094-3	汽车车身测量与校正	郭建明、李占峰	22.00	2018.05	
978-7-114-11595-0	汽车车身焊接技术（第二版）	李远军、李建明	28.00	2018.03	有
978-7-114-13885-0	汽车车身修复技术（第二版）	韩星、陈勇	29.00	2017.08	有
978-7-114-09603-7	汽车车身构造与修复	李远军、陈建宏	38.00	2016.12	有
978-7-114-12143-2	车身结构及附属设备（第二版）	袁杰	27.00	2017.06	有
978-7-114-13363-3	汽车涂料调色技术	王亚平	25.00	2016.11	有
4. 汽车制造与装配技术专业					
978-7-114-12154-8	汽车装配与调试技术	刘敬忠	38.00	2018.06	
978-7-114-12734-2	车身焊接技术	宋金虎	39.00	2016.03	有
978-7-114-12794-6	汽车制造工艺	马志民	28.00	2016.04	有
978-7-114-12913-1	汽车AutoCAD	于宁、李敬辉	22.00	2016.06	有
四、新能源汽车技术专业职业教育创新规划教材					
978-7-114-13806-5	新能源汽车概论	吴晓斌、刘海峰	28.00	2018.08	有
978-7-114-13778-5	新能源汽车高压安全与防护	赵金国、李治国	30.00	2018.03	有
978-7-114-13813-3	新能源汽车动力电池与驱动电机	曾鑫、刘涛	39.00	2018.05	有
978-7-114-13822-5	新能源汽车电气技术	唐勇、王亮	35.00	2017.06	有
978-7-114-13814-0	新能源汽车维护与故障诊断	包科杰、徐利强	33.00	2018.05	有
五、职业院校潍柴博世校企合作项目教材					
978-7-114-14700-5	柴油机构造与维修	李清民、栾玉俊	39.00	2018.07	
978-7-114-14682-4	商用车底盘构造与维修	王林超、刘海峰	43.00	2018.07	
978-7-114-14709-8	商用车电气系统构造与维修	王林超、王玉刚	45.00	2018.07	
978-7-114-14852-1	柴油机电控管理系统	王文山、李秀峰	22.00	2018.08	
978-7-114-14761-6	商用车营销与服务	李景芝、王桂凤	40.00	2018.08	
六、高等职业教育汽车车身维修技术专业教材					
978-7-114-14720-3	汽车板件加工与结合工艺	王选、赵昌涛	20.00	2018.07	有
978-7-114-14711-1	轿车车身构造与维修	李金文、高窦平	21.00	2018.07	有
978-7-114-14726-5	汽车修补涂装技术	王成贵、贺利涛	22.00	2018.07	有
978-7-114-14727-2	汽车修补涂装调色与抛光技术	肖林、廖辉湘	32.00	2018.07	有

■为"十二五"职业教育国家规划教材。咨询电话：010-85285962、85285977；咨询QQ：616507284、99735898。